招商4.0

新时代区域招商的战略思维

Investment Promotion 4.0

Strategic Thinking of Regional Investment Promotion in the New Era

广州开发区投资促进局　编著

广东高等教育出版社
Guangdong Higher Education Press
·广州·

图书在版编目（CIP）数据

招商 4.0：新时代区域招商的战略思维／广州开发区投资促进局编著. —广州：广东高等教育出版社，2018. 12（2024. 11 重印）

ISBN 978－7－5361－6333－1

Ⅰ. ①招… Ⅱ. ①广… Ⅲ. ①投资环境－研究－广州 Ⅳ. ① F127.651

中国版本图书馆 CIP 数据核字（2018）第 270950 号

招商 4.0：新时代区域招商的战略思维

ZHAOSHANG 4.0：XINSHIDAI QUYU ZHAOSHANG DE ZHANLÜE SIWEI

出版发行	广东高等教育出版社 地址：广州市天河区林和西横路 邮编：510500　营销电话：（020）87553735 网址：www.gdgjs.com.cn
印　　刷	广东信源文化科技有限公司
开　　本	787 mm × 1 092 mm　1/16
印　　张	15.75
字　　数	240 千
版　　次	2018 年 12 月第 1 版
印　　次	2024 年 11 月第 9 次印刷
定　　价	58.00 元

序

以创新型招商引领创新型产业

刘悦伦

2018年12月，广州开发区投资促进局出版了《招商4.0：新时代区域招商的战略思维》，读后颇有感慨。20世纪90年代，我作为广州开发区的一名招商人员，参与编写了《招商引资实务》一书，成为当时招商界的参考用书。20年后，广州开发区招商人又推出了这本招商新作，其阐发的理念和模式与当年相比已不可同日而语，表明新一代招商人无论在知识结构还是思维方式上都有了很大提升，令人兴奋。在此，我也想就新时期招商引资工作谈点个人感受。

招商引资伴随着改革开放进程，为当代中国的发展做出了不可磨灭的贡献。除了促进经济发展，招商引资工作还为我国引进了跨国公司的资金、技术、人才和管理经验，培育了大批本土企业家，形成了开放型的经济体系，其重要作用不言而喻。

在看到招商工作重要性的同时，我们更要认识到招商引资并不是处于一成不变的状态，而是一个随着产业的不断升级而与时俱进、不断创新的过程。如何以创新型招商引领创新型产业，正是我们未来应当关注的重点。

本书介绍了广州开发区从招商1.0到4.0模式的变化，既有时间的维度（政策开放时代、大工业时代、高新技术时代、创新城区时代），也有空间的维度（试验区、工业区、高新区、新城区）。这种划分有一定的合理性。在我看来，招商1.0到4.0的核心变化是内涵的变化。

招商1.0模式，主要是以廉价的要素，即廉价劳力和廉价土地等为核心，多数引进加工贸易型企业。目前，这种模式已经比较少运用了，特别在珠江三角洲等沿海地区。我们需要做的，是促进这些加工贸易型企业实现转型升级，让他们能够有自己的设计、品牌及市场。

招商2.0模式，主要是利用中国的巨大市场优势去引进日常消费品企业，比如宝洁、安利、高露洁等公司。它们以中国的市场为核心进行投资，同时也带动提升了更多的本土消费型企业。这些消费型企业通常效益良好、税收贡献较大，但它们现在遇到了激烈的竞争和市场份额的瓶颈。

招商3.0模式，主要是引进以资本为核心的大型科技企业，比如广州开发区所引进的高达68亿美元投资额的LG项目、佛山美的公司收购的机器人企业库卡等。但在新常态下，这种模式正面临着新的挑战——西方国家对中国吸引高科技型企业已经表现出很强的警惕。

招商4.0模式，就是通过资源整合方式建立以人才团队为核心的高科技企业和现代化产业体系。例如，广州粤芯半导体技术有限公司并非是原封不动引进的一家企业，而是以人才团队为核心，整合国际国内、政府民间的各方资源来发展广州的半导体产业。还有小鹏汽车以及在广州开发区落户的百济神州、诺诚健华等生物医药公司，也是在招商4.0模式推动下的投资企业。

当然，招商4.0模式并不是要取代或者要排斥另外三种模式，而是我们在发展高科技产业过程当中，需要一种新的更高端的招商模式来推动投资项目的落地与发展。这是我们招商创新的一大方向。

招商引资是政府促进地方经济发展，推动产业转型升级的一个重要手段，新的招商模式同样需要政府更好地发挥关键作用。

关于政府角色及产业政策作用问题，北京大学的林毅夫和张维迎两位教授在本世纪初进行了大论争，众多学者也加入其中。虽然论争并没有输赢可言，但可以肯定的是，招商引资就是政府主动作为的行为，并且这种行为是能产生巨大作用的。在这本书中，著者开宗名义地提出，政府在招商引资中应起到项目策划、资源整合、市场助力、专业服务的作用。我对此是认可的。企业要投资，原则上是企业自身的决策。但企业的决策也需要结合投资目的地的实际。一个服务型政府，应当是一个懂得企业需求的政府。这种服务不应只是进行政策补助，或者只提供一块地就完事。政府应定位为企业的合作者，即企业提出投资设想，政府努力为企业优化投资落户的模式，从投资内容、资金、运营模式、营利模式等方面协助企业做出策划并进行资源整合，同时能应企业的要求为其找到合作伙伴或开拓新的市场。简单来说，能为企业找到高效落户的解决方案，就是政府在招商引资中的作用。

从长远来看，政府招商工作的最大作为，应该是营造良好的营商环境，以环境优化促招商。

对于优质的营商环境，通常被理解为"低成本、宽准入、高效率"，因此大量提升营商环境的努力聚焦在了减少审批程序和缩短审批时间上。这种做法固然正确，但如今，中国改革开放进入了新时代，经济正处在转变发展方式、优化经济结构的攻关期；与此同时，随着全球生产率增长放缓、政治方面的不确定性等问题，世界经济格局正在发生巨变。因此，投资促进工作者对于优质营商环境的理解就不能停留在原有的层面，还应与时俱进。

随着新时代的变化，优质营商环境更核心的要素，就是地方政府应当为投资者提供一个长期稳定的营商环境。多年来，众多外资企业前来投资、发展，为经济发展做出了重要的贡献，这是中国营商环境的长期肯定；地方政府更应该回报以长期的承诺，对于国外投资者的知识产权、长期的目标预期、经营安全以及管理人员的人身安全，都应该提供服务和保障。如果对于一个地方缺少长期的、稳定的、安全的预期，投资者就很难做出长期的承诺。

所以，当投资者遇到困难的时候，尤其是在爬坡过坎过程中遇到一些特殊问题的时候，地方政府应该一如既往地、积极地提供投资促进服务和解决方案，为投资者营造可预期和安全稳定的营商环境。

2020 年初的新冠肺炎疫情对全球经济发展造成了巨大的冲击。疫情之下，我们的投资促进工作面临新的趋势、新的背景、新的挑战，经济发展方式、经济结构和经济发展动力正在发生深层次的变化。但中国强大的抗疫能力、经济上强大的韧性、粤港澳大湾区等一线城市区域优越的营商环境，增大了国际投资者对中国的认同度，同时也催生一大批新的投资机遇。能否抓住这个危中之机，是对地方政府的一次考试。

我认为，当前要做好以下三项工作：

一是以开放促创新，用创新进一步扩大开放。创新性活动，无论是科技的创新、商业模式的创新，还是产品的创新，关注疫情后的产业调整趋势，通过新的招商模式引进更多的优质项目。

二是要重视民营先进制造业的发展。我们需要对我们民营企业的投资，特别是为民营先进制造业的投资提供各方面的服务，帮助他们做强主业，发展辅业，并购壮大，建设平台。

三是通过新的招商模式补齐产业链的短板。新冠疫情后，逆全球化趋势加剧，产业链调整不可避免。我国制造业在一些关键环节存在短板，补齐短板，防止极端情况下产业链、供应链的断裂，成为一项战略性目标。而补战略性短板的任务，恰恰是传统招商引资方式难以实现的，而更多的需要依靠以人才团队为核心的资源整合方式，即招商 4.0 模式来完成，对此，新一代招商人员任重道远。

2020 年 5 月

（作者系广州市政协主席）

序

以招商新模式推动高质量发展

陈小华

在中国改革开放40周年和广州开发区建区34周年之际，由区招商团队编著的《招商4.0：新时代区域招商的战略思维》一书正式出版。我代表黄埔区政府、广州开发区管委会[①]对本书的出版表示祝贺。

招商引资是中国改革开放实践最为深入的环节之一，也是我国开发区发展最为精彩的篇章，体现了开发区人一往无前的创业精神。手捧此书，我的心情非常激动，因为我们的招商工作者不但引进了许多高端项目，而且正从理论的高度来总结招商工作经验，探索新时代招商新模式，推动招商工作向国际化、专业化迈进。我乐于为本书作序，并在此谈谈对招商工作的理解。

一

广州开发区建区之初，其使命便是通过招商引资，形成引进外资、技术和经验的“小气候”。在区域发展过程中，广州开发区将项目视为生命线，将招商引资作为全区工作的重中之重，举全区之力引进重大项目。招商成为开发区坚守的传统。梳理广州开发区34年所走过的道路就会发现，随着时间轴和空间轴的变化，一部精彩纷呈的招商发展史徐徐展开。

招商引资是广州开发区改革开放创新的集中体现。在改革开放之初的招商1.0，我们以2万元的办区经费起步，从西区出发，主要利用政策优势和毗邻港

① 广州开发区管理委员会，书中均简称为“广州开发区管委会”。

澳的地域优势开展招商，汇聚宝洁、安利、高露洁等产值大户，迅速打开了发展局面；到了招商2.0，我们在东区、永和等地开疆拓土，主要依托土地资源、劳动力等要素投入，引进了本田、百事可乐、捷普、联众等行业龙头；进入招商3.0，我们更加注重科技创新、产业集聚，建成了科学城、生物岛、知识城等科技园，吸引了 LG 显示等一批高技术外资项目，并培育了迈普医学、视源电子等创新型项目。

2017 年以来，国家陆续出台了支持开发区转型升级、创新发展的政策。黄埔区、广州开发区抢抓机遇，通过创新招商思维、模式、方法、流程，坚持以人才集聚为核心，吸引先进技术、产业资本集聚，推动高端项目全链条、一体化发展，推出引资、引智、引技的招商4.0 模式，形成了“主导产业引领、核心企业带动、产业生态支撑”的新格局，GE 生物科技园、百济神州、诺诚健华等一大批代表性项目接踵而来。

如今，广州开发区已汇聚内外资企业6 万多家，经贸联系遍及100 多个国家和地区，累计引进外资企业3 500 多家，其中世界500 强企业及项目170 多个。蓬勃发展的企业集群成为广州开发区发展的动力源。广州开发区在国家级开发区综合评价中位居前三，经济效益保持全国开发区第一，也是全国第一个财政年收入超过1 000 亿元的国家级开发区。

广州开发区因招商而兴，因企业而旺，因创新而强，昂首阔步地走在全国开发区改革发展前列。

二

珠江东去，大潮澎湃，历史的巨轮驶入了新时代。2018 年3 月7 日，习近平总书记对广东做出“四个走在全国前列”的指示，如春雷般响彻南粤大地。2018 年10 月22—25 日，习近平总书记来广东调研，在视察我区广州明珞汽车装备有限公司期间，鼓励企业聚焦主业、加强自主创新、练好内功，努力实现新的发展。这是在新的历史时期和历史高度对我们提出新的要求，我们深感责任重大、使命光荣。

按照习近平总书记要求，我们狠抓自主创新，大力发展以先进制造业为根基的实体经济，以招商引资作为“引擎”，推动经济发展质量变革、效率变革、动力变革。

我们按照招商4.0模式的顶层设计，以全球视野找准坐标定位，瞄准世界科技前沿，在新一代信息技术、人工智能、生物医药等战略性新兴产业及高端制造业方面，大力吸引一批高端人才，带来一批高端项目，支持一批高成长性企业壮大，努力培育一批行业“单打冠军”，打造一批国际知名企业品牌。

我们着力推动营商环境改革创新，打造全球企业投资首选地和最佳发展地，让黄埔区、广州开发区这片热土成为“企业离成功最近的地方”，让企业和人才梦想的种子在这里长成参天大树。

我们始终坚持“人才是第一资源”，优化“上管老、下管小”的人才服务模式，让聪明才智充分涌流，让创新活力竞相迸发。

我们传承招商传统，发挥“政府主导、社会参与”的招商体制优势，打造百花齐放、百家争鸣的招商舞台，求真务实、真抓实干，确保项目引得进、建得起、发展得好。

三

理论是行动的指南。

我在招商一线工作多年，亲历过项目引进过程中的各种艰辛、斗争、纠结甚至失落，也体会过成功引进项目的感动、欢呼和成就感。这本书所记录的正是一代代招商人难忘的人生历程。

我深深地感受到，开发区招商史其实是一部创业史。开发区人遵循“招商引资是重中之重”的指导思想，三十多年孜孜不倦地开疆拓土，将滩涂、荒地、山野打造成为经济丰收地、技术创新地、生活宜居地，体现了开发区“敢为人先、务实进取”的创业精神。

开发区招商史也是一部发展史。我们在经济、技术、体制、机制、政策、文化、服务、观念等方面不断探索，进行了一轮又一轮深刻的变革创新，为人才在这里扎根、企业在这里投资、成果在这里转化提供了最佳营商环境。

开发区招商史还是一部奋斗史。众多招商人发扬“水银泻地，无孔不入”的工作作风，秉持“一切为了企业，一切为了投资者”的服务理念，勤勤恳恳，披星戴月，不辞劳苦，以狼性拼搏精神，以敢啃“硬骨头”的工作韧性，演绎了一个又一个抢抓发展机遇的生动故事，凝聚成开发区独特的招商精神。

值得一提的是，早在1998年，广州开发区在全国开发区中率先出版了《招商引资实务》一书，系统介绍了招商引资工作的理论和操作知识，当时在全国引起了轰动，成为各地招商引资的教材，原外经贸部（现商务部）的《国际商报》还分期连载了该书的主要章节。我是《招商引资实务》的篇章作者之一。如今20年弹指一挥间，《招商4.0：新时代区域招商的战略思维》一书的出版，体现了开发区招商引资理论探索的传承，也体现了开发区人在新时代的新思考、新探索。

本书视野开阔，具有较强的创新性、前瞻性和实操性，值得从事或关心招商工作的各界人士阅读。希望各界同仁与我们一起，共同探讨新时代招商的新见解、新理念、新愿景，共同推动招商这一事业继续深入发展；也希望开发区招商人继续创新招商思路，开阔视野，以勇闯“无人区”的干劲，成为全国招商领域的“尖兵”和“闯将”！

2018年11月

（作者系时任黄埔区区长、广州开发区管理委员会常务副主任）

目录

第一章　机理：招商引资的动因分析

一、招商引资的概念 / 003

二、政府的招商行为 / 004

三、企业的投资行为 / 010

第二章　演进：招商 1.0 到 4.0 的探索实践

一、招商：广州开发区工作的重中之重 / 021

二、招商 1.0（1984 年起）：开放试验区 + 开放政策 / 027

三、招商 2.0（1992 年起）：工业园区 + 资源要素 / 037

四、招商 3.0（1998 年起）：科技工业园 + 科技创新 / 044

五、招商 4.0（2017 年起）：创新城区 + 营商环境 / 053

第三章　思维：招商 4.0 的模式创新

一、招商 4.0 的定义及特征 / 069

二、招商 4.0 的十大思维 / 075

三、招商 4.0 的角色定位 / 092

第四章　产业：招商 4.0 的主攻方向

一、产业发展与招商引资 / 099

二、“第一支柱”新一代信息技术产业 / 101

三、方兴未艾的人工智能产业 / 115

四、对标国际的生物医药产业 / 125

五、未来可期的新能源产业 / 135
六、特色明显的新材料产业 / 142
七、强本固基的先进制造业 / 147
八、蓬勃发展的总部经济 / 154
九、知识密集的科创机构 / 157
第五章 体系：招商 4.0 的系统支撑
一、招商网络体系 / 165
二、招商政策体系 / 172
三、科技创新体系 / 175
四、投融资体系 / 180
五、人才服务体系 / 185
六、政务支撑体系 / 191
第六章 实战：招商 4.0 的操作步骤
一、招商的经典路线 / 197
二、招商 4.0 的新路线 / 206
三、招商人员的基本功 / 208
第七章 展望：招商 4.0 的改革方向
一、拓展开放领域 / 219
二、创新驱动发展 / 223
三、强化产业质量 / 225
四、实施精准引才 / 227
五、优化营商环境 / 228
参考文献 / 233
后记 / 235

第一章

机理：招商引资的动因分析

1995 年，全球光学巨头卡尔蔡司在广州开发区第一家工厂挥铲破土。由于是国际订单，卡尔蔡司一年365 天都要生产，并且就像把信送到加西亚，每批货必须在48 小时内完成并发出去。经管委会协调，保税区海关每年年初一都回来加班，几十年如一日地持续着这个特殊服务，得到了企业的高度赞赏。2018 年，卡尔蔡司第6 家法人实体再次“落子”广州开发区，在区形成了集设计、研发创新、制造、精细个性化加工、销售、物流、售后服务平台等完整、可持续发展的视力健康产业生态圈。该公司负责人表示：“大家都说，不要把所有鸡蛋放进一个篮子里。但讨论来讨论去，6 个‘鸡蛋’都放在这里了，因为这里其实是一个‘保险柜’。”

从卡尔蔡司坚定投资广州开发区的案例中，我们可以看出，一方面是政府营造了企业落户的条件，另一方面是企业自身持续地创新发展。

这就涉及招商的基础性问题。政府依靠什么吸引投资？促进企业投资的因素又有哪些？作为本书的开篇，本章将分析政府招商和企业投资的动因及行为，以期帮助大家理解招商的内在特质。

一、招商引资的概念

招商引资是一门操作性极强的“显学”。

综合各种资料，我们可以将招商引资的定义做狭义和广义之分：

——狭义的招商引资是一种交换论，指的是招商引资主体利用区域内的土地资源、政策资源、劳动力资源等交换投资者的投资。

——广义的招商引资包括营造区域投资环境的各种行为，即招商引资主体为促进外来投资所采取的各种行为的复合体。

另一个与招商引资相关联的概念是投资促进。和招商引资相比，投资促进的概念更新颖、更宽泛，既包括一个国家或地区吸引外来投资的行为，也包括一个国家或地区促进对外投资的行为。在使用投资促进的概念时，人们更强调它的服务属性；而在使用招商引资概念时，人们更强调它的操作含义。招商引资有政府直接参与的意味，而投资促进往往更能体现政府的宏观管理。投资促进是对招商引资的理念提升、概念升级，在实际工作中相辅相成、密不可分。本书从招商的历史渊源讲起，多数采用招商引资的提法。

招商引资的主体是政府，也包括各种社会中介组织，比如专业的投资咨询公司、律师事务所、会计师事务所、商会、行业协会等，还包括土地开发商、运营商和在本地区从事生产经营活动的一般企业。

招商引资的客体是资本，包括实物资产（如土地、厂房、机器设备等）、专利技术、人力资源及其他生产要素，而投资的主体则是企业。

国外经济学界自19世纪末便开始了关于招商理论的研究，并且形成了不同的流派。其中，垄断优势理论、内部化理论、产品生命周期理论、国际生产折中理论、比较优势理论等对招商实践产生了较大的影响。

自1872年李鸿章兴办洋务创建轮船招商局以来，中国人听闻“招商”一词已有一百多年。当然，靠外敌大炮打开国门迎来的“商”，不算真正意义的“招商”。基于平等条件下的招商，要到中国实施对外开放的历史阶段。

邓小平同志创造性地提出了对外开放的基本国策，招商引资思想则是其中的重要内容，包含了中国招商引资的基本原则、价值取向、具体措施等重要的理论和实践指南。邓小平认为，中国的社会主义现代化建设需要发达国家的资金和技术，国际经济技术合作对于中国的经济建设非常重要。中国招商引资的基本原则是平等互利，在外商获得利润的同时，中国也能获得可观的国民收入，招商引资能够增加政府的税收，促进居民的就业，也能帮助国内企业引进发达国家的先进技术和管理经验。

中国的招商引资理论在改革开放的实践中最终开花结果，成为中国改革开放的一大特色。30 多年的经济发展证明了邓小平招商引资理论的正确性，也证明了招商引资是发展实践的合理选择。

二、政府的招商行为

政府通过招商引资强力介入经济活动，其目的十分明确——通过招商引资促进本地区经济的发展，完成资本的原始积累，并解决财政、就业等政府运作管理问题；通过引进企业带来的“技术溢出效应”，提升本地生产力。

这在众多经济学者的理论中已得到验证。例如，20 世纪60 年代美国经济学家 H. B. 钱纳里提出的“两缺口”模型理论，认为发展中国家在工业化过程中，既存在储蓄缺口，又存在外汇缺口，“两缺口”造成发展中国家不能有效利用国内的各种生产要素，进而延缓了经济发展的速度。投资促进行为能够吸引外国资本流入本国产业，能够同时填补储蓄缺口和外汇缺口，突破经济发展中的资金瓶颈，因此，积极正确的投资促进行为对发展中国家的经济发展至关重要。瑞典斯德哥尔摩大学的 Magnus Blomstrom 教授在1996 年与其同事 Ari Kokko 教授提出了外商直接投资的溢出效益理论，认为由于国际企业的进入或参与，东道国企业通过模仿、竞争、培训等机制，提高自身劳动生产率。

基于以上目的，政府作为招商引资的主体，会通过打造区位优势、扩大对外开放、营造营商环境等方式，吸引企业投资。

（一）打造区位优势，营造投资品牌

企业投资首先要选择目的地。这就涉及政府招商的一个重要理论——**工业投资区位理论**。这一理论是德国经济学家A.韦伯在1909年出版的《工业区位论》一书中提出的。韦伯的工业投资区位理论的中心思想是区位因子决定生产场所，将企业吸引到生产费用最小、节约费用最大的地点。工业投资区位理论深入分析了吸引投资的一些基本要素，包括自然资源、劳动力、成本、距离等。这一理论虽然提出的时间较早，但在今天仍然适用。

工业投资区位理论告诉招商者，要重视那些对投资地选择有着重要影响的变量，想方设法为企业提供优越的区位及生产条件，同时提供优质的商务服务，进行广泛的区域“营销”。根据工业投资区位理论，各国都采取了一系列招商引资举措。

在地区政策方面，政府为了吸引投资，会出台招商引资的政策，这几乎是各国、各地通行的做法。美国国内市场高度发达，招商引资的市场化程度也明显高于其他国家，但政府仍会给予企业重点政策支持。美国总统特朗普签署的《减税和就业法案》于2018年1月起正式实施，引起全球关注，被称为30年来美国最大规模的税改，目的就是重塑美国在全球投资的优越区位，打造税费洼地，吸引企业在美发展。苹果、丰田、富士康、软银、思科等一大批企业纷纷响应，在美国投资。美国各州、各城市也出台了激励企业投资的“一揽子激励计划”。其中，税收及财政激励政策是主要手段，主要形式有：减税或延期，免税或税收信贷，贷款担保以及低息筹资债券。这种税收交易有时用于土地租赁方面，有时用于新投资或是购买机器设备。例如，2017年，富士康董事长郭台铭在白宫宣布，富士康将投资100亿美元在美国威斯康星州建立一座液晶面板生产工厂。随后，美国威斯康星州和富士康签署了一项谅解备忘录。威斯康星州将给予富士康为期15年、达30亿美元的税收优惠，包括创造就业的15亿美元州所得税减免、13.5亿美元的资本投资州所得税减免，以及1.5亿美元的营业及使用税豁免，另外还划拨用地1 000 英亩（1 英亩≈4 046.86 平方米）。

中国近年提出供给侧结构性改革，强调降低企业运营成本，也体现了工业投资区位理论的作用。在国家统一部署下，各地纷纷出台措施，包括推进税收改革和完善收费机制，降低企业税费负担；推进社会保障体系改革，降低劳动相对成本；推进能源价格形成机制的市场化改革，降低制造业企业能源成本负担；推进产业物流业整合和道路通行机制改革，降低实体经济部门物流成本；弱化土地财政依赖体制，降低工业用地成本；等等。

在商务服务方面，世界各国纷纷组建了专门的投资促进机构。例如，美国的"选择美国"办公室（Select USA）、英国的"投资英国"（Invest UK）、爱尔兰的"工业发展机构"（IDA）、韩国的"贸易和投资促进机构"（KOTRA）、马来西亚的"投资发展局"（MIDA）、印度的"外国投资促进局"（FIPB）和哥斯达黎加的"投资促进局"（CINDE）等。

中国投资促进机构建设发展到今天，大致经历了三个阶段：第一阶段，20 世纪80 年代，投资促进机构雏形初具——外商投资服务中心在多个省市陆续设立。第二阶段，1990 年，商务部在外国投资管理司下设投资促进处，随后，各地方商务部门也先后设立了相应部门。第三阶段，2001 年8 月，在原对外贸易经济合作部支持下，中国国际投资促进中心成立。2003 年2 月，商务部投资促进事务局（简称 CIPA）成立，作为政府执行部门，负责投资促进战略的组织实施，另外各个地方的招商或投资促进部门密集成立。至此，中国的投资促进体系基本形成。

在商务活动方面，各国都在大力开展品牌"营销"。美国在奥巴马时代设立了"选择美国"办公室，每年都面向全球开展招商引资活动。2013 年，美国政府举办首届"选择美国"投资高峰会。高峰会由美国商务部主导，时任总统奥巴马带头，多个政企高层轮番上阵推销美国。另外，还有来自47 个州、华盛顿特区及3 个属地的商务官员参加，介绍本地投资环境。来自近60 个国家的约600 家企业代表与会。这是美国联邦政府首次如此高调举办投资论坛。近年，"选择美国"办公室大规模在华招商，在香港、广州、深圳、东莞、长春、成都等地区均举行过路演活动，这让不少中国招商人惊讶——连美国人都来咱们这儿招商引资了。

在中国，早年的招商引资就有区域“推销”的做法——各地每年都举行“投资推介会”，向客商集中推介投资环境，在一定程度上向客商展示了当地政府对招商的重视、对客商的热情，也取得了一定成效。现在，很多推介会已越发高端，迈向国际化。例如，2017 年 12 月 6—8 日，100 多家世界 500 强企业、数千位全球政经界嘉宾汇聚 2017 年广州财富全球论坛，论坛不仅吸引了世界政企人士的目光，也提升了广州的国际影响力。

（二）实行对外开放，构建开放型经济新格局

招商要创造条件吸引外来投资，这就需要一个国家或地区实行对外开放。

在中国，邓小平**对外开放理论**对招商的影响极为深远。其主要内容为：第一，建设经济特区的思想。邓小平指出，特区是个窗口，是技术的窗口、管理的窗口、知识的窗口，也是对外政策的窗口。从创办经济特区出发，开放沿海港口城市，建立沿海经济开放区，沿江和内陆地区全方位开放。第二，利用外资的思想。邓小平认为，利用外资是发展社会生产力的有力手段。建设社会主义，中心任务是发展社会生产力。第三，积极发展对外贸易和开展对外经济合作的思想。邓小平认为，生产力水平相对不发达的社会主义国家，应该吸收包括由资本主义创造的所有人类文明成果。第四，正确处理对外开放和独立自主、自力更生关系的思想。邓小平认为，实行对外开放，有利于增强独立自主、自力更生的能力，在对外开放过程中又必须坚持自力更生。

在邓小平理论指导下，改革开放初期，东部沿海地区通过建设经济特区、经济技术开发区等形式，大力开展招商引资，建立起相对完善的外向型产业体系，完成了产业资本的原始积累。从 1999 年开始，中央相继提出了“西部大开发”战略、“振兴东北老工业基地”战略和“中部崛起”战略，中西部地区的招商引资活动也迅速开展起来，地方政府纷纷效仿东部沿海地区，推出一系列招商引资措施，取得了丰硕的成果。截至 2017 年 4 月，我国已有 7 个经济特

区、19 个国家级新区、11 个自贸试验区、219 个国家级经济技术开发区、156 个国家级高新技术产业开发区、12 个国家综合配套改革试验区、5 个国家级金融综合改革试验区，这些园区大多数已成为吸引投资的聚集地。

习近平总书记传承并发扬了邓小平同志对外开放的思想，提出“改革开放是中国的第二次革命”“中国开放的大门永远不会关上，只会越开越大。对外开放是中国的基本国策，中国利用外资的政策不会变，对外商投资企业合法权益的保障不会变，为各国企业在华投资兴业提供更好服务的方向不会变”。

习近平总书记在2018 年3 月参加第十三届全国人民代表大会第一次会议广东代表团审议时提出，发展是第一要务，人才是第一资源，创新是第一动力。中国如果不走创新驱动发展道路，新旧动能不能顺利转换，就不能真正强大起来。强起来要靠创新，创新要靠人才。广东的同志们要进一步解放思想、改革创新，真抓实干、奋发进取，以新的更大作为开创广东工作新局面，在构建推动经济高质量发展体制机制、建设现代化经济体系、形成全面开放新格局、营造共建共治共享社会治理格局上走在全国前列。要更加重视发展实体经济，把新一代信息技术、高端装备制造、绿色低碳、生物医药、数字经济、新材料、海洋经济等战略性新兴产业发展作为重中之重，构筑产业体系新支柱。要以更宽广的视野、更高的目标要求、更有力的举措推动全面开放，加快发展更高层次的开放型经济，加快培育贸易新业态新模式，积极参与“一带一路”建设，加强创新能力开放合作。

习近平总书记的重要讲话表明，在改革开放不断推向深入的过程中，新时代招商引资工作的指向应该是：

——把利用外资同转变经济发展方式、调整经济结构紧密结合起来，着力提高引资的质量和产业层次，注重吸收国际投资搭载的技术创新能力、先进的管理经验以及高素质人才。

——站在全球经济和创新网络的维度上，把一国发展置于广阔的国际空间来谋划，才能获得推动发展所必需的资金、技术、资源、市场、人才乃至机遇和理念，才能充分发挥比较优势，创造更多社会财富。

——既立足国内，充分发挥我国资源、市场、制度等优势，又更好地利用国际和国内两个市场、两种资源，以开放促改革、促发展、促创新，构建开放型经济新格局。

——人才是第一资源。新时代的招商引资应该要以人才为核心，高水平引资引技必须与引智紧密结合。

（三）营造营商环境，提升投资软实力

近年来，越来越多的地方政府认识到，单靠区位、人力资源、政策、宣传包装等已难以明显地强化投资吸引力。例如，随着高铁、航空等迅猛发展，中国东西部在区位上的差距越来越不明显，反而西部有更多的政策和人力资源优势；就政策而言，目前国家全面放开招商政策制定的权限，越来越多的地方政策趋同。

现在政府招商要靠什么？“营商环境”一词逐步得到广泛认同。

世界银行2001 年提出营商环境（doing business）理论，并成立专业小组来构建营商环境指标体系。

在世界银行的理论中，营商环境通常是指市场主体投资经营、成长与聚集的生态系统。通常可分为三类：一是营商软环境指数，其主要包括开办企业、执行合同、财产登记、内外资投资增速、税负水平等指标，反映了开办企业、财产登记的便利性，合同执行与财产保护的水平以及企业运行制度交易成本等；二是商务成本指数，是指企业经营活动的生产要素成本及变化，主要包括水价、电价、气价、地价、劳动力成本价格等，商务成本指数是综合性的评分指标，关键是市场主体运营成本及发展活力；三是政府社会服务指数，使用专业服务（法律）、科技服务、融资服务、医疗服务、教育服务、养老服务等测算，反映了政府专业化服务的能力与水平。所以，良好的营商环境，不仅包括经营主体较低的运行成本，获得土地、人才、资本等要素资源的便利性，而且包括稳定、公平、透明的法规政策，较高的行政服务效率，创新包容的氛围以及适宜的生活环境。

近年来，世界银行营商环境报告把营商环境界定为开办企业、办理建筑许可、获得电力、产权登记、获得信贷、保护小投资者、纳税、跨境贸易、合同

执行、破产清算办理和劳动力市场监管等11个指标体系，并进一步细化为二级指标，以此为依据衡量世界190个国家的营商环境，中国于2017、2018连续两年排名全球第78位。2018年11月，世界银行发布《2019营商环境报告》，中国列第46位，比2018年提升32位，表明我国营商环境水平正在提升。

习近平总书记多次指出，“要加快完善公平竞争的市场建设”“改善营商环境和创新环境，降低市场运行成本，提高运行效率，提升国际竞争力”，“要求北京、上海、广州、深圳等特大城市要率先加大营商环境改革力度，营造稳定公平透明、可预期的营商环境，加快建设开放型经济新体制”。

当前，各地正贯彻落实习近平总书记指示精神，把营商环境作为基础竞争力，推动经济发展的着力点由“抓项目”转向“抓环境”，加强投资环境、产业环境、人文环境、开放环境、法治环境建设，高水平促进贸易和投资自由化、便利化，加快形成市场化、国际化、法治化营商环境，加快形成全面开放新格局。例如，纵观近年广东各地营商环境改革探索，“秒批”“立等可取”“最多跑一次”和“零跑动”等均为目标，甚至已有不少成为现实，企业对办事便利性反映较好。从这一层面来看，现在“投资促进”更能体现招商引资工作的本质。

三、企业的投资行为

与政府招商引资相对的是企业的投资行为。企业投资既是政府招商的动因，也是政府招商的结果。了解企业为何会投资，是政府招商引资一个极为关键的问题。大致来说，企业投资的原因主要有如下几种。

（一）通过资本、技术、产品优势输出，拓展市场

实力雄厚的跨国公司在国际市场上享有垄断优势，包括技术优势、先进的

管理经验、资金实力、规模经济等，进而获得高于本土企业的超额利润。这在美国学者海默的垄断优势理论、马克思主义的资本输出理论、英国学者巴克莱的市场内部化理论、美国哈佛大学教授雷蒙德·维农的产品生命周期理论中已有充分的阐述。

跨国公司在中国投资的嬗变充分说明了资本市场等要素对投资行为的影响。在改革开放初期，中国需要通过放开市场，吸引国外资本及产品进入国内市场，并以此来吸收国外的技术，因而吸引了大批外国企业在国内建厂，进行生产制造活动。但是，随着我国提出推动经济转型升级要求，东部沿海地区的一些地方政府提出了“腾笼换鸟”的经济发展战略，对招商引资工作产生了重要影响，劳动力密集型产业不再是地方政府鼓励的发展方向。在这种形势下，跨国公司已难以通过技术、产品等垄断来拓展市场和获得利润。跨国公司开始改变对华投资的产业分布，一部分外商投资企业向中国内地转移和就地升级，而留在东部沿海地区的外商投资企业则通过优化生产流程和调整产品结构来应对成本上升所带来的挑战。

（二）通过创新促进新投资，形成新的价值

在新时代，创新是经济发展的根本动力。“创新”与“招商”是深刻关联的两个词。如果不了解创新，招商也就无从谈起。

经济学的“创新”最早是由美国经济学家熊彼特在1912年出版的《经济发展理论》一书中提出的。

熊彼特创新理论提出的“创新”包括下列5种具体情况：（1）开发新产品，或者改良原有产品；（2）使用新的生产方法，比如改手工生产方式为机械生产方式；（3）发现新的市场，比如从国内市场走向国际市场；（4）发现新的原料或半成品，比如使用钛金属做眼镜的镜框；（5）创建新的产业组织，比如新兴的培训公司。简而言之，熊彼特讲的创新，包括了产品创新、方法创新、市场创新、原材料创新和组织创新。熊彼特认为，新组合意味着对旧组织通过竞争加以消灭，一种创新的出现必然导致旧产品或旧企业的退出，即“创造导

致了毁灭”。在现代经济学中，熊彼特首倡的“创造性毁灭”一词，已经成为仅次于亚当·斯密“看不见的手”的第二大经济学词汇。

产业发展到一定阶段，就会发生革命性的变化，这是经济发展的必然规律。熊彼特应用创新理论，对经济周期进行了深刻解释。在看到了周期性经济危机对资本主义生产方式的破坏时，他开出的药方是用创新“建立一种新的生产函数，即生产要素的重新组合”，而“新组合的目的是获得潜在的利润，即最大限度地获取超额利润”，从而刺激投资，开辟新的市场，改变和扭转经济停滞的趋势。

英国科技政策研究所创始人、当代创新政策理论权威克里斯·弗里曼在《光阴似箭——从工业革命到信息革命》一书中，以苏联经济学家康德拉季耶夫的长波理论为基础，以熊彼特的创新理论为基本方法，对从工业革命到信息革命的五个经济长波周期进行了较细致的描述（见表1-1）。

第一个经济周期（1780—1848 年，约70 年）以棉纺织、铁制品、水车等为支柱部门，以铁、棉花、煤为核心投入，以运河、收费公路、轮船为交通运输和通信基础设施，出现了工厂系统、企业家、合伙制新型管理和组织。这一时期主要是工业机械化（水力）的技术革命，并引发了以纺织工业为主导产业的第一次产业革命。

第二个经济周期（1849—1895 年，约 50 年）以铁路、铁路设备、蒸汽机、机床、碱业为支柱部门，以铁、煤为核心投入，以铁路、电报、蒸汽船为交通运输和通信基础设施，出现了合股公司与有责任心的手工工人签订再承包合同的新型管理和组织。这一时期主要是蒸汽动力和铁路的技术革命，并引发了以钢铁工业为主导产业的第二次产业革命。

第三个经济周期（1896—1940 年，约45 年）以电气设备、重型机械、重化工、钢制品为支柱部门，以钢、铜、合金为核心投入，以钢轨、钢铁船舰、电话为交通运输和通信基础设施，出现了专门人才管理系统“泰勒主义”巨型企业新型管理和组织。这一时期主要是电力和重型工程的技术革命，并引发了以重化工业为主导产业的第三次产业革命。

第四个经济周期（1941—1990 年，约50 年）以汽车、卡车、拖拉机、坦克、柴油机、飞机、炼油厂为支柱部门，以石油、天然气、合成材料为核心投入，以无线电、高速公路、机场航线为交通运输和通信基础设施，出现了大规模生产消费 “福特主义”层级制新型管理和组织。这一时期主要是“福特制和大生产”式的技术革命，并引发了以汽车工业作为主导产业的第四次产业革命。

第五个经济周期（1990 年—　）以计算机软件、电信设备为支柱部门，以 “芯片”（集成电路）为核心投入，以 “信息高速公路”（互联网）为交通运输和通信基础设施，以内部网、局域网和全球网为新型管理和组织。这一时期主要是以信息、通信为特征的技术革命，并引发了以信息技术产业为主导的产业革命。

表1-1　康德拉季耶夫长波周期

技术和组织创新集群	极其显著、技术上成功、盈利颇丰的创新	经济支柱部门和其他主导部门	核心投入和其他关键投入	交通运输和通信基础设施	管理和组织变革	近似的“上升”（繁荣）时期与“下降”（调整危机）时期
1. 工业机械化（水力）	阿克赖特设在克罗福德的工厂（1771）	棉纺织 铁制品 水车 漂白剂	铁 棉花 煤	运河 收费公路 轮船	工厂系统 企业家 合伙制	上升期 1780—1815 年
	亨利·科特的“搅拌”工艺（1784）	—	—	—	—	下降期 1815—1848 年
2. 工业和运输机械化（蒸汽）	利物浦—曼彻斯特铁路（1831）	铁路 铁路设备 蒸汽机	铁 煤	铁路 电报 蒸汽船	合股公司与有责任心的手工工人签订再承包合同	上升期 1848—1873 年
	布鲁奈尔的“伟大的西部”大西洋蒸汽船（1838）	机床 碱业	—	—	—	下降期 1873—1895 年
3. 工业、运输和家庭电气化	卡耐基贝西默钢轨厂（1875）	电气设备 重型机械 重化工 钢制品	钢 铜 合金	钢轨 钢铁船舰 电话	专门人才管理系统 “泰勒主义”巨型企业	上升期 1895—1918 年
	爱迪生发明电灯（1879）	—	—	—	—	下降期 1918—1940 年

续上表

技术和组织创新集群	极其显著、技术上成功、盈利颇丰的创新	经济支柱部门和其他主导部门	核心投入和其他关键投入	交通运输和通信基础设施	管理和组织变革	近似的“上升”（繁荣）时期与“下降”（调整危机）时期
4. 运输、民用经济和战争动力化、机动化	福特海兰德公园装配线（1913）	汽车、卡车 拖拉机、坦克 柴油机、飞机 炼油厂	石油 天然气 合成材料	无线电 高速公路 机场航线	大规模生产消费“福特主义”层级制	上升期 1941—1973 年
	伯顿重油裂化工艺（1913）	—	—	—	—	下降期 1973—1990 年
5. 国民经济计算机化	IBM1410 和 360 系列（20 世纪 60 年代）	计算机软件、电信设备、生物技术	“芯片”（集成电路）	“信息高速公路”（互联网）	内部网、局域网和全球网	上升期 1990—
	Intel 处理器（1972）	—	—	—	—	—

这就是人类历史上五次经济周期的真实图景。克里斯·弗里曼从七个维度进行了解释：一是技术和组织创新集群；二是极其显著、技术上成功、盈利颇丰的创新；三是经济支柱部门和其他主导部门；四是核心投入和其他关键投入；五是交通运输和通信基础设施；六是管理和组织变革；七是周期上升时期与下降时期。显然，他认为推动产业革命的核心要素是创新。谁引领了核心创新集群，谁就占领了经济发展的制高点。每一轮经济周期是由创新集群的形成而导致的，每一次衰退又孕育着新一轮创新时代的到来。

熊彼特、尼古拉·康德拉季耶夫、克里斯·弗里曼等学者的创新理论对招商引资的启示在于：

1. 须明确何为创新。现在招商人员在项目洽谈中，每天都会听到“创新”这个词。哪些企业是真正在创新，哪些企业是伪创新，需要我们加以判断。按照熊彼特的创新理论，只有“颠覆性创新”“创造性毁灭”才算是真正的创新。这当然有过激之嫌，但也为我们辨别创新提供了参考。例如，为生产线增加工人不算是创新，实行“机器换人”则是创新，因为这是对劳动力的颠覆。又如，不是每个项目冠以“互联网”的名号就算是创新型项目，只有基于互联网创造一种新的产品及模式的企业才算是创新。

2. 须重视创新的价值。企业进行创新，目的就是要建立新的价值，所以要积极引进和培育具有“创造性毁灭”的创新，尤其是加快培养、引进和造就原创性重大关键技术，引发创新浪潮。但也要看到，创新不是一蹴而就的事情，创新的价值也难以迅速产生，它是一个渐进的自然演进过程，或需要一段时间去“引爆”。所以，对于创新型项目的招商，要沉得住气，不能希望今天一投入，明天就有产出。

3. 须认真研究技术的变革，尤其是关注原创性的创新及新兴的产业集群的发展。克里斯·弗里曼研究的人类历史上五次经济周期是以信息革命为结束节点的，随后有大量科学及经济研究者提出，生物医药、人工智能、新能源（绿能）及各种跨界融合的创新会成为下一个经济周期的“爆炸性事件”。招商人员要时刻关注，及早谋划——引进一棵苗子，会比引进一棵参天大树要容易得多。

（三）通过“蜂巢式”的聚集，形成具有竞争力的产业集群

在招商引资过程中，我们会发现，越来越多的企业投资是聚集式的。这涉及一个重要理论，即**产业集群理论**。20世纪80年代，美国哈佛商学院的竞争战略和国际竞争领域研究权威学者麦克尔·波特创立了这一理论。其含义是：在一个特定区域的一个特别领域，集聚着一组相互关联的公司、供应商、关联产业和专门化的制度和协会，通过这种区域集聚形成有效的市场竞争，构建出专业化生产要素优化集聚洼地，使企业共享区域公共设施、市场环境和外部经济，降低信息交流和物流成本，形成区域集聚效应、规模效应、外部效应和区域竞争力。

产业集群存在和发展主要有以下三方面的依据：

1. 外部经济效应。集群区域内企业数量众多，从单个企业来看，规模也许并不大，但集群区内的企业彼此实行高度的分工协作，生产效率极高，产品不断出口到区域外的市场，从而使整个产业集群获得一种外部规模经济。

2. 空间交易成本的节约。空间交易成本包括运输成本、信息成本、寻找

成本以及合约的谈判成本与执行成本。产业集群区内企业地理邻近，容易建立信用机制和相互信赖关系，从而大大减少机会主义行为。集群区内企业之间保持着一种充满活力和灵活性的非正式关系。在一个环境快速变化的动态环境里，这种产业集群现象相对垂直一体化安排和远距离的企业联盟安排，更加具有效率。

3. 学习与创新效应。产业集群是培育企业学习能力与创新能力的温床。企业彼此接近，激烈的竞争压力、不甘人后的自尊需要、当地高级顾客的需求，迫使企业不断进行技术创新和组织管理创新。一家企业的知识创新很容易外溢到区内的其他企业，这种创新的外部效应是产业集群获得竞争优势的一个重要原因。此外，产业集群也刺激了企业家才能的培育和新企业的不断诞生。

产业集群理论已被多个国家和地区验证是成功的。例如日本的半导体产业集群、韩国大德科技园消费型电子产业集群、印度班加罗尔的计算机软件产业集群，我国台湾的集成电路集群、广州开发区的平板显示产业集群、武汉开发区的汽车产业集群、昆山开发区的台湾电子信息产业集群、天津开发区的电子通信产业集群，等等。

一个能上下游互相配套的、有较大市场规模的产业链体系，往往具有较强的产业集聚能力，能实现资源优化配置，降低运行成本。现在的大企业投资，基本上摒弃了“单打独斗”的方式，而是选择与上下游企业共同进行集群式的投资。正因为产业集群是一种运用得较为成功的模式，所以政府在招商引资中，应该有意识地促进新引进的项目与当地已有的产业紧密结合，或通过引进某个产业集群，形成地区的优势产业。

《连线》（*Wired*）杂志创始主编凯文·凯利（Kevin Kelly）将集群理论极致化。在其著作《失控：机器、社会与经济的新生物学》（*Out of Control: The New Biology of Machines, Social Systems, and the Economic World*）（1994）中，凯文·凯利提出了“**蜂巢理论**”，这一理论灵感来源于他在办公室的窗下养蜂。有一天他把手插入蜂巢中，顿时觉得好热！至少有95华氏度（35℃左右），拥挤了十万只冷血蜜蜂的蜂巢已经变成了热血的机体。

在蜂巢中，每个个体各有分工，自发维系整个蜂巢，蜂巢就像是一个整体，汇集了每个个体的思维。凯文·凯利用蜂巢思维比喻人类的协作带来的群体智慧。作为“超级有机体”的蜂群，被称为“分布式系统”，是以生物逻辑建立起来的群集模型。它依靠成千上万个发条一起驱动的一个并行的系统来进行生产和自维持。凯文·凯利认为，未来的公司形态会不断地演化，去中心化，采取分布式，强化合作，适应变化，直到彻底地被网络化。公司的终极形式将会变得与生物体相同，无缝地集成到生态圈中，成为其中的一个环节。

如果说“产业集群”理论更多的是基于制造业的特性，那么“蜂巢理论”更多的是基于创新的特性——需要众多中小型企业为同一个目标协同创新，建立创新集群。

一些“蜂巢型”的创新集群已产生。例如，美国的硅谷建立产学研体制使得硅谷变成“磁场”，吸引世界各地的人才、技术、资本等集聚在一起，不仅实现了资源的优化配置，还打造了一个学术界和产业界合作交流的平台，促进了集体学习。硅谷还具有独特的企业衍生体系，即硅谷有很多支柱型企业，这些企业在发展过程中，有很多新企业会脱离出来，但在技术、市场、产品等方面仍然与老企业有着密切的联系。这种企业衍生模式使得新企业的诞生速度非常快，而且凭借密切的关系能加强彼此之间的信任，降低交易成本，并实现适度的信息共享。例如，美国硅谷早期企业仙童半导体公司（Fairchild Semiconductor）先后衍生出20多家企业，而这些企业又衍生出更多的新企业。

中国也有“蜂巢”形态的创新集群。例如，中关村建立了创新型企业集群，独角兽企业数量占全国一半，在全球仅次于硅谷。但是，中国在培育蜂巢型集群方面经验仍较少。下一步，按照“蜂巢理论”，将招商与产业培育紧密结合，培育特色的创新集群，是一个新的方向。

小结

本章通过对招商引资概念及主客体的具体行为进行梳理，可以看出，招商引资是政府主动嵌入经济及产业发展的行为。一个有为的政府，应因地制宜，策略性地使用资源，选择符合发展需要的项目，并通过营造营商环境来取得投资，而企业的投资则源于其产品等创新。本章所关注和详细讲述的正是企业创新对招商的影响。

图 1–1 系统地梳理了政府招商与企业投资的行为及要素，可供大家参考。

图 1–1　政府招商与企业投资的行为及要素示意图

第二章

演进：招商 1.0 到 4.0 的探索实践

1985年，香港南海洋行董事长唐石毅先生来到奠基不到一年的广州经济技术开发区，感到大吃一惊。此处遍地荒草，哪里像开发区？简直一无所有。但他很快就想到怎样在这里淘到第一桶金——搞开发就要有动力，他申请在开发区中心位置设立一个加油站。这是广州开发区第一个动土、第一个奠基、第一个建成投产的外资项目。

广州开发区在一片荒滩里办“洋务”，到现在已聚集中外企业超过6万家，每年实现全市1/7的地区生产总值、1/3的工业总产值、1/3的实际利用外资指标。这34年时间里，广州开发区招商究竟走过了哪些阶段？做过哪些有益的探索？

回首来时路，方知去何方。本章将回顾广州开发区从招商1.0到招商4.0的历程，以期帮助大家了解招商的演进脉络。

一、招商：广州开发区工作的重中之重

广州是华南地区最大的城市，素有“千年商都”的美誉，连续多年被《福布斯》杂志评为“中国大陆最佳商业城市”第一名，297 家世界 500 强合计在此设立项目 921 个（2017 年）。

广州开发区位于广州市东部的黄埔区范围内，地处香港、澳门、珠江三角洲地区的“黄金三角洲”中心和粤港澳大湾区规划的“顶点”位置。

审图号：粤 S（2009）034 号

图2-1　黄埔区、广州开发区区位图

黄埔区拥有珠江黄金岸线和华南地区最大的沿海和远洋交通运输港口——黄埔港，它是中国对外交往的重要口岸。隋唐时期，黄埔港湾已经是船舶进出广州的外港停泊地。清朝政府实行闭关锁国政策，关闭了江、浙、闽三个海关，只剩广州一个口岸通商，后又将黄埔港定为外国商船唯一停泊口。可以说，黄埔港是千年唯一不曾关闭的“古港”“良港”。

黄埔区内的长洲岛在历史上曾经是我国对外贸易的重要节点，是众多外国官员、商人、海员经常往来的地方，他们死后也多葬在这里，形成了长洲外国人公墓，美国第一任驻华公使的墓地也在其中。柯拜船坞是英国人柯拜1845年在长洲岛建起的中国第一个石船坞，也是当时世界最大的石船坞，算是中国历史上第一家外资企业。长洲岛内还有建于隋开皇十四年（公元594年）的南海神庙，这是中国古代四大海神庙里唯一现存的。南海神庙不仅是海上“丝绸之路”的起点，也是中国古代海上交通贸易的重要史迹。千多年来，不知道有多少中外商人在这里虔诚朝拜，祈求海神保佑航路平安，生意顺利，将心中的惴惴不安托付于神明之前，然后毅然奔向广阔的海洋。

孙中山先生对黄埔港情有独钟，其所著的《建国方略》就提出要在黄埔港建南方大港计划。孙中山先生于1924年在长洲岛创办的黄埔军校，在20世纪20年代是世界著名四大军校之一，成为近代民主革命的策源地。黄埔军校堪称“将帅摇篮”，培育出一大批国共两党军队的骨干力量和成为风云人物的高级将领，这些将领是中国近代史册上影响最大的群体。1953年1月，黄埔区人民政府正式成立，这是黄埔第一次建立区级建制。

20世纪80年代初，继经济特区的试验取得初步成功后，国家决定进一步扩大开放。1984年6月，中央召开“部分沿海城市对外开放工作座谈会”，提出在14个沿海城市设立经济技术开发区，参照经济特区政策，再打开一批对外开放的“窗口”、体制改革的“试验田”。根据这一部署，广州市委、市政府竭尽全力争取让广州赶上首批开放的“沿海城市”这班车，喝上“经济技术开发区”这道头啖汤。广州获批的经济技术开发区选址方案是：位置定在黄埔区东缘，珠江主流与东江北干流交汇处，北以横滘河为界，东南至东江，西南至珠江，包括大壕洲岛，总面积为9.6平方千米。主要考虑这块地方四周环水，居民和企业不多，交通便利，可以轻装上阵，快速启动，也便于封闭管理，试验成功了可以向外推广，试验失败也好控制。

广州经济技术开发区从这块现在叫“西区”的地方起步，逐步拓展壮大，并与广州高新技术产业开发区、广州出口加工区、广州保税区合署办公，统称广州开发区，经国务院批准的规划总面积为78.92平方千米。2005年5月，广州市行政区划调整，在广州开发区基础上成立萝岗区。2010年，中新广州知识城成立，与广州开发区合署办公。2014年1月，经国务院批复同意，撤销原萝岗区，设立新的黄埔区，管辖面积486.17平方千米，常住人口为109万人（2017年）。黄埔区、广州开发区还根据经济社会发展需要，设立知识城、西区（保税区）、长岭居、临港经济区、生物岛（中以合作区）、云埔工业区6个功能园区。

图2-2　黄埔港（曾铠钢 / 摄）

这张照片所展示的是黄埔临港经济区的范围。照片左侧跨江大桥是黄埔大桥，广州开发区西区位于黄埔大桥的东边。中部是原黄埔区政府所在地（2016年黄埔区政府搬至科学城）。集装箱林立的港口是素有千年“古港”“良港”之称的黄埔港。江中长形岛屿为长洲岛，黄埔军校位于岛内。照片右边高楼为港航中心，是广州第二CBD（广州国际金融城—黄埔临港经济区中央商务区）的标志性建筑。照片右侧隐约可见广州国际生物岛。

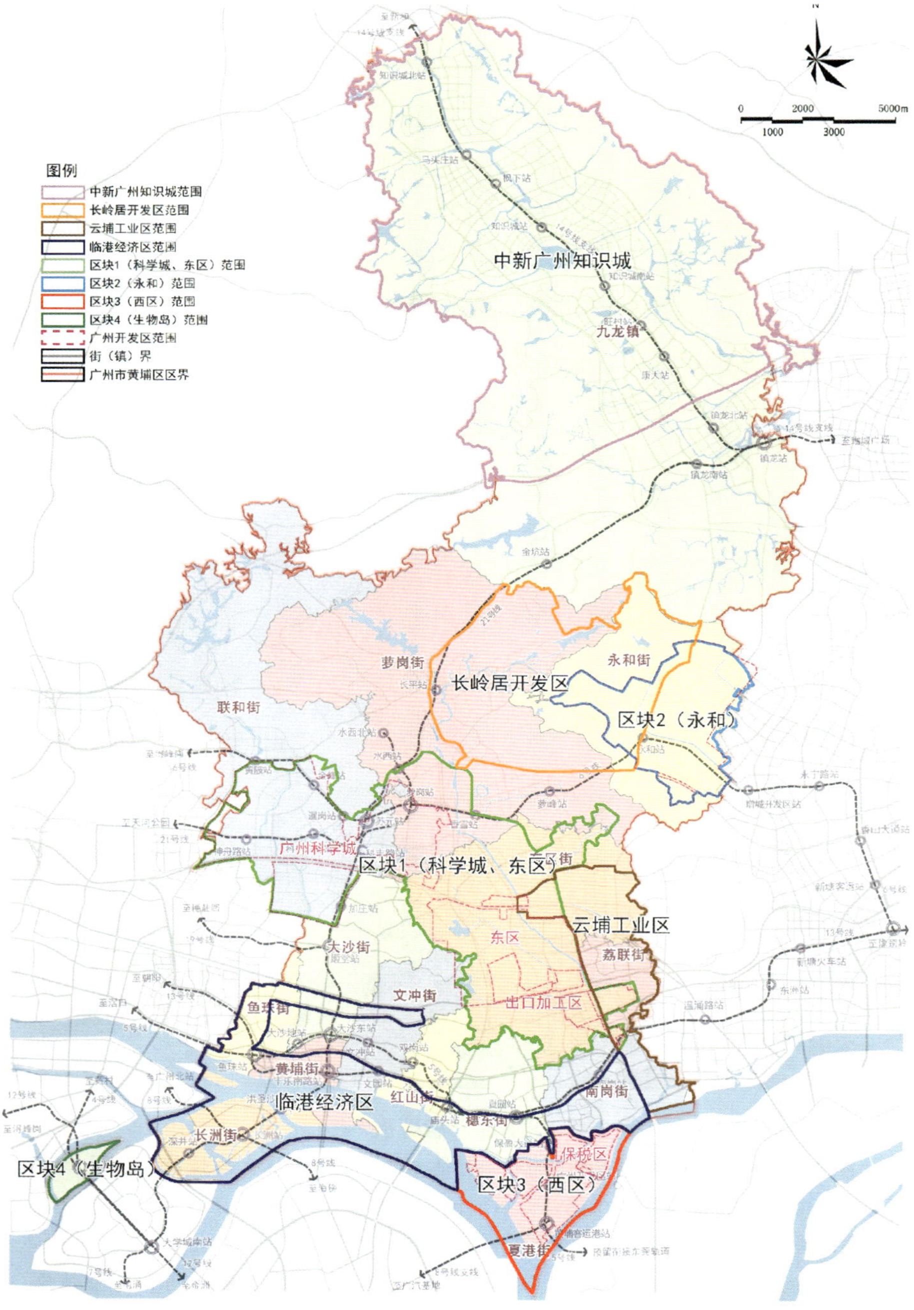

审图号：粤 S（2009）034 号

图2-3　黄埔区、广州开发区各功能区分布示意图

无论管辖范围如何扩大，体制机制如何发展，招商引资始终是广州开发区工作的核心主题。据了解，广州开发区主要领导在全区年度工作会议上，都会将招商引资作为极其重要的工作加以阐述。

“项目是生命线，招商引资是重中之重”是1994 年广州开发区提出的招商口号。1994 年3 月，时任广州市委常委、区党委书记、管理委员会主任黄龙云同志在广州开发区年度工作会议上指出：“我们要做到，在开发区只存在没有项目的土地，而绝不因没有土地而赶走项目。只要超过一定的投资密度，只要是高新技术项目，我们就是腾出办公桌，也要上项目。招商引资工作关系到我区经济发展的速度、规模和后劲，关系到我区在广州经济发展中的地位和作用，是我区经济工作的‘重中之重’。”

1995 年2 月，广州开发区将招商引资的重要性提升到“生命线”的高度。当时的管理委员会工作报告提出：“要加大招商工作力度，拓宽招商领域，抓住国外大企业、跨国公司纷纷看好中国市场和市区老企业嫁接外资异地改造的机遇，引进和形成一批有后劲有规模的项目。项目是开发区的生命线，招商工作是开发区重中之重的工作。”

从以上这些工作报告可以看出，广州开发区人一直认为，开发区之所以是开发区，就是将招商引资作为全区发展的根本工作。开发区人时时讲招商，处处强调招商。没有招商引资，开发区将不再是开发区，也就与一般城区没什么区别了。

广州开发区强调招商引资，主要有以下三个原因：

缘由之一——开发区的使命：必须通过招商引资，形成引进外资、技术和经验的“小气候”。

20 世纪80 年代初，计划经济仍然严重地束缚着生产的发展，缺资金、缺技术、缺管理是制约我国现代化建设的重要因素。1984 年国家提出兴办经济技术开发区的主要目的是尽快形成投资环境的“小气候”，加速引进资金、先进技术和先进管理经验，进行经济体制的改革与试验，以开放促改革，以改革开放促发展，并通过示范、辐射和带动作用，加速我国现代化建设和经济振兴。

这一定位，明确了开发区的使命，就是招商引资。尽管此后国家对开发区的指导意见做出调整，但只对“招什么商”做出指导，从来没有对“为什么招商”有所质疑，并且国家、省、市对开发区的考核一直没有停止过，而考核的一个重要内容，就是招商引资的成效。

缘由之二——开发区的担当：必须通过招商引资，确保在全国开发区中争前列，在全市经济发展中争当引擎。

从国家角度来看，开发区是中国在1984年布局的14个试验场，各大开发区相互角逐，孰优孰劣，由国家进行监管、评比，并对发展较好的开发区予以政策、项目倾斜。因此，广州开发区在14个国家级经济技术开发区中所处的地位十分重要。从广州市角度来看，广州开发区是全市的“新特区”，究竟能迸发出多大的能量，对广州整个经济发展起到怎样的作用，是广州开发区发展要考虑的关键问题。

这种地位之争，充分显示了广州开发区的担当意识——在全国开发区争前列，在全市经济发展中争当引擎。近年来，这种担当意识更多地表现为竞争意识：

——目前国家级开发区已增至200多个，一个地区有多个开发区已不是新鲜事，“国家级开发区”牌子的含金量有所下降。开发区是否还具有吸引力？

——名目繁多的新区、合作区、自贸区等不断涌现，一些地区以生态、金融、服务业、智慧城市等为名建设的一系列新城、国际合作园区正在不断升温。开辟一片新区域，冠以响亮的名字、高端的定位，积极争取上级政策支持，大力开展招商引资，这一模式已被很多地区采用，甚至做了一系列创新。开发区是否还站在改革创新的潮头上？

广州开发区的发展靠什么？怎么突围？根本解决之道还是在于招商引资，增强区域经济发展速度、规模和后劲，提升开发区的地位并发挥更大的作用。

缘由之三——开发区的焦虑：必须通过招商引资，解决自身发展的问题。

当年设立国家级开发区时，国家在3年内给予了14个开发区总量为22亿元的开发贷款，且55%是商业贷款，但远远难以满足开发区建设需求。在这种资金约束的形势下，开发区的发展充满了困难。翻开广州开发区历年的工作报告，会发现“资金压力”“经营效益”问题被反复提及。新区开发、新城建设、城乡统筹的资金，甚至区内每个吃财政饭的人员的工资，都需要大量的财政投入。

广州开发区探索过向金融机构借贷“负债开发”、利用土地批租制度获得土地增值收益的“以地生财”等模式，但这些模式并非主流。广州开发区长期以来的“生财”的模式是：土地开发、基础设施建设主要依赖于政府（管理委员会）的财政或借贷投入；土地开发出来后进行招商引资；项目办成后，管理委员会以税收形式实现资金回报。

可以说，招商引资是解决开发区“钱从哪里来”的关键手段。但能解决到何种程度，在于是否能引进一批产值大、税收多的大型企业，切切实实为本区发展做出贡献，以确保开发区不“断粮”，实现可持续发展。

广州开发区通过探索创新，形成了一套符合国家导向、面向市场的招商运作机制，走出了一条符合招商引资价值规律的特色招商引资之路。

二、招商 1.0（1984 年起）：开放试验区 + 开放政策

这一阶段，国家对开发区的指导思想是“三为主一致力”，即“以利用外资为主，以出口创汇为主 ，以兴办工业为主，致力发展高新技术产业”。1984 年《国务院关于广州市对外开放工作报告的批复》（〔1984〕国函字 171 号）中明确，开发区内的建设项目应与全市的生产建设规划紧密衔接，不要自成体系，搞小而全。重点是引进和开发新技术，发展新兴产业，对全市工业的发展起先导作用，生产国内某些紧缺的产品，填补国内某些技术空白。技术水平一般的项目不宜放在开发区内。

有了国家大政方针的指导，广州开发区在 9.6 平方千米的西区启动。西区地处珠江与东江交汇处，原是荒滩，每年春夏雨季时节都被洪水淹没，20 世纪 50 年代围垦后形成低洼的蕉林地。因地处偏远，人烟稀少，人们称它为“广

州的西伯利亚”。广州开发区在荒滩里办“洋务”，迈出了招商引资的第一步。在前面所提到的云海加油站动工前，1984 年 12 月 3 日，广州开发区管委会批复同意爱丽绿田公司厂址设置，这是广州开发区设立的第一家合资企业。该项目在1984 年8 月14 日签署合同，由广州爱丽音响电器厂与新加坡绿国发展有限公司合资，生产计算机产品。

这一阶段，开发区招商引资工作没有太多的经验和模式可循，具体工作主要由管委会相关职能部门和承担一定政府职能的管委会各直属总公司来实施。管委会接触和引进项目后，会根据项目的产业特性和投资额度大小等情况，指派相应的直属总公司跟进、洽谈和投资，政府主导色彩强烈。

这一段时期，开发区主要利用政策优势和毗邻港澳台的地域优势开展招商引资，具体表现在港、澳、台和海外华商投资多，欧、美、日等投资少，其中

图2-4 广州开发区西区（钟小坚 / 摄）

广州开发区的发祥地。1984 年开发建设时，这里是河滩地，春夏洪水泛滥，被称为“广州的西伯利亚”。经过多年的发展，这片9.6 平方千米的土地上，已聚集宝洁、百事、安利、箭牌、百特、明治雪糕、美赞臣、益海粮油等一大批跨国投资项目，至今仍是广州开发区经济发展的重要支撑。

港资企业占了 90% 以上。从投资结构上看，依托母城引进的内资项目多（如美特、南港、中穗、人工心脏瓣膜等），外商投资占项目投资总额的比例不高（如 1990 年全区外商投资仅占项目投资总额的 45.7%），且外资以中外合资、中外合作和“三来一补”项目为主，外商独资项目少。从合资形式来看，中方主导多，外方主导少，项目能否合作落户的重要因素之一是中方投资者是否具有足够的实力、配套资金、土地或厂房资源等参与项目投资，其中以宝洁项目为代表。从技术引进来看，引进成套设备多、关键零部件少，引进硬件多、软件少，引进加工型企业多、科技开发少。从项目的质量来看，这一时期主要遵循“量力而行”的原则，主要引进一批能够尽快为开发区积累资本、能创汇的项目，着眼于长远发展的高技术企业较少。

正如时任开发区管委会主要领导缪恩禄同志在 1987 年的年度大会上指出：“广州市要发展外向型经济，开发区更应率先朝这个目标努力，我们要十分重视出口创汇产品，即便技术不很先进，但只要有市场、能创汇、效益好的项目都应积极去办。特别要抓好一些出口的拳头产品、系列产品，为全市外向型经济发展多做贡献。”

这一时期，开发区招商引资重在打基础、聚集人气、打响品牌，“尽快形成投资小气候”，但由于宏观环境和招商模式的局限性，开发区也付出了不小的代价，引进了一大部分质量不高、投资密度较低、经营效益不佳的项目。初期引进的项目不少已关门倒闭，如美特、南洋木材厂、人工心脏瓣膜等项目均因经营问题而倒闭。当然，这一时期较成功的投资企业，包括宝洁、安利、百事可乐、高露洁、美赞臣、亚美聚酯、百特医疗、卜内门太古漆油、环球自行车等，经过多轮的转型发展，不断增资扩产，部分项目已成为开发区的产值和税源大户。

这一时期，招商引资主要是解决“批准”与“不批准”、“可以”与“不可以”的问题，很多外资项目受国家政策和法律法规的限制，不能进入中国。开发区人对招商引资进行探索，开拓了很多“第一次”。比如，1987 年，国家《中华人民共和国个人独资企业法》还正在商议起草中，广州开发区却在国家立法之前，在全国率先引进了外商独资企业——百事可乐；又如，安利项目因为其销售方式为直销（当时叫传销，1998 年后禁止了），所以要求在营业执照上写上“传销”，这在当时未有先例，但经与国家工商局反复沟通，得到的答复是可以搞试点。安利公司成为中国第一个在营业执照上写上“多层次传销”的企业。

不给钱的黄金政策 这一时期，开发区的招商引资工作主要依靠国家赋予的政策。当时，中国的改革开放和现代化建设刚刚起步，中央难以拿出很多的资金用于开放沿海港口城市和兴办经济技术开发区，而主要是给政策，给必要的经济活动自主权。一是给来投资和提供先进技术的外商以优惠待遇，税收低一些，内销市场让一些，使其有利可图；二是扩大沿海港口城市的自主权，让他们有充分的活力去开展对外经济活动。

其中，对外商有较大吸引力的政策是减征企业所得税。例如，在经济技术开发区内开办中外合资经营、中外合作经营、外商独资经营的生产性企业，从事生产、经营所得和其他所得，减按 15% 的税率征收企业所得税。经营期在 10 年以上，经企业申请和市税务机关批准，从开始获利的年度起，第一年和第二年免征所得税，第三年至第五年减半征收所得税。

这些政策基本上没有一项是中央财政给钱的，但对于投资的吸引却起到了至关重要的作用，被开发区的建设者称为“含金量很高的政策”。广州开发区按照国家的政策，对应出台了一些税收减免政策。比如，1985 年出台的《广州经济技术开发区暂行条例》规定，在开发区设立的外商投资企业，特别是其中从事能源、交通、港口建设事业的，除按国务院相关规定执行外，在税收上还可享受以下更多优惠：（1）一般可按税法规定的税率减征 70% 的地方所得税，技术特别先进的项目可免征地方所得税；（2）客商在中国境内没有设立机构而有来源于开发区的股息、利息、租金、特许权使用费和其他所得，其中属于转让的先进技术或提供资金、设备的条件优惠的，可以减征、免征预提所得税。

短平快项目 当时，广州开发区人讨论“招商引资到底以什么为主”，两种意见争论得很激烈：一种意见认为开发区要搞“高精尖”项目，起点要高；另一种意见认为应先搞“短平快”，先找“吃饭”项目，之后再搞高科技项目，以经济开发养技术开发。广州开发区人在实践中选择了第二种意见，以“短平快”项目入手开展招商引资。代表性的项目有两个：一个是广州美特容器有限公司，这家企业1分钟生产100多个易拉罐，像印钞机一样，连续5年（1986—1990年）被评为全国效益最好的外资企业；另一个是中穗制衣厂，属于“两头在外”的劳动密集型项目，其生产的滑雪服出口加拿大。1988年，美特、中穗两家企业的税收占全区已投产企业的46%。

为什么开发区第一阶段不能大力发展高新技术产业？1997年，原两委办干部崔鸣文同志在《探索的足迹》一书中发表了《关于建区初期几个高新技术项目失败的原因的调查报告》一文。文章选取了人工心脏瓣膜项目、单克隆抗体项目、稀土项目、激光项目、高能磁性材料项目、900 MHz蜂窝式移动电话项目，研究其生产经营失败的原因。经归纳，主要有以下几个方面原因：（1）由于长期以来我国实施计划经济，企业基础薄弱，企业自我发展无动力和能力，技术开发基本脱离企业而集中于高等院校和科研院所，企业科技成果从开发到生产直至市场销售的每一个环节，都不能有机衔接。（2）对高新技术项目高投入的特点认识不足，投资各方在资金的预期上偏小，加之实际中资金确定不足等原因，大部分项目的资金相对而言都不足，如人工心脏瓣膜、单克隆抗体和高能磁性材料等项目，由于资金不足，只能勉强生产出产品，生产达不到一定规模，生产成本高，无法形成规模效益。（3）由于建区初期的项目大部分属于专家型项目，而带头人市场观念淡薄，经营思想、经营手段及方法上存在问题，导致新产品无法打入市场。（4）由于合作经营的体制不顺，各股东之间不能很好地合作，根本无法集中精力形成合力专注于项目的发展。（5）项目选择方面存在问题，有些项目虽然看起来、听起来都很好，但实际上却存在技术不成熟、市场接受能力差等问题。例如人工心脏瓣膜项目技术含量高，但由于这一产品的特殊性和应用的领域特殊，大部分消费者不敢轻易接受，即使有医院接受，也是试用性的，并不能及时付款，产品卖出却收不回钱，企业再生产的资金无保障。

蚂蚁策略 蚂蚁策略即积极创造条件让第一批入区的外商投资项目获得成功，尝到甜头，然后让他们用亲身体会向他们的伙伴宣传开发区的投资环境，再吸引更多的投资者，就像一只蚂蚁找到一块食物，就会将信息传递给更多的蚂蚁一样。

关于蚂蚁策略，缪恩禄同志有一段精彩的阐述——

当时在招商引资的过程中，就提出蚂蚁策略。这个策略的提出是针对当时有的同志犯“红眼病”，就是看到外商发财，有点想不通。我们提出蚂蚁策略，就是在权衡利弊之后，采取适当的让利，以便更有利于吸引外资。第一只蚂蚁来了，尝到甜头，其他蚂蚁就会来了。美特容器厂是开发区一个较大的项目，共投入2 600万美元，有一定规模。当时，在谈判过程中，主要集中两个问题：一是他们说我们土地开发价太高，难以接受；二是要单独建一栋专业厂房。有的同志提出土地开发价已是成本价，降低就亏了；我们要在他们的专业厂房上加盖几层通用厂房，以节约用地。最后，为了吸引这个厂落户在开发区，我们同意他们盖专业厂房，并让利给他们，土地开发成本价略低于成本价给他们。表面上看我们是亏了一点，但是最后我们是可以赚回来的，因为企业在开发区，税收是归我们的。更重要的是，在1985年有这样一个较大的企业落户在开发区，用了不到一年时间盖好厂房，设备安装调试搞好，在1986年就投产了，这种示范效应是十分重要的。当然，外商在引进设备、买材料的时候，就已经赚了我们钱了。他们在明处，我们在暗处，不管怎样必须得先吸引人家进来。在第一线搞项目、谈判的同志要不断总结经验，争取主动权；另外，有时要学会做出适当的妥协，谈判的成功从某种角度来看其实就是一种双方的妥协嘛。

广州宝洁公司是广州开发区在招商1.0时期引进的代表性项目。余柱柏同志作为这一项目的引进者，其回忆当时的引进历程，较好地反映了当时招商引资工作的状态。

引进宝洁的回忆[①]

广州宝洁公司成立于1988年8月，是由广州肥皂厂和广州开发区建设进出口公司、美国P&G公司、香港和记黄埔（中国）有限公司共同投资的。广州宝洁公司通过与美国P&G公司签订技术转让及技术服务合同，取得P&G集团的技术支持和最先进技术成果，生产、销售国内外市场有竞争力的高级洗发液、护发品、护肤品、伤风膏、香皂5个类别几十种规格的产品。不到两年时间，“海飞丝”和“飘柔二合一”就获得国家轻工业部博览会金奖，其中“飘柔二合一”还成为开发区最早的广州市首批32种免检名誉产品之一。

1993年广州宝洁公司成为全国日化行业销售、利税的“大哥大”，1994年纳税27亿元，成为广州开发区的第一纳税大户，各项经济指标比1993年同期大幅度增长，其中销售收入比1993年同期增长68%，税利比1993年同期增长4倍，在广州市企业综合实力排名第9位。我作为当时项目引进谈判的亲历者感到很欣慰。

抓住尝试资本运营的机遇

开发区建区时的三大总公司［工业发展总公司、建设开发总公司（简称“建总”）、商业服务总公司］都有进出口公司，都可以进行进出口贸易和引进外资。那时建设进出口公司较弱，进出口业务也较其他两个公司少，但与国内企业、政府主管部门及外商联系较为广泛。

我们当时很想利用这些社会资源进行招商引资工作，一方面力争成为政府招商行为的载体；另一方面也想尝试开展资本运营，为企业开拓新的赢利渠道。

在和广州市轻工局的接触中，我们知道美国P&G公司与香港和记黄埔集团有意联手在广州投资设厂，开拓中国市场。我们立即抓住这个机会，频繁与广州轻工局接触，并向建总及管委会汇报，主动取得各有关部门的大力支持。

美国P&G公司有庞大的生产研发能力，在个人和家庭生活用品领域掌握最先进的技术，它与香港和记黄埔集团都有丰富的管理、营销能力和经验。他们打算在广州设厂，生产世界上面对广大消费者的成熟产品，对此我们觉得前景很好，风险很小，从一开始就决心力争参股投资机会。

① 摘自萝岗文史第二辑《开拓者的记忆》，作者系原广州开发区建设开发总公司进出口贸易公司经理、建设开发总公司副经理余柱柏。

5 年不分红，也不派人员参与企业管理

经过一段时间的接触后，我们开始进行商务谈判。参与谈判的四方是：美国 P&G 公司、香港和记黄埔集团、广州轻工局及广州肥皂厂、开发区建设进出口公司。当时我任建设进出口公司经理，张平是副经理，我俩作为公司的代表参与谈判。

谈判遇到的第一个问题是外方希望开发区建设进出口公司不参与投资，仅提供相关咨询服务，他们从优支付咨询费用和服务费。从长远利益考虑，我们决意参股，努力做工作取得轻工局的支持及香港和记黄埔集团的理解，最终得到美国 P&G 公司方面的同意。谈判商定，外方占有65%股份，广州轻工局辖下广州肥皂厂占30%，建设进出口公司占5%股份。但外商提出两个前提条件：一是合资公司头5年不分红。这对要全部现金投资的我方来说造成很大的融资压力，但为了项目的成功和长远利益，我们接受了这个条件。第二个条件是我方要负责协调公司和各级政府部门的关系，但不派人员参与合资公司的经营管理。对于这一条我方早已有所考虑，合资企业受中国法律管辖，我方的投资收益受法律保护，既然投资比例低，外方管理能力强，我方不派人员管理有利于外商提高效率，减少顾虑，因此，我们很爽快地答应了这个条件。

“合资各方不可以同他们的竞争对手合作”

在谈判中，外商又提出一条保护条款，即“合资各方不可以同他们的竞争对手合作”。对这条条款，大家谈了很久。我们是坚决不同意的。在谈判席上，我们强调：一是我们作为政府行为的载体，要进行大量的招商引资工作，要引进许多企业，包括有可能引进合资公司的竞争对手；二是没有必要害怕自己的竞争对手，我们首先同你们合作，就未必再有同类公司同我们合作；三是我们也不会拆自己的台，把不该泄露的东西讲出去，更何况我们承诺不参与管理，不可能知道什么秘密。最后，我讲了一句笑话：“我正在和你谈恋爱，你说我不能和哪些人来往吗？就算我们结婚了，我出去和人跳舞，喝咖啡，也不行吗？”这样一说，大家“哈哈”大笑。外商也就不再坚持这个条件了。

要让出多少国内市场？

有关各方合作原则的谈判，建设进出口公司正副经理直接参加。前期合

图2-5　1988 年，广州宝洁项目签约

作原则的谈判基本完成后，进行合同条款逐条的实质性谈判。这项谈判工作量大，条文要求细致准确，外方主要由代表律师参加，我方也请了开发区条法处两位干部作为代表律师参加谈判。此事得到条法处大力支持，也开创了中方由专业律师参加谈判的先例。

各方关于合同条款谈判累计有十多天，其中最具争议的是让出多少市场份额的问题。按照广州市当时的规定是外销产品要占 75% 以上，外商却搬出我们国家的文件，说国家文件规定是大部分外销，并没有说多少，51% 也应该是大部分。这样一来，我们处于被动局面，只好笼统地按国家文件的“大部分外销”的提法。现在看来在市场经济中规定市场份额，实际执行起来也很难把握。

当时，政府内部也有人提出疑问：“为什么要把市场让给别人？”我们很理解他们的心情。但从当前情况看，国内实际上并没有形成这个市场，也没有相应的系列产品，广州肥皂厂是最早试制洗发水的工厂，但市场并没有做得很大。现在别人和我们一齐开发这个产品和市场，有什么不好？而且，当时我国管制外汇，不可能拿外汇去进口这些东西，相反，合资公司的部分产品还将出口中国周边国家和地区来赚取外汇。我们把这个道理向有关部门做了解释，争取他们的支持和理解。

谈判结果是，首期项目中方占35%的股份，其中广州肥皂厂占30%，开发区建设进出口公司占5%，并自行融资及消化资金成本；厂房用地不作为股份，由通过合资后的广州宝洁公司购买，政府以优惠的方式提供用地。项目合资的谈判顺利完成。

“不给我这么多地，我们就要另作考虑”

合同生效后，广州宝洁公司申建厂房了，在厂房用地问题上，又出现一些问题，有关部门同外商有较大的分歧。

当时开发区已开始大规模地引进外商，用地越来越紧张，建了许多楼层式的标准厂房，目的是提高容积率，希望能在一个大楼里容纳多个企业。但是宝洁外商坚持要建独立低层的工业厂房。有关部门说他们占地太多了。宝洁外商则声称，“我们在全世界都是同一模式的低层厂房，如果不给我这么多地，我们就另作考虑”。

中方代表们意识到问题的严重性，站在宝洁的立场上，同有关部门算细账：宝洁上马后，每平方米可以交多少税，能安排多少个劳动力就业，会产生多少利润，同时，会为跨国大公司树立了什么样的示范，等等。由于中外双方共同努力，坦诚地交换意见，开发区很快就破例为宝洁公司解决了用地。

在解决厂房土地问题后，我方就要筹措投资资金。当时由于银行对项目不了解，合同又有5年不分红的条款，都不愿意为项目投资贷款。建设进出口公司周密规划，用流动资金来注资，而公司则用短期透支、银行授信额度等金融工具提高流动资金使用率。项目投资的资金成本，建设进出口公司全部在日常业务费用中自行消化，这在开发区中也是不多见的。后来项目效益凸显，银行一改过去态度，争相要给我们贷款，开发区财政局也大力支持，提供了超低利息的贷款。

真诚相待　实现双赢

若干年后，时任市长的黎子流接受美国P&G公司邀请，带队到美国参观考察，美国P&G公司特意安排代表团参观了他们的工业厂房，大家所看到的全部是宽阔低层的厂房。他们热情好客地接待，表现出重视中美友好关系的真挚。

外商和我们做生意是很有诚意的，美国 P&G 公司来中国前做足了功课，事先已和进入中国大门的合作伙伴（香港和记黄埔集团）商谈，来华时最早找国家对外贸易经济合作部，然后在北方视察了许多地方，最后选中广东，在广东又认为广州开发区环境最好，而且人员素质和服务素质都较高。

1995 年，原美国商务部长布朗先生来开发区宝洁考察时，就称赞广州宝洁公司是美国在中国办得最成功的企业。继“海飞丝”和“飘柔二合一”后，“玉兰油”系列产品于1993 年获中国质量管理协会用户委员会授予“全国用户满意产品”称号，成为全国日化行业唯一获此殊荣的产品。当时，广州宝洁公司各项经济指标大幅度增长，税收占开发区的50% 以上，人均劳动生产值达到200 多万元。公司被列为全国500 家最大的外商投资企业第14 位、1995 年度中国轻工业200 强企业，按税利总额和销售总额分别排名第一和第五位。

三、招商 2.0（1992 年起）：工业园区 + 资源要素

邓小平同志1992 年的南方讲话极大地鼓舞了开发区人。广州开发区西区的成功也证明了开发区的发展道路是正确的。广州开发区继续坚持“三为主一致力”的办区方针，踌躇满志地加快发展的步伐。

1992 年，国务院批准成立广州保税区，位于广州经济技术开发区北部的北围二分区内，由海关监管，重点是发挥广州黄埔新港的优势，积极为拓展转口贸易和加工出口服务，开展为贸易服务的加工整理、包装、储存、运输、商品展示等业务。

但是，广州保税区毕竟是特殊的监管区域，而那时广州开发区紧缺的是工业用地。广州开发区西区规划的9.6 平方千米的土地可供开发利用的只有6.6 平方千米（新港码头、省外贸仓库用地和大蚝洲岛占了3 平方千米），至1992 年已基本安放了项目，用地所剩无几。这直接影响了其他项目的引进工作。

为解决用地不足的问题，广州开发区向国务院申请置换了3 平方千米土

地，发展成为东区南片。广州市政府于1992 年决定将云埔工业区中的4 平方千米土地委托广州开发区进行开发管理，发展成为东区北片。1993 年，经广州市政府批准，永和经济区（广州市台商投资区）成立，规划面积34.7 平方千米。1995 年，广东省人民政府批准将东区归为广州开发区全面管理，东区总规划面积7 平方千米。

在招商引资政策方面，这一时期，尽管国家对开发区的扶持政策有所减弱（例如国家原有的留税优惠政策取消，使1990 年区财政收入减少近3 亿元，相当于当年财政总收入的七成），但开发区招商政策依然具有较强的吸引力。1994 年11 月17 日，广东省第八届人民代表大会常委会第11 次会议审议批准了经广州市人民代表大会常委会修改的《广州经济技术开发区条例》。该《条例》第六章对广州开发区招商引资的各项优惠政策做了较大幅度的修改，其中，规定对开发区内生产性外商投资企业从事生产、经营所得和其他所得，减按15% 的税率征收企业所得税；规定经营10 年以上的，实现“两免三减”；明确开发区外商投资企业中，凡经广州开发区管委会确认的产品出口企业和先进技术企业，可以享受《国务院关于鼓励外商投资的规定》以及省、市规定的特殊政策。

政策的延续，区域的扩大，让开发区开展招商引资有了更大的发挥空间，开发区的招商热情高涨。这一时期，广州开发区主要以土地资源、劳动力等要素开展招商引资，“大干快上”地引进和发展大型外资生产制造业项目。

“三让三得” 当时，根据国家对开发区“主要在于出口创汇”的方针，国内一些开发区多年来在审批外商投资企业时，重点鼓励产品出口，尽量压低内销比率，政策执行得比较机械、死板；对一些要求扩大产品内销的公司，也一直没有给予积极有力的支持。

广州开发区却在1992 年提出了“三让三得”的原则。所谓“三让”，就是“让市场、让股权、让利益”；所谓“三得”，就是“得资金、得技术、得效益”。“三让”是“三得”的前提，而“三让”的关键又是让市场。

关于让市场，黄龙云同志有一段精彩的阐述——

“三让”，关键是让市场，对符合国家产业政策的先进技术项目，注意适当放宽内销比例，在地价及其他基础设施的回收上不要出现因小失大、急功近利的现象。有条件的国有企业，要敢于让外商兼并和向外商转让股权，并争取在国内发行股票。支持和鼓励外资企业与区内企业成立集团公司，开发新产品，扩大生产规模，参与国际竞争。有进出口权的企业要敢于与外资合资合作办第三产业项目，如连锁店、百货商店等，以推动第三产业发展。

在这种指导思想下，广州开发区在审批外商投资项目时一般不强调出口比率，对已规定了出口比率的项目，也充分尊重企业根据国内外市场需求的自主选择。例如，安利项目采取了与中方合作的组织形式，避开了独资企业外销比例的限制。

“三让三得”体现了广州开发区开放、创新、宽容的招商文化，真正做到了从企业需求出发，以市场需求为导向。时至今日，这一思想对招商工作仍有较强的启示作用。

“五个依托，六个并举” 广州开发区在这一时期积极推动招商引资工作产业化、市场化，采取了“五个依托”的方式，即“依托省、市主管部门和行业主管协调招商，依托外商以商招商，依托社会力量、中介机构引荐招商，依托海外咨询机构、驻外使馆招商，依托电子信息网络招商”。这“五个依托”实施扎实，成为广州开发区招商引资最基本的“套路”。

同时，在外商投资导向上，开发区提出要做到“六个并举”：一是直接引资与间接引资并举；二是第二产业与第三产业并举；三是出口导向与进口替代并举；四是在保证环境和效益的前提下，劳动密集型产业与发展资本、技术密集型产业并举；五是吸引内资与吸引外资并举；六是引进大型跨国公司和引进中小投资企业并举，从而形成了全方位、多层次、广渠道、宽领域的招商引资格局。

例如，在依托省、市主管部门和行业主管部门招商方面，从1993年起，广州开发区抽调专人主动与省、市计划委员会、经济贸易委员会、对外贸易经济委员会、科学技术委员会以及行业主管部门联系，同时与广东省、广州市化工集团、汽车集团、轻工集团、医药集团等建立联系，获取项目线索，进行跟踪、洽谈，争取外商投资项目到区内落户。1998年，在美国达拉斯招商会上，广州化工集团有限公司与美国塑料化学公司签订在广州投资3亿元建一个化工类项目的意向书；在洛杉矶招商会上，广州电子集团有限公司与美国 AEM 公司洽谈了投资2 000万美元来广州办电子厂。获此信息后，广州开发区抽调专人及时跟踪洽谈，最终成功将这两个项目争取到区内注册办厂。

又如，在依托社会力量、中介机构引荐招商方面，为进一步做好广州开发区的招商引资工作，加大招商力度，进一步调动各直属公司的招商积极性，1995年，区党委、管委会对“奖励办法”进行修改，决定对管委会全资投资的直属总公司设立招商引荐奖，奖项设金牌、银牌、铜牌。其中，获金牌的条件是全年合同引进外资1亿美元以上，实际利用外资6 000万美元以上，奖励现金8万元。获1995年金牌奖的招商部门，管委会另奖进口商务面包车一台。对招商公司的奖励政策也一直延续至今，目前，招商公司可依据引进项目的实际到位资金和企业经营贡献情况，申领相应的奖励金。

跳出港、澳、台地区，走向欧、美、日　1993年以前，广州开发区的招商引资工作地域局限在港、澳、台地区。1994年，管委会提出要“跳出港、澳、台地区，走向欧、美、日”，扩展招商引资地域，当年外商投资地域达到16个国家和地区。1995年，广州开发区招商引资地域扩展到欧洲、北美洲、大洋洲和东南亚的20个国家和地区。1998年，广州开发区外商直接投资地域达26个国家和地区。

这一时期，广州开发区先后组织人员赴美国、欧洲、日本、韩国、澳大利亚和新西兰等国家和地区开展海外招商活动，走出去“叫卖自己”，在国内外引起了众多投资者的关注。其中，通过海外招商，日本住友商事株式会社于1998年在广州开发区兴办了住友电钢线制品（广州）有限公司，经过半年运作，即建成1个投资1 200万美元的企业，形成区内著名的“住友速度”，并由此带出了“住友效应”。住友商事株式会社还主动免费为广州开发区在日本东京举办招商会。此后，日本旭友化工有限公司、广重精工有限公司、住轻金属制品有限公司等项目先后在广州开发区设立。

值得一提的是，1994年时任管委会领导黄龙云同志提出的“腾出办公室也要上项目”的口号，在引进住友项目时付诸实践——工业发展总公司在引进住友项目时，不仅腾出了自己的办公室给外商，还提供了交通工具，使该项目很快拍板并投入建设。

转向高、大、新项目　这一时期，开发区招商的重点转向高、大、新项目，吸引众多国际著名的大财团、大企业、跨国公司到区内投资，外商投资企业已成为推动全区经济发展的中坚力量，并呈现国别地区多、投资大的发展格局，如美国的德尔福、捷普、依利安达，澳大利亚的 BHP，英国的富斯乐、利高曼，新加坡的立邦、益海粮油，日本的本田、雅马哈、昭和、索尼、住友、益力多等，还有我国台湾地区的联众钢铁、联顺钢铁、大众电脑、康师傅、台一铜业、旺旺、娃哈哈、顶益方便面、顶津饮料等。这些企业基本属于劳动力和资金密集的大型产业项目，占地大，技术在当时都是较为先进的。这些企业打下了开发区工业发展的基础，也使广州开发区成为全市发展实体经济的重要区域。

捷普广州制造基地项目建设记①

捷普集团（JABIL）是著名的美资企业，涉及电脑外围设备、数据传输、自动化及消费产品等多个领域，是全球最大的合约制造服务商（EMS）及美国财富500强之一。

位于广州开发区东区的捷普电子（广州）有限公司（下称“广州捷普”）成立于2001年，2003年正式投产。这里是捷普集团在中国最大的制造基地，是许多世界500强知名品牌的生产、加工地，并配套了完整的生活区。企业在厂区内设有生活区，目前在广州开发区还是唯一的。

专业的项目谈判

在风云变幻的经济大潮中，1996年美国捷普集团启动“一次规划，二次建设”的亚洲拓展战略。美国捷普集团通过考察，决定在广州建设新的厂区。那时，广州开发区东区正在进行热火朝天的建设，一片兴旺。这片热土进入了美国捷普集团的视野。在漫长的招商谈判过程中，广州开发区在政策

① 本文由黄嘉庆整理，部分内容来自开发区驻捷普电子项目筹建代表陈仪德《从挂职捷普到筹建联众》一书，以及《跨越成长——广州开发区建区30周年企业访谈录》中对捷普电子（广州）有限公司原营运副总经理蔡臻的访谈文章。

优惠层面上为广州捷普选址、地价、环保、供电和完善周边环境条件做出了“重量级”的承诺，并策划在新工厂生活区建设员工公寓、公共饭堂、文化娱乐体育场馆、后勤配套设施，特别是答应建设5公里双回路供输电专线（工程决算总值高达1 006万元）的落实，为美国捷普集团投资广州开发区坚定了决心。

需要指出的是，作为一家美国上市公司，美国捷普集团特别重视合规性，在整个项目选址过程中以高额价格聘请了知名的咨询机构和律师事务所联合对投资相关事项进行严格的考核和论证，经常会为一些细节的问题刨根问底，紧抓不放，着实给当时的招商团队制造了不少麻烦。陈小华同志当时是主管招商的投资处处长，又有着过硬的法律专业背景，他不仅全程参与整个项目的引进，主导项目的谈判，而且关键时刻总能针对一些疑难杂症想出让对方专业机构接受的解决办法和法律解释。2000年，广州开发区招商团队在深圳香格里拉酒店与投资方以及专业机构的最后一次项目谈判中，仍有一个阻止项目落户的重大障碍未能解决——对方仍然纠结该项目归属鼓励类的法律依据以及广州捷普从事电子产品测试和检修业务是否需要商务部审批。最终，陈小华同志充分发挥他的法律专长，通过利用相关政策和法律法规给予了对方一个不容置疑的解释，并非常自信地以一名政府审批人员的身份给予了对方充分的保证，终于说服了当时美国捷普集团聘请的君合律师事务所的律师们，打消了投资方的顾虑，此后投资方随即决定把项目落户广州开发区。

捷普电子（广州）有限公司项目首期投资总额高达1.6亿美元，注册资本5 526.7万美元；建设占地面积15万平方米，建筑总面积13多万平方米，其中大型现代化厂房4.85万平方米，配备当时世界最先进的电子产品制造设备。

首创“交钥匙工程”

广州捷普的落户，得益于筹建方式的创新。美国捷普集团经过周密构思，提出独特的工程承包合约——GMP（Guaranteed Maximum Price）《保证最高价合约》。简单来说，即是“交钥匙工程”。

2001年12月31日，美国捷普集团与中国建筑（海外）香港公司签订（以下简称“中海”）价值3 636万美元的总包厂房设计及施工的《保证最高价合约》。这种特殊的合约形式当时只是在美国兴起，在我国内地和香港地区均极少采用。

中海雄厚的资金技术力量和管理水平发挥了重要作用。在具体的工程进度上，中海做了详尽细致的策划，他们以“半天”作为一个单位时间来安排工程进度，把投标已明确的380 多个子工程进度计划细化，形成2 000 多项工艺流程的进度控制大纲。在投入管理力量上，工程建设最高峰时，建筑工人达1 800 多人，仅管理人员就有40 人。在整个施工进程中，除核心工程一号厂房完全由中海亲自施工外，还须面对近百家专业分建商。

提供特色筹建服务

在捷普项目筹建中，开发区各职能部门主动出击，不只是为企业做好服务，还直接参与了工作。例如，区规划建设局以不唯业务审批承诺制的约束，对捷普工程报建随到随受理，半数以上的送审业务提前予以批复。又如，区消防部门应邀参加工程消防项目的初步设计修订工作，他们委派能力强、经验丰富的专业人员协助指导，工作中结合宣传国家消防法规，为企业提供大量有建设性的意见，为项目的竣工通过消防验收打下了基础。

该项目最大的特色是管委会首次委派机关干部到重点大型项目协助筹建工作，这一做法在捷普项目成功快速筹建中发挥了关键的作用。第一，通过驻厂代表，企业能及时了解开发区的政策、法律和投资规范等。第二，驻厂代表起到管委会和企业之间沟通的作用。例如，因捷普处于较为偏僻的东区北片，围墙高度比开发区规定的1.6 米高出0.4 米，在审批手续上遇到了难题。因为围墙的问题直接关系到整个工程开工日程的进度，驻厂代表及时与规划部门反复进行研究，并直接向管委会领导反映，很快得到解决。第三，驻厂代表参与企业与区外单位的协调，解决海关、工商、税务、环保、商检、外汇管理等方面的问题。

产能大户顺利投产

捷普项目在刚建成6 条生产线时投产，月产值只有2 亿多元，月出口2 500 万美元。目前已建成了60 多条生产线，每条生产线长达110 米，一排一排的生产线呈方正排列，一眼望不到边。零部件从生产线的始端进入，经过每一个环节，不走回头路，到直线的末端出来已经是一件完美的成品。以惠普打印机为例，捷普每天生产的数量接近5 000台。

据捷普电子（广州）有限公司原营运副总经理蔡臻介绍，捷普投资至今，员工从800人发展到13 000人，从5条生产线扩展到60多条生产线。当时捷普在申请这块地的时候，向开发区承诺的是5亿美元的产值，但今天捷普做到了30亿美元的产值（约200亿元人民币，在2017年黄埔区企业工业总产值排行榜中位居第7），超出了所有股东的预期。

四、招商3.0（1998年起）：科技工业园+科技创新

这一阶段，国家对开发区提出了“三为主二致力一促进”的新要求，即“以提高吸引外资质量为主，以发展现代制造业为主，以优化出口结构为主；致力于发展高新技术产业，致力于发展高附加值服务业；促进国家级经济技术开发区向多功能综合园区转变”。

结合国家对开发区的新定位，开发区人认识到，建区以来通过引进国外资金、技术等要素发展外向型经济，固然可以使区域经济在较短时间内实现跨越式发展，但如果仅仅依靠技术引进，而不进行自主创新，那么园区发展就永远不会获得可持续的技术能力，从而无法实现赶超。开发区如何秉持开放创新的基因，在坚持扩大对外开放深度和广度的同时，坚持自主创新，构建一套“引进—消化—吸收—再创新”的体制机制，成为发展的重要问题。

广州高新技术开发区的崛起，引领广州开发区走向自主创新的道路。

广州高新技术开发区成立于1991年，包括广州科学城、天河区天河科技园、越秀区黄花岗科技园、白云区民营科技园、南沙区南沙资讯园。1998年12月，作为广州高新区主要园区的广州科学城奠基，总体规划面积37.47平方千米，规划定位为：以高科技制造业为基础，推动科学技术研究和开发区应用；以形成科学研究综合体为目标，培育科技创新环境，促进广州市产业结构协调发展；具有高质量的自然生态环境、完善的城市基础设施、高效率的投资

软环境的产、学、研、住、商一体化的多功能现代新型城区。

经过 20 年建设，广州科学城建成了华南地区最大的综合研发孵化区、科技企业加速器，并建设了总部经济区及大型商业综合体，引进了乐金显示、光宝电子、索尼电子、金发科技、广电运通、威创日新、创维、神州数码、三星电子等大型企业，陆续被授予生物、电子信息、环保新材料、工业设计等一批国家级产业基地称号。园区年营业收入超过 3 000 亿元。广州科学城内创新创业和人居环境已基本形成。

广州科学城的成功证明科技兴区之路是光明的。2008 年下半年，广州开发区管委会提出在距离科学城约 20 千米的九龙镇兴建 “科学城北区”，打造 “升级版的科学城”。恰逢当时《珠江三角洲地区改革发展规划纲要（2008—2020 年）》正在编制，“科学城北区” 被列为规划纲要的重要平台。

图2-6　广州科学城（李建斌 / 摄）

这张照片所展示的是科学城的核心区。科学城从 1998 年启动建设，那时还是广州的城郊，招商人员带企业来看地，只能对着一片山野菜地指指点点，颇有 “牧童遥指杏花村” 的感觉。经过 20 年建设，这里已发生了巨变。这张照片的近景楼宇是华南最大的企业孵化器，孵化企业上千家。这里还聚集了金发科技等科技公司、LG 显示等高科技制造项目，布局了商业广场、城市综合体、演艺中心等城市建筑，同时保留了大量山体。有企业人士称赞这里有像欧洲一样的工作和生活环境。

中新广州知识城的选址地与上述“科学城北区”范围有重合。中新广州知识城由中国和新加坡共同合作开发建设，规划面积123平方千米。2010年6月30日，中新广州知识城项目正式签约奠基，被寄望打造成为引领广州、广东乃至中国产业高端发展，尤其是知识型经济发展的新引擎，汇聚全球精英的人才高地，国际一流水平的生态宜居新城，中新战略合作的代表项目和杰出典范。

2011年，专注于打造成为生物产业高地的广州国际生物岛“开岛”。这是位于广州市东南端、沿珠江后航道发展带上的一个江心岛，占地面积约1.83平方千米，由广州开发区管委会负责管理运营，定位为国际化的生物技术和医药研究开发及产业化基地。

由此，广州开发区开辟了招商引资的新思路，即主要围绕“两城一岛”（科学城、知识城、生物岛）的定位和产业特色，大力引进符合园区特点的项目，力求打造精品园区。

这一阶段，广州开发区在体制机制方面进行了深入探索。2002年，广州开发区与广州高新技术产业开发区、广州保税区、广州出口加工区实行合署办公，形成了全国国家级开发区独一无二的“四区合一”的新型管理模式。这种四块牌子、一套管理机构的模式，发挥了政策叠加的功能，优势显著。

但是，全国开发区普遍存在的通病也在广州开发区出现了：开发区的发展急需向周边地区扩张，但周边地区由行政区管辖，且存在大量农村人口；在开发区内部，开发区管理机构实施社会事务管理也存在合法性问题；另外，开发区重在经济建设，区内的城区配套设施滞后，缺少生活居住配套与商务办公设施，大量就业人口不在区内居住。2005年，经国家民政部批准，以广州开发区为基础，通过整合周边农村，设立了全国首个由开发区主导转变形成的独立行政区——萝岗区，探索经济功能区与行政功能区按“统一领导、各有侧重、优势互补、协调发展”进行融合之路。此时区域面积扩大到393.6平方千米，总人口超过30万人。依托广州开发区建设萝岗新城，打造广州东部山水新城，成为萝岗区发展的重点。

引进资金密集型外资项目 在20世纪90年代后期，国际化合作带来的跨国投资增加，一大批以资本为核心且有高技术的外资企业涌入中国，以信息技术和汽车制造为主。那时，广州开发区已在引进外资项目上积累了一定经验，市场化、专业化的招商体系已形成，专门从事招商工作的就有100多人。为新的开发区引进大型外资项目成为开发区招商的重点。

广州有句俗语："瘦田无人耕，耕开有人争。"1998年，广州科学城成立时，一片荒山野岭，招商部门带客人来看地，都是对着山地指指点点，颇有一番"牧童遥指杏花村"的意境。广州开发区急需引进符合定位的大型项目，打开新区发展的局面。当时台湾最大的电子设备企业之一光宝集团，在科学城建设光宝科技园项目。该项目投资4.4亿美元，占地达到1平方千米，设立了旭丽电子、建兴光电、光宝科技、光宝通信等15家企业，生产世界产量第一的光驱产品、主机外壳、键盘、多功能事务机等，客户有HP、DELL、IBM等。这是广州科学城首个外资项目，也是当时广州引进的"巨无霸"企业，2008年工业产值达173亿元。这一项目的引进，迅速打开了科学城产业聚集的序幕。

广州科学城引进的另一个资金密集、技术先进的外资项目是韩国LG显示系列项目。2006年，LG显示集团在科学城建设大尺寸液晶模组的生产研发基地。2012年，总投资40亿美元的LG显示广州8.5代液晶面板项目启动建设。至2017年，LG显示系列项目加上创维、电气硝子、大成气体等20多家平板显示产业协力厂的产值超过800亿元。2018年，LG集团在科学城动工建设8.5代OLED面板生产线项目，这是中国首条大尺寸OLED面板生产线，总投资额高达5万亿韩元（约合人民币300亿元）。

随着科学城建设的深入推进，一批资金密集、技术先进的外资企业纷纷落户，包括索尼、加特可、日立、西门子等。这批外资项目落户，显示了广州开发区的自主创新并不是自我创新，也不是封闭式创新，而是走开放式创新之路。

科技招商　广州开发区人认识到，要构建科技创新体系，既要移植大树，更要耐住性子培育小树苗，最大限度地降低这些创新型企业的创新风险，提高创新的成功率，让这类企业积极登上自主创新的舞台，成为产业"小巨人"。

广州开发区从科技型企业的成长规律出发，按创新链的承接关系，构建了一个结构完整的创新政策体系，包括设立科技发展资金、知识产权资助、高新技术项目奖励、吸引科技领军人才等，为创新型企业提供从种子期到成熟期的全过程、多样化、持续性的支持，并提供解决方案。

广州开发区建设了建筑面积超过300 万平方米的科技企业孵化器、创新基地，主要引进培育科技型初创企业；建设建筑面积超过100 万平方米的科技企业加速器，满足快速成长的科技企业中试及小型产业化的需求。同时，广州开发区依托留学人员交流会等渠道，积极引进国内外优质人才项目，如冠昊生物、益善生物、迈普医疗、禾信分析仪、海聚高分子材料、盛康生物等，这些项目大多数是由海外归国人才创立，从几间实验室开始创业，逐步发展壮大成为高成长性企业。这批项目的体量虽然不大，但扎根性强，科技含量高，推动广州开发区在基因诊断技术及其试剂产品的研制、再生医学材料及再生型医用植入器械研制、个体化医疗检测、物联网、3D 器官打印、平板显示等10 多个细分领域走在全国前列，有的甚至达到了国际先进水平。

同时，围绕科学城建设，广州开发区确立了电子信息、生物、新材料、先进制造、新能源与节能环保、知识密集型服务业六大主导创新产业，积极引进居于国内领先或国际领先水平的高科技企业，如金发科技、毅昌科技、威创视讯、香雪制药、达安基因、京信通信、海格通讯、华德新材料等。

这一时期，开发区还将引进国内高端科研机构作为重点，600 多家研发机构陆续落户，包括中国科学院生命与健康研究院、华南新药创造中心、广东软件评测中心、低温实验室、广东省软件共性技术重点实验室。开发区还同时引进了中国电器科学院、SGS（瑞士通标标准技术服务有限公司）、莱茵、天祥、日本岛津、UL 华美认证等国内外权威专业检测认定机构，营造了良好的创新创业环境。

迈普再生医药公司成长记①

广州迈普再生医学科技有限公司的成长，是广州开发区引进科技种子，并从种子期到成长期逐步培育的一个缩影。

① 本文由黄嘉庆整理，部分内容综合南方日报2016 年8 月15 日《广州迈普再生医学科技创新团队奋斗八年跨入全球生物3D 打印领导者行列》报道，以及广州开发区创业导报2009 年1 月15 日《“育苗造林”让我区充满希望——我区高新技术中小企业一瞥》报道。

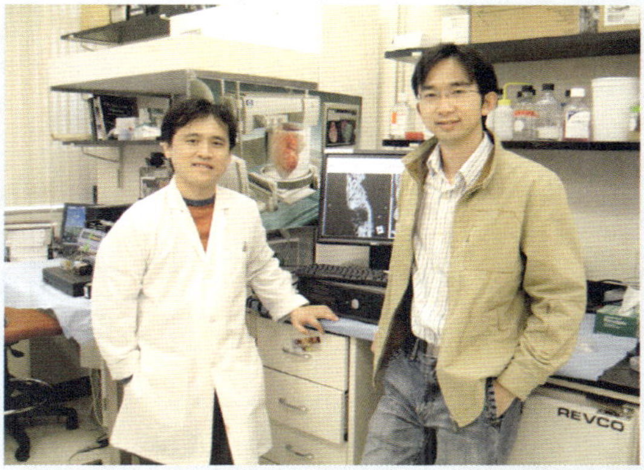
图2-7　广州迈普再生医学科技有限公司董事长袁玉宇（右）和首席技术官徐弢在实验室

10 年前，28 岁的袁玉宇在世界500 强的优渥待遇和归国创业之间，毅然选择回到广州创业。10 年后，这个美国克莱姆森大学的生物工程系博士及其领导的创新科技团队——广州迈普再生医学科技创新团队，已经站到了国际同行业的顶层。

国际著名3D 打印新闻网站3D Printing Industry 公布了2015—2016 年全球生物3D 打印专利统计数据，迈普医学以拥有14 项生物3D 打印专利位列全球第六。

2018 年3 月7 日，习近平总书记参加第十三届全国人民代表大会第一次会议广东代表团的审议，听了10 年前归国创业的袁玉宇代表的发言后强调，发展是第一要务，人才是第一资源，创新是第一动力。强起来要靠创新，创新要靠人才。

梦想召唤："是在美国平稳发展，还是回国创业？"

2008 年9 月，刚刚博士毕业、拿到两份世界500 强 offer 的"80 后"袁玉宇和即将获得德州大学终身教职的徐弢，放弃了在美国的发展机会和安逸生活，回国创业。

组织器官短缺是一个世界性的难题。根据美国器官资源共享网络（UNOS）公布，目前美国每天有超过11 万人等待器官移植，而捐赠人数只有0.7 万人；全世界大约每1.5 小时就有一位需要进行器官移植的患者。全球每年约有1 000 万人因为各种疾病、意外而导致的损伤需要进行组织再生修复，中国每年约150 万人需要进行器官移植手术，而能够幸运接受移植的不足1/100。

2008 年，中国的再生医学产业几乎空白，90% 以上的产品仍依赖进口。进口产品价格昂贵，给患者带来巨大的经济负担。如果能够实现国产化，将为普通老百姓省下可观的医疗费用。生物打印技术作为再生医学的重要组成部分，其发展前景可见一斑。

“这种新型技术只有转化才能真正服务更多的人。我们觉得有义务回国把这项技术转化。”这一切激发了袁玉宇和徐弢的梦想，他们身体里的创业血液开始激烈奔涌。

在经过深入的分析、比较，赴广州参加留交会（中国留学人员广州科技交流会），切身体验广东环境之后，他们决定回到袁玉宇的故乡广州创业。2008 年 9 月，广州迈普再生医学科技有限公司在广州开发区诞生，专业从事生物 3D 打印研发及生产。像很多情怀浓厚的高科技创业公司一样，“迈普”是一个寄托了梦想和希望的名字。迈普是 medical printing 两个词的合并音译，而其中文意思是希望从实验室走出来的高新技术能够迈向普罗大众，造福大众。

袁玉宇说：“我们原来打算到苏州工业园发展，但是经过多次考察，还是认为广州科学城是最好的扎根地，因为这里有良好的投资环境和政务服务，我们正立足广州，面向世界发展。”

扎根广东：“如果留在美国，不一定有如此多的机会”

当袁玉宇、徐弢决意扎根广州创业之时，恰逢国家大力吸纳海外精英的大好时机，他们也先后被中共中央组织部认定为“千人计划”创业和创新人才。

创业的过程总是艰难的。作为中国首家运用生物 3D 打印技术开发植入医疗器械的高新技术企业，广州迈普的创业更显不易。

然而，让迈普人印象深刻的是，迈普创业刚刚起步时，广州开发区向公司提供了在科学城创新基地的 500 平方米的办公场地，并免去 3 年的租金。随着袁玉宇等人先后入选广州市首批百人计划创业领军人才、广东省海外高层次留学人才、中央“千人计划”创业人才等，迈普公司也获得广州市科技型中小企业创新基金、广东省产学研结合项目、广州市科技计划项目、广东省引进创新团队项目、广东省粤港招标等多个项目支持，共获得数千万元的政府扶持资金。

2011 年，经过差不多 3 年的努力，迈普团队终于成功开发出再生型植入类医疗器械产品，即第一代人工硬脑膜产品。

这是一张轻薄如纸巾一样的膜，它以合成生物高分子材料构成网状结构，内部有千万个与人体自身结构相似的微孔，将它直接贴合在脑部手术患者的脑膜破损处，患者自体细胞会渐渐找到这里，进入这个“新家”，仅仅两周后，细胞们就连成了片，形成新生组织。这块完成了任务的材料会“识趣”退出，自行降解成完全无害的水和二氧化碳。

2014年4月，中国国家食品药品监督管理总局授予广州迈普公司的“睿膜”产品注册证，这标志着中国第一个生物3D打印产品正式开始应用。

2015年，迈普获得了国家高技术研究发展计划（863计划）首个关于生物3D打印项目的支持，领衔“面向快速修复及组织器官移植应用的系列生物3D打印技术和装置的开发”的项目，与清华大学、四川大学、浙江大学、中国科学院等高校以及许多大医疗机构均签订了合作协议。迈普走上了快速发展的轨道。

“如果当年留在美国，不一定有如此多的机会。”徐弢说，“迈普的成功带着‘广东基因’，良好的创业环境、政府雪中送炭的支持，一路走来，感慨良多。”

走向全球：“通过原创性技术，我们占有一席之地”

目前，睿膜已在全球40多个国家和地区应用数万例，其中包括英国剑桥大学附属医院、西班牙王子医院、中国人民解放军总医院、北京协和医院等顶尖医院，被认为是最接近自体、修复效果最理想的硬脑（脊）膜补片。

这意味着，睿膜不仅进入了中国国内的高端市场，同时也进入了全球高端植入式医疗市场销售。迈普公司还申请了国内外专利80多项，获得包括美国、俄罗斯、日本、中国的授权专利41项。为向全球客户提供市场和技术支持，迈普公司专门在美国、德国等设立了公司。

2018年，迈普在广州科学城取得约1万平方米用地，用于建设产品生产线、3D打印机、智能无线颅内压监护仪等设备生产基地，以及纳米仿生技术及生物3D打印研发中心、全球营销中心等。在广州开发区的大力支持下，这家从科学城孵化器成长的企业，走上了自建园区的道路。

总部招商 总部经济是指通过创造各种有利条件，吸引跨国公司和大型企业集团总部入驻，形成企业总部在本区域集群布局、生产加工基地通过各种形式安排在成本较低的其他地区，从而形成合理的价值链分工的经济活动的统称。吸引重点总部企业落户，可以迅速提升地区的经济发展和城市化水平。

2007 年，广州开发区提出要打造 “肢体健壮、心脏有力、头脑灵光” 的现代产业体系，其中制造业是 “肢体”，研发部门是 “心脏”，总部经济是 “大脑”。从当年开始，广州开发区将 “总部招商” 定为重要的招商抓手。

广州开发区在科学城建设占地面积 17.7 万平方米的总部经济区，大力引进国内外金融总部、投资性总部、制造业总部、销售中心总部、商业连锁总部、采购中心总部及管理型总部。同时，广州开发区出台总部经济政策，对企业引进给予落地奖、经济贡献奖、场地补贴、高管奖励等，致力于形成 “政策洼地”，吸引总部企业进驻。

从 2007 年开始，一批重点总部企业加快进驻，如箭牌中国总部、百事总部、安利中国总部、康师傅集团总部、索尼集团总部、南方航空总部、宝钢南方贸易总部、松日总部、南方电网超高压总部、苏宁电器华南总部、京东商城华南总部、中天启明总部、阿里巴巴华南总部等。这批总部项目进驻，加速了广州开发区高端服务业发展的步伐。

随着区内地铁等交通轨道建成通车，区内大型综合体等项目陆续建成，广州开发区形成了开创大道总部经济带；在临港经济区建设了港航中心、保利鱼珠港等标志性总部大楼，吸引了一批项目进驻；另外，在知识城正建设环凤凰湖、九龙湖总部经济带。

五、招商 4.0（2017 年起）：创新城区 + 营商环境

这一时期，从国家层面来看，开发区迎来了新的发展机遇：

——国家对开发区提出了新的指导思想。近年来，国家级开发区的作用和地位有所弱化，功能有所错位。究其原因，一是有些地方政府为了保增长，围绕开发区搞新区建设，搞房地产，导致开发区发展实体经济的热情降低了；二是随着各种新区、自贸区、自主创新示范区等建立，国家级开发区的功能明显被弱化；三是受国际经济低迷影响，一些开发区引进外资的效果减弱，自主创新的水平也不高，被认为优势不再。

在这种情况下，2017 年 1 月，国务院办公厅颁布《关于促进开发区改革和创新发展的若干意见》（国办发〔2017〕7 号）（以下简称“7 号文”），提出开发区发展的指导思想为“四区一推进一形成”，即把各类开发区建设成为新型工业化发展的引领区、高水平营商环境的示范区、大众创业万众创新的集聚区、开放型经济和体制创新的先行区，推进供给侧结构性改革，形成经济增长的新动力。

7 号文对开发区的功能定位为：开发区要坚持以产业发展为主，成为本地区制造业、高新技术产业和生产性服务业集聚发展平台，成为实施制造强国战略和创新驱动发展战略的重要载体。开发区要继续把优化营商环境作为首要任务，着力为企业投资经营提供优质高效的服务、配套完备的设施、共享便捷的资源，着力推进经济体制改革和政府职能转变。

7 号文对开发区的指导思想和定位，其实就是强调要回到开发区的本来面目，一方面是发展制造业，振兴实体经济；另一方面是创新发展，探索创新驱动路径。开发区的大旗不仅不能倒，反而要越举越高。

——国家对扩大对外开放、积极利用外资提出新要求。开发区自诞生之日起，就肩负了利用外资的使命，但对外开放不仅仅是简单的利用外资，而是在更高层面、更高层次的扩大开放。直白地说，中国现在不差钱，就差顶尖人才和高端技术。开发区有完善的产业配套和产业生态，可以满足高端技术进行产

业化；开发区近年来强化创新体系建设，也具备了承接顶尖人才创新创业的条件。

2017 年 1 月，国务院印发《关于扩大对外开放　积极利用外资若干措施的通知》(国发〔2017〕5 号）(以下简称 “5 号文”)，为开发区下一轮的扩大开放及招商指明了方向。

5 号文提出，以开放发展理念为指导，推动新一轮高水平对外开放；修订《外商投资产业指导目录》及相关政策法规，放宽服务业、制造业、采矿业等领域外资准入限制；支持外资参与创新驱动发展战略实施、制造业转型升级和海外人才在华创业发展；根据对等原则，允许外商投资企业参与承担国家科技计划项目；支持海外高层次人才在华创业发展；对持有外国人永久居留证的外籍高层次人才创办科技型企业，给予中国籍公民同等待遇；等等。

广东省也于 2017 年出台了扩大对外开放、积极利用外资的政策（即外资十条），提供的 “干货” 颇多，包括放开 30% 限制外商投资产业准入，制造业领域放开专用车、新能源汽车制造的外资股比限制；外商在广东投资实体经济项目、设立总部或地区总部最高奖励 1 亿元；为重点外企提供知识产权保护 “直通车” 服务，为外商高管派发 “优粤卡” 政策优惠等。

——国家对招商引资政策极大地放宽了限制。自 2003 年起，国家对庞大的开发区进行了整顿，并要求规范招商引资行为，尤其是明确招商引资政策不得与税收等条件挂钩，等等，开发区招商引资工作的自主性受到了一定限制。

2017 年，国务院颁布的上述 5 号文和 7 号文均明确指出，允许各地政府和开发区出台招商引资优惠政策，这为开发区进行政策创新提供了依据。

这一时期，从区域层面来看，广州开发区面临着新的机遇，也面临着竞争和困难：

——从机遇来看，创新城区建设迸发出新活力。这一阶段，新黄埔区合并、融合完成，新的管理体制、管辖区域、人员编制给黄埔区、广州开发区带来了新的面貌。

黄埔区、广州开发区提出，要对标全球一流城市，谋划建设国际化智慧创新城区。**创新城区**是一种新兴城市空间发展模式，简单来说，是把创新元素、资源与现代城市融合。这种模式以空间的紧凑性、交通的通达性、技术的连接性、生活的社区化、生态的宜居性等为优势，实现了工作与生活的互补共生，成为区域和城市创新发展的重要突破口。

广州开发区建设创新城区包括：空间载体——以两城（广州知识城、广州科学城）一区（临港经济区）一岛（广州国际生物岛）四片联动发展，谋求广州东南部创新带的核心区建设；产业载体——打造6大支柱产业，尤其是战略性新兴产业集群，形成产业聚集效应；城市载体——建设精品城市，重点打造创新大道和开放大道两条南北交通大动脉，同时建设高品质配套设施；创新载体——打造战略性创新发展平台和价值创新园区，形成区域创新中心。

——从挑战来看，经济下行压力较大。数据显示，受经济步入新常态的影响，2014 年区划调整前后，黄埔区和开发区的经济都出现了放缓态势，面临着新旧动能转换的阵痛。在这样一个特殊的阶段，要实施怎样的招商策略，成为广州开发区招商人要重点思考的问题。

——从发展来看，招商方式亟须变革。以前，开发区主要是围绕要素资源来开展招商，但进入2017 年后，传统的招商方式已难以为继，最大的问题是用地。虽然新黄埔区成立后，区域面积比原萝岗区有所扩大，但是项目用地，尤其是工业用地缺乏。而自贸区及其他行政区招商势头突起，给作为广州重点投资地的开发区造成较大的压力。这些都表明，开发区“开”了30 多年，“好吃的肉已吃完，剩余的都是硬骨头”。广州开发区亟须进行招商方式的变革。

在以上背景下，广州开发区探索了一种新的招商模式。这种招商方式，与以往“捡到篮子都是菜”的方式不同，也与依靠土地、成本、人力等要素招商相异，是一种集人才、技术、产业、市场、资本于一体的集成式招商，强化以产业引领、龙头带动、环境支撑，围绕产业链、创新链、价值链招商，旨在通过招商引资形成开放型的经济体系，可谓招商 4.0 版本。具体表现为以下几方面：

招商政策“一炮打响”　政策首先得到强化。2017 年1—2 月，国务院颁布的上述5 号文和7 号文，提出允许各地政府和开发区出台招商引资优惠政策，引起了巨大的反响，但大多数地区都在观望。广州开发区在3月初即出台了促进先进制造业、现代服务业、总部经济、高新技术产业发展的4个“黄金10条”，5月出台了聚集“黄埔人才”、加强知识产权运用和保护的2个“美玉10条”政策，打造了“金镶玉”政策组合。其后，广州开发区陆续出台“风投10条”、“技改10条”、“区块链10条”、《现代航运服务业发展办法》、《绿色低碳发展办法》、《IAB产业发展实施意见》等专项扶持政策，形成了具有全国影响力的政策体系。

广州开发区政策体系体现了巨大的“虹吸效应”。2017年，共有600多家企业前来洽谈投资，新引进外资企业超过100家、新注册内资超过2万家，洽谈或引进企业超过600个，签约重大项目102个，全年实际利用外资22.2亿美元，居全市第一、国家级开发区前三。

广州开发区的政策体系还引发了“鲶鱼效应”。广州市内的越秀、空港经济区及重庆、天津、苏州、杭州等地也出台了类似的政策，“一企一策”更是常态。

人才招商 广州开发区人在项目洽谈过程中深刻地体会到，人才是最大的资源。优秀人才背后，是巨大的产业链和人才链。尤其是一批战略科学家的到来，会为一个地区的产业发展形成新的品牌。

这一点在引进由美国科学院院士、中国科学院外籍院士、北京生命科学研究所所长王晓东作为联合创始人的百济神州项目时体现得非常明显。王晓东院士多次在公开场合力撑广州的生物产业发展环境，表示“百济神州进驻广州，对于我们来说是‘all in’，所有的牌都押上了”。在王晓东院士的影响下，一批来自上海、北京等地的生物产业创新团队来区投资，有部分团队带头人表示：“连王晓东院士都来了，那我们投资项目一般要走的前期尽职调查等工作就都免了！”

广州开发区聚焦战略科学家、企业家、产业领军人才和团队，以一批处于“金字塔”顶端的人才的影响力，强化区域投资“引力波”，带动核心产业项目进驻。例如，引进由著名结构生物学家施一公院士担任科学顾问委员会主席的诺诚健华广州发展中心项目；在集成电路芯片产业方面，以广州开发区集成电路产业首席顾问陈卫为核心，聚集曾在中芯国际、宏力、台积电等工作的人才，共同打造新型产业芯片集群。

作为引才的配套政策，广州开发区出台了“人才10条”，包括全球纳才奖励、高端项目扶持、安居乐业工程、福利配套保障、名家名匠奖励、高端人才服务奖励、重大项目重点扶持等，主要从引进或培养高端人才、扶持人才高端项目的角度，进行重点突破和集中扶持。广州开发区还成立全省首个人才工作集团、人才投资集团，首创人才服务“上管老、下管小”模式。

IAB 产业招商 党的十八大之后，党中央将中国经济发展的阶段性特征概括为“三期叠加”，即增长速度换挡期、结构调整阵痛期和前期刺激政策消化期三期叠加。因此，招商引资的重点方向应是引进新型产业和技术，促进新旧动能转换，并以新产业引领新发展。

2017 年 3 月开始，一项被广州官方称为“IAB 计划”的产业方略浮出水面。“IAB 计划”的行动目标指向新一代信息技术（IT）、人工智能（AI）和生物医药（Bio-tech）三大战略新兴产业。随后，广州又提出了“NEM 计划”[新能源（new energy）、新材料（new material）]。

广州开发区经过多年的产业发展积累，在上述五大产业积累了雄厚的基础。其中，“I”产业 2016 年实现产值超 2 300 亿元，占全市总产值的八成；“A”产业 2016 年产值约为 154 亿元，占全市总产值的五成；“B”产业 2016 年产业规模约为 523 亿元，占全市总产值的五成以上。

广州开发区提出，打造成为 IAB 产业发展主力军和主战场。广州开发区在新一代信息技术方面，引进了 LG 化学偏光片项目、粤芯芯片等；在工业互联网、人工智能、无人驾驶方面，引进了阿里云工业互联网总部、文远知行科技无人驾驶项目、亿航智能飞行器产业化总部基地等；在大数据和区块链技术方面，推动大数据和实体经济深度融合，成立了全省首家区块链协会，推动首批“10+2”区块链平台项目签约，推动蓝色光标天地互联全球总部、航天信息广东总部、“国家工业互联网平台”等项目先后落户；在大数据方面，引进了宝洁中国数字创新中心等项目；在精准医疗方面，引进了赛默飞世尔科技精准医疗客户体验中心、全球最大的测试测量公司安捷伦科技客户培训中心、绿叶新日本科学再生医学中心等。

全产业链招商 产业聚集发展是当前的大趋势。招商引资应强化产业规划引领和枢纽型企业带动，吸引产业链、价值链、创新链上的相关企业集聚、集群、集约发展，从而产生新的价值。

广州开发区以 IAB、NEM 为重点，在中新广州知识城启动建设占地面积达21 平方千米的五大价值创新园区，促进产业集聚、集群、集约发展。其中，广州开发区在生物医药价值园区内动工建设 GE 医疗集团在亚洲的首个生物科技园，引进了百济神州生物制药，以及康方生物、绿叶集团、新日本科学集团、广州香雪 “细胞药”等项目，涵盖了单抗、双抗、T 细胞治疗、疫苗及供应链服务、销售平台、服务平台等全产业链。广州开发区在集成电路价值创新园内动工建设全市首个大型芯片制造企业粤芯芯片项目，连同首批15 个项目同步进驻知识城集成电路产业创新园区，构成了集 “芯片设计—晶圆制造—封装测试—终端应用”为一体的作业模式，形成了全产业链生态圈。（详见本书第四章相关产业项目介绍）

全球招商 高端平台会聚集高端的项目、高端的人才，尤其是在国际性的论坛和平台上，通过政企界的互动，会迸发出很多合作商机，达成很多合作共识，而且由高层推进会比从基础招商做起更高效。

广州开发区积极参与达沃斯论坛、博鳌亚洲论坛、中国发展高层论坛、世界经济论坛等国际性高端平台活动，紧紧抓住省、市领导洽谈的项目线索，获得了很多关键性的项目信息。同时，广州开发区在高端平台上做好投资策划活动，开展 “事件营销”，说好区域投资 “好故事”，展示区域投资的环境，取得了良好的效果。

例如，2017 年，广州最具影响力的城市推广活动是承办2017 年财富全球论坛，包括从北京到巴黎、中国香港、纽约、华盛顿、东京、新加坡市、中国台北、芝加哥、慕尼黑、伦敦等地举办了13 场路演推介，并于2017 年12 月6—8 日在广州举行论坛活动，广州开发区在多场活动中均有专题推介，向全球展示区域投资形象。在论坛期间，广州开发区积极安排相关项目方与省、市领导会面，促成了多个项目合作，同时作为广州国际创新枢纽的代表，邀请与会代表参观科学城等区域，展示区域投资环境。

广州开发区主动嵌入全球网络组织，搭建中新、中欧、中以、中英合作平台，借助达安基因等区内“走出去”的企业力量，绘制“招商地图”，拓展海外招商渠道，在美国、欧洲、日本设立海外招商点或海外科技企业孵化器，精准对焦美国和日本的生命科学、生物医药、大健康、大数据及人工智能领域企业，韩国的平板显示、新材料领域企业，以及欧洲的生物医药、智能制造、新能源、新材料领域企业；组织专业招商队伍，前往美国、日本、韩国、瑞士、德国、瑞典等国家开展“点对点”招商，直接与宝洁、日立、LG 等企业及美国斯坦福大学、英国牛津大学等世界顶级研发机构高层进行洽谈，提高靶向招商的层次和成效。

以资引资　2016 年召开的中央全面深化改革领导小组第二十二次会议强调，深化投融资体制改革，要确立企业投资的主体地位，平等对待各类投资主体，放宽、放活社会投资。要完善政府投资体制，发挥好政府投资的引导作用和放大效应，完善政府和社会资本合作模式。要拓宽投资项目资金来源，充分挖掘社会资金潜力。

广州开发区认真贯彻中央的部署，在招商工作中进一步引入金融工具，发挥好政府资金的引导作用和国资的助力作用，通过股权投资、债转股、政府直投等方式，放大政府资金的效应，同时引导企业与商业银行对接，并引进各类新兴产业的产业投资基金、风投机构，做大做活金融投资的“池子”，确保企业进来后都有可以运用的金融工具。

国企与企业进行合资合作成为一种招商行之有效的手段。2017 年，广州开发区进行了国企大改革，以 IAB、NEM 等产业为划分依据，组建了10 大国企集团。这批国企围绕某一个产业重点开展招商，并以招商来进行项目合作，实现“以招促投”。LG 的 OLED 项目、GE 生物科技园项目、百济神州项目、粤芯芯片项目、文远知行无人车项目、LG 化学偏光片项目等，均由国企与企业合资或合作，有的还由国企代建厂房。有国企注资，等于增加了招商谈判的筹码，相当于给企业吃了颗“定心丸”，同时项目会有较高的投资回报率，可以促进国企转型，而且在国企投资之后会大大降低社会融资的难度，项目能更快落地投产。政府通过金融杠杆的方式和组建合资项目的形式促进项目落户，相当于进行了整体的项目策划。其中，以“百济神州模式”最为典型。

全球最领先的抗癌药有望“广州造”①
——百济神州项目落户记

百济神州项目的引进，体现了集人才、技术、产业、市场、资本于一体的集成式招商。

百济神州的创始人之一王晓东是华裔生物化学科学家。2004 年，41 岁的他凭借细胞凋亡领域的杰出成就当选美国国家科学院院士，成为中国内地20 多万留美人员中获此荣誉的第一人。这位生命科学界的“牛人”在回国之后一直怀着一个愿望，便是做中国自己的创新药。

图2-8　王晓东院士

百济神州的另一合伙创始人欧雷强曾是国内 CRO 公司保诺科技（BioDuro）的创始人，还曾担任生物科技公司 Galenea 的首席执行官、抗肿瘤药物研发公司 Genta 的联席首席执行官、移动通信公司 Telephia 的创始人和总裁，在企业运营方面经验丰富。

2011 年，百济神州创立，专注于开发和推广靶向和免疫肿瘤治疗，在研产品线包括新型小分子口服靶向类和单克隆抗体类抗癌药物。百济神州 2016 年 2 月登陆美国纳斯达克，是首个赴美上市的中国创新型生物医药企业，被专家称为中国“基因泰克”。

百济神州选址　广州起步最晚但终获青睐

百济神州作为一家国际化的中国生物医药创新型龙头企业，全国各地都对他们伸出橄榄枝。对他而言，“选择哪里？”这是一个重大课题。从 2016 年下半年开始，百济神州对上海、苏州、珠海等多个候选地区进行了考察，与一些地区已进行了多次深入洽谈，有些地区甚至已划出用地等待其落户。

① 本文作者系广州凯得科技发展有限公司职员梁静华。

广州与百济神州的接触在所有候选城市中最晚，但争取项目的欲望十分强烈。广州开发区招商引资工作分管领导直接率领小分队直奔其他城市，将百济神州项目商业负责人从该市组织的项目融资大会现场接到附近直接对接洽谈。据当时的招商人员回忆，“由于地处市郊，项目还是在农家乐谈的，但短短一个小时，对方就被我们打动了。”双方初步探讨了成立合资公司，进行项目建设的商业模式，也就是这次会谈令百济神州的目光转向了广州。在 GE 医疗集团的牵线下，2016 年 7 月 3 日，百济神州高级副总裁李康博士一行第一次来广州开发区考察洽谈。

通过多方考察、比较、斟酌，百济神州最终选址广州开发区，落户在知识城 3.4 平方千米的生物医药产业园内。王晓东院士总结项目最终落户广州开发区的原因有三要素：一是广州开发区与企业是真心诚意、并肩做事的伙伴关系，是百济神州合作共赢的信心所在；二是广州开发区在东南亚“一带一路”的产销影响力，是百济神州进入东南亚市场的良好平台；三是广州开发区一如美国湾区的开放包容文化，大胆创新、敢于实践的理念和人文环境，是最适合创新创业的摇篮。

风投式招商创立“百济模式”

百济神州项目投资规模达到 23 亿元，其中参股合作的开发区金控集团下属企业广州凯得科技有限公司一次性投入了 10 亿元。直到如今，很多人仍会问，何来的勇气以及决心去投这样一个还没有产品的生物医药企业？

刚与项目接洽，百济神州就提出了“建设生产厂以及研发由合作方投入大量资金，百济以无形资产和少量现金入股，但合作方占小股”的模式，使得许多单位望而却步。后来广州开发区管委会决定，引入广州开发区战略持股平台广州凯得科技发展有限公司作为合作单位参与项目合作。

但上述合作模式，在国资层面是一个极大的挑战与突破。在满足及解决项目资金需求以及国资管理要求中取得平衡，需要一个极具智慧的解决方式。经过不断的探索，股权和债权结合的投资方式应运而生，在百济神州里程碑节点进行债转股为双方提供了一个动态灵活的选择机制。最终，国有企业的 10 亿元以及百济神州的部分自有资金，再加上通过创新金融方式取得的商业银行贷款资金支持，构成了项目所需资金的整体，满足了项目的建设需要。

有趣的是，因为百济神州与合作区属国企广州凯得科技发展有限公司开创了这种股债结合的模式，后续前来广州开发区沟通生物医药项目投资诉求时，一些项目会直接向区招商部门要求："我要百济模式！"

签约到打桩仅用 38 天

百济神州项目自2017年3月7日签署投资协议开始，仅用了38天就打桩动工，这一速度刷新了广州开发区项目之最。

在这38天里，政企双方风雨同路，同舟共济。包括：洽谈具体的合作条款，促成广州市新兴产业发展资金及商业银行为项目提供资金支持，协调高校对接并建立渠道解决人才需求，协助解决项目过渡期的办公用房和生活用房需求……每一个过程，每一个细节，开发区都为企业排忧解难，开设绿色通道。合作国企广州凯得科技发展有限公司也建立了专门的团队，与开发区各部门一起，共同加快签约、厂房设计、动工筹建等。在各方的精诚合作下，项目建设正在如火如荼地进行中。

自2017年项目落户至今，百济神州发展迅猛的态势也使得业内震惊，股价从当时项目引进时的20多美元上升到如今的170多美元。百济加快向"研产销一体化"的国际一流综合性制药企业转变，至今，百济在广州开发区注册或投资的企业已经达到4家。

百济神州项目的落户，给广州开发区招商引资工作增加了一些新"本领"：

1. 立体招商思维考量项目，科技风投式的合资入股走出招商新路。对于百济生物医药项目的引入，对投入10亿元支持一个成长型企业，其他洽谈过的企业甚至政府当初也心存疑虑。广州开发区经过可行性研究、第三方专家论证、资质调查等论证，认可本项目在癌症治疗领域的世界一流水准，认可其长期价值和癌症治疗带来的社会效益，同意对其采取类似于风险投资的合资入股支持，以开发区国企为载体与百济公司组成合资公司并占小比例股权。

2. 财政＋社会资本的双回路整合招商。对区国企项目资金采取"财政专项注资解决一小半，由区国企自筹解决其余部分"的方法，充分发挥其信用评级较高的优势，考虑通过国企信用发债等方式筹集项目资金，既体现了财政支持，又充分发挥了国企融资平台面向社会的融资优势。

图2-9　百济神州生物药项目

该项目使用 GE 医疗集团的 KUBio™ 模块化工厂，此照片即为安装 KUBio™ 的场景（摄于2018年8月）。

3. **多种金融工具并举招商。**为解决项目资金的缺口，开发区综合考虑银行贷款、基金乃至广州市战略性产业直投资金、融资租赁等多种金融工具组合的一体化方案，为本项目择优选用，灵活运用多种金融工具的组合为引进创新型科技项目提供了实质问题的解决方案，使项目进驻顺理成章。

4. **以培育人才吸引项目招商。**生物制药产业专业性强，需要大量的专业科技人才。为了解决百济神州项目建成后的生产人才需求，以及知识城规划建设的生物医药产业园区发展需要，广州开发区积极联系中山大学、广东药学院、广州医科大学等已有医药相关专业的高校，推动其设立研究生、本科生、大专生各层次的生物制药专业方向，并请百济神州公司设立奖学金协助学生实习、就业，以实现提前布局人才长期培育工作，以人才吸引项目引进和长驻发展。

小结

2018 年 4 月 13 日，习近平总书记在庆祝海南建省办经济特区 30 周年大会上做重要讲话，指出经济特区在建设中国特色社会主义伟大历史进程中谱写了勇立潮头、开拓进取的壮丽篇章，在体制改革中发挥了“试验田”作用，在对外开放中发挥了重要“窗口”作用，为全国改革开放和社会主义现代化建设做出重大贡献。经济特区要不忘初心、牢记使命，把握好新的战略定位，继续成为改革开放的重要窗口、改革开放的试验平台、改革开放的开拓者、改革开放的实干家。

在改革开放史上，开发区一直是经济特区的“姊妹篇”。广州开发区自 1984 年成立以来，从经济、建设、科技及体制、行政管理等进行多轮探索。其中，招商引资可谓探索得最深的领域之一。

广州开发区招商引资经历的四个变化阶段，除了随着时间轴的推移，还是随着区域空间轴变化而展开的，即从西区开始起步，到东区、永和，再到科学城、知识城、生物岛，最后到探索经济区与行政区融合发展之路。

这四个阶段的发展过程中，伴随着国家对开发区的指导思想的变化，广州开发区从以出口创汇为主的外向型园区，到以制造业为主的工业园，步入以科技创新与制造业相结合的科技工业园区，再到以创新驱动和人才支撑为主的创新城区转变。

这四个阶段的发展过程，深刻反映了我国对外开放程度的不断扩大（从严防死守到只采用负面清单）、引进企业的素质不断提升（从加工贸易企业到世界 500 强乃至行业领先公司）、科技水平不断进步（从简单加工到创新型制造业）、自主创新企业逐步崛起和壮大（从外资为主到内资战略性产业乃至顶尖团队主创企业）。同时，政府招商的手段也随形势变化不断增加，从廉价劳动力、廉价土地成本，到市场、优惠政策、金融、人才培养，至整体营商环境的提升（包括政府效率、商务环境、自然生态、安全舒适条件等）。

我们可以通过一张图来表达上述变化。

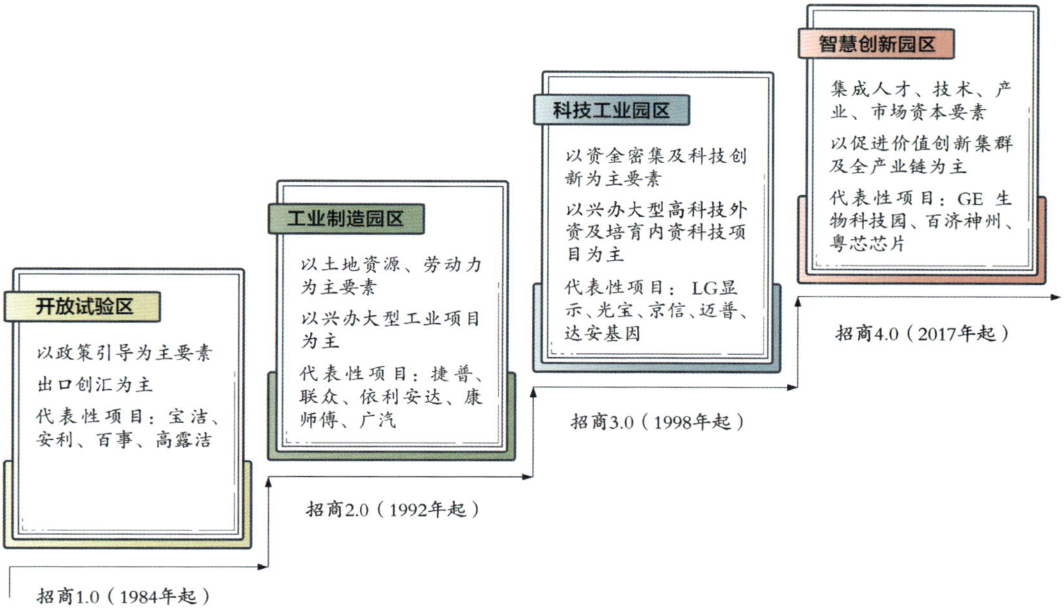

图2-10 广州开发区招商引资四个阶段图示

第三章

思维：招商 4.0 的模式创新

如前章所述，广州开发区在具体的招商引资实践中，开创了招商 4.0 模式。

本章将分析招商 4.0 的概念及特征，指出招商 4.0 实质上是广州开发区构建的“钻石体系”模型。本章还提出招商 4.0 的十大思维，即顶层战略思维、合作共赢思维、专业技能思维、狼性拼搏思维、人才为王思维、统筹资源思维、风投前瞻思维、金融借力思维、品牌营销思维、客户服务思维。随着招商 4.0 模式的推进，新时代的招商定位应重在四个方面——项目策划、资源整合、市场助力、专业服务。

一、招商 4.0 的定义及特征

2018 年 1 月 18 日，中国共产党广州市黄埔区第一届代表大会第四次会议暨中国共产党广州开发区工作委员会 2018 年第一次工作会议上首次正式提出招商 4.0，其论述为——

40 年前，改革开放之潮从南向北，一番新天地逐渐开启，创造出震撼世界的发展奇迹。广州开发区因改革而生，伴开放而长，靠创新而强大。在改革开放之初的招商 1.0，我们以引进“三来一补”的短平快项目为主，迅速打开了发展局面；到了招商 2.0，依靠土地资源、劳动力等要素投入，外资大项目纷至沓来；进入招商 3.0，更加注重技术引进、产业集聚，建成了一批科技工业园；2017 年以来，国家、省、市陆续出台了支持开发区转型升级、创新发展的政策，开发区迎来了新的春天。我们抢抓机遇，坚持以人才集聚为核心，吸引先进技术、产业资本集聚，推动高端项目全链条、一体化发展，首创引智引技引资的招商 4.0 模式，形成了“主导产业引领、核心企业带动、产业生态支撑”的新格局。

广州市政协主席刘悦伦同志曾在广州开发区担任主要领导，亲自引进过一大批重大项目。2018 年 6 月 8 日，刘悦伦同志在广东省促进企业投资协会暨第二届广东投资发展论坛上指出，广东省进入招商 4.0 时代。

回顾广东的投资促进工作，或者通俗地讲，是招商引资工作，随着改革开放的发展，经历了从招商 1.0 到招商 4.0 这四种不同的模式。

招商 1.0 模式，主要是以廉价的要素，即廉价劳动力和廉价土地成本为核心，引进加工贸易企业。目前，这种模式已经比较少运用了，特别在珠江三角洲等沿海地区。我们需要做的，是促进这些加工贸易型企业实现转型升级，让他们能够有自己的设计，能够有自己的品牌，能够有自己的市场。

招商 2.0 模式，主要是引进以中国市场为核心的消费型企业。比如，宝洁、安利、高露洁等公司。它们以中国的市场为核心，同时带动了更多的消费型企业来华投资。这些消费型企业为中国的发展做出了很大的贡献，但它们现在也同样面临着转型升级的问题。

招商3.0模式，主要是引进以资本为核心的技术型企业，比如广州开发区所引进的高达68亿美元投资额的LG项目，佛山美的公司收购的机器人企业库卡等。但在新常态之下，这种模式正在面临新的挑战。目前更应强调打破技术垄断，增强自主创新。

如今，新的招商4.0模式正在产生，就是建立以人才团队为核心的高科技企业和现代化产业体系。例如，广州粤芯半导体技术有限公司并非是原封不动引进的一家企业，而是以人才团队为核心，整合国际性资源，来发展广东半导体产业。还有小鹏汽车以及在广州开发区落户的百济神州等生物医药公司，也是在招商4.0模式推动下的在粤投资企业。

广东招商人员应该越来越多地采取招商4.0的模式去促进产业的投资与发展。当然，招商4.0模式并不是要取代或者要排斥另外三种模式，而是我们在发展高科技产业过程当中，需要一种新的更高端的招商模式来推动来粤投资项目的落地与发展。

由上述表述引申，并结合本书第二章对广州开发区招商四个阶段实践的梳理，我们基本可以得出招商4.0的概念如下。

招商4.0，是指以广州开发区为代表的产业园区，在改革开放过程中，经历外向型经济区、工业园区、科技工业园发展阶段后，进入创新城区建设而采取的一种新型招商模式。这种招商模式，坚持主导产业引领、核心企业带动和产业生态支撑，通过招商思维、模式、方法、流程的创新，主动引导人才、技术、产业、市场、资本等要素整合提升，促进产业链、创新链、价值链、技术链、人才链、资金链、知识链、政策链深度融合，实现市场和政府的效益最大化和效率最优化，实现引资、引智、引技。

这种招商模式，伴随着园区建设的转变和产业发展的转型升级，与以前的招商模式相比，有一系列根本性的嬗变：

从招商要素上，土地、人力资源等基础要素在招商4.0模式中依然重要，但核心要素是人才。这种人才，包括战略科学家、企业家、产业领军人才、高层次专业人才、复合型高端人才、行业专家等，其主导某一领先行业，或对行业有较大影响力。

从招商的参与主体上，招商 4.0 模式是政府和市场基于效益最大化和效率最优化形成互动的结果。政府作为招商的主导者，要在项目选择、合作模式、选址规划、集群发展等方面提升策划能力，提供企业落户的最佳方案，同时注重资源配置，运用市场化招商力量提供优质服务，并协调社会各界力量，提供市场协助、金融服务、人才服务、上下游合作、技术合作方等多样化的资源，提升招商引资的水平和效率。

从招商方向上，招商 4.0 模式是以创新为宗旨，一方面大力引进国际先进技术，培育世界级先进产业集群，特别是先进制造业集群，实现深度发展的“高技术工业化”；另一方面警惕 “无技术的工业化”，注重引进和培育自主创新型企业，强化 “育苗造林”，营造本土产业生态系统。

从招商设计上，招商 4.0 模式是目标管理和产业策划招商的结合，这跟国家倡导的顶层设计，如供给侧改革、高质量发展、转型升级、创新创业等相吻合；是围绕目标，如相关领域、相关人才，对项目的产业规模、行业水准及所需的营商环境进行顶层设计，并相应实施得到成功的过程。

从招商的产业能级上，招商 4.0 模式围绕价值链打造创新链、人才链、产业链，在先进制造业、现代服务业、高新技术产业、总部经济上发力，以招商引资促进新旧动能转换。

从招商范围上，招商 4.0 模式从块状的招商模式向网络化的招商模式转型，从被动承接国际产业转移，向主动参与国际产业分工转型，全面嵌入全球网络组织，构建全球招商网络节点，更加注重对国际高端技术、高端人才等战略性资源的引进与培育。

从招商环境上，招商 4.0 模式从 “七通一平” 的基础设施建设向营造稳定公平透明、可预期的营商环境转变，注重通过环境再造来吸引投资。

从招商载体上，招商 4.0 模式坚持精细化发展，优中选精，将优质资源向重大项目倾斜，并促进产业集聚、集约、集群发展，形成全产业链闭环，同时注重生产、生活、生态融合发展。

从招商所处的区域建设形态上，招商 4.0 模式从单纯的工业园区向以创新型企业、高端科研院所、研发机构及孵化器及金融辅助机构等高度集聚，创新活动旺盛，各主体网络化互动特征明显的城市新经济空间转变，注重创新及知识共享、人文和生态共荣。

基于招商 4.0 模式是人才、技术、产业、市场、资本等要素链接整合提升，我们认为，广州开发区的招商 4.0 模式契合了美国哈佛商学院著名教授迈克尔·波特（Porter）1990 年提出的“钻石体系”。

“钻石体系”模型 旨在解释一个国家或地区如何能在某个特定产业的国际竞争中获得成功。该理论的核心内容如图 3-1 所示。

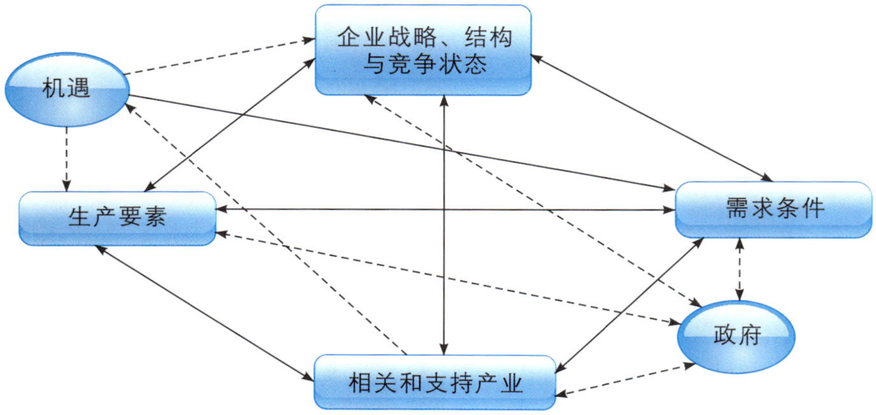

图 3-1 “钻石体系”模型

波特认为，国家竞争优势决定于四个关键环境因素，即生产要素，需求条件，相关和支持产业，企业的战略、结构与竞争状态。此外，政府和机遇作为另外两个辅助因素影响着上述四个因素。这几个因素相互连接，正好构成类似钻石形状的模型。四个因素对产业竞争力的影响主要表现为：

1. 生产要素。一个国家想要由生产要素建立起产业强大又持久的竞争力，则必须从事要素创造，要着力发展高级生产要素和专业性生产要素，这两类要素的可获得性决定了竞争优势的质量及其可持续性。

2. 需求条件。国内市场需求会影响一国产业发展的效率。本国需求越具有全球性、超前性，转换为国际市场需求的能力越高，越能提高本国产业的国际竞争力。

3. 相关和支持产业。当本国的支持产业具备国际竞争力时，会以最有效的方式及时地促进国内企业创新，通过“提升效应”带动相关产业发展。

4. 企业战略、结构与竞争状态。各个国家由于环境不同，需要采用的管理体系也就不同。适合一国环境的管理方式能够提高该国产业的国际竞争力。

另外，激烈的国内竞争是创造和保持国际竞争优势的最有力的刺激因素。

借鉴波特的“钻石体系”模型，我们认为，广州开发区的招商 4.0“钻石体系”中，有六大要素相互起作用。

1. 企业是招商 4.0 的核心对象。企业与多个要素形成了紧密的链条，优质人才是企业的智力支撑，市场是企业发展的源泉，政府服务是企业投资的软环境。政府的作用就是把各链条的高级要素整合，为企业做好资源配置。

2. 政府是招商 4.0 的实施主体。招商 4.0 模式中，政府要创造合适的管理体系，与企业间形成政策链、服务链等良好关系，整合市场、人才、技术等要素，形成独特的资源链。

3. 人才是招商 4.0 最高级的生产要素。人才是创新的第一资源和核心要素。对创新而言，起决定性作用的生产要素是具有创新素质和能力的人才。企业的竞争最终是人才的竞争。人才在哪里，企业就在哪里。

4. 市场是招商 4.0 最重要的需求条件。一切创新和产业发展都必须与市场相结合，以市场作为检验场，因而产业及企业与市场既是供应链的关系，也是价值链的关系。招商 4.0 模式，就是要创造旺盛的市场需求，想方设法让企业的创新模式、商业模式在市场中获得较好的回报。

5. 技术是招商 4.0 的突破方向。招商是一门前瞻性很强的业务，需要紧密关注科技前沿的新项目。招商 4.0 模式，要求招商眼光要比别人看得更远一些，步子要比别人迈得更早一些，善于在若干科技前沿领域发掘一批创新力强的项目，抢喝新技术的“头啖汤”，形成独特的产业和技术优势。

6. 机遇是招商 4.0 的推动力量。这里说的机遇即发展大势，上至国家经济新常态、响应“一带一路”倡议、发展粤港澳大湾区等战略，下至一个省、市、地区的发展战略。这种发展大势对一个地区来说是重要的外部环境，关键是看谁把握得准，落实得好。

根据上述分析，我们可以提出广州开发区招商 4.0 的 “钻石体系”模型，如图 3-2 所示。需要特别说明的是，广州开发区招商 4.0 “钻石体系”模型重点突出了企业，围绕企业而形成一系列相互作用的链条，而波特并未列为重点的政府角色，在招商 4.0 中起到了重要的作用。

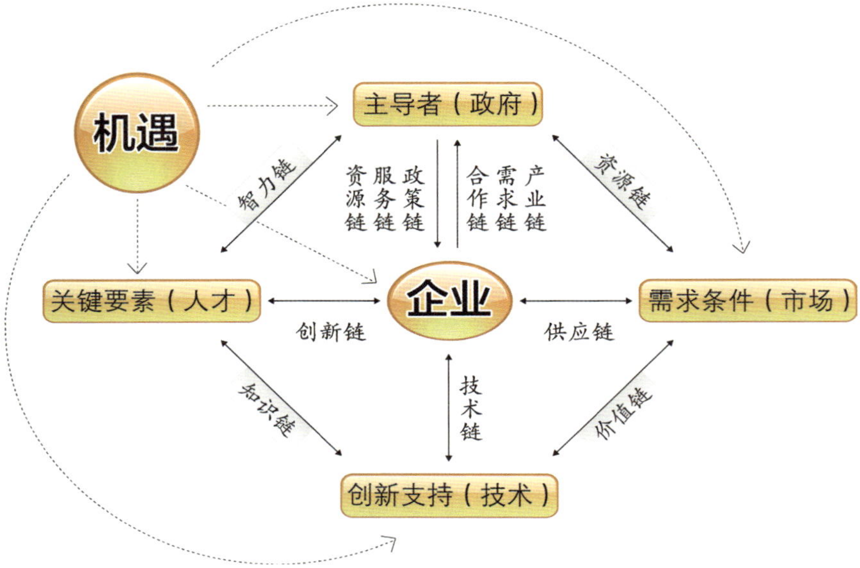

图 3-2　广州开发区招商 4.0 “钻石体系”模型

通俗来说，招商 4.0 是政府通过招商思维、方法等创新，优化资源配置，实现政府与企业及市场效益最大化和效率最优化。这一招商理论体现在广州开发区招商的具体思维和行动中，也体现在广州开发区引进百济神州及本书后续介绍的引进 GE、LG、诺诚健华、粤芯芯片等项目中。为充分说明招商 4.0 理念，本书接下来先讲招商 4.0 理论所具备的思维，再以具体产业引进过程中的案例，讲述招商 4.0 的具体操作范式。

二、招商 4.0 的十大思维

我们认为，政府实施招商 4.0 模式，需要具备十大思维。这些思维或方法，是广州开发区从招商实践中总结出来的，有历史的沉淀，也有新时代新形势下的创新。

（一）顶层战略思维

顶层战略思维是指政府的招商指导思想，包括通过立法和行政制定投资促进方面的法律法规，建立市场准入标准，制定主导产业规划和招商引资政策，等等。广州开发区建区伊始，就提出了“依法治区、立法先行”，包括在1985年制定了最基础、最有影响力、效果最明显、全国最早颁布的《广州经济技术开发区暂行条例》，并由此衍生了上百个各类法规、规划性文件，成为招商引资的基础支撑。

招商的核心顶层设计思维在于领导重视。对于招商引资来说，领导重视极为关键，意味着本地区会将项目作为重要目标来攻坚，会朝着有利于企业落户发展的投资环境配置相关资源和力量，意味着会为企业提供良好的服务，而这些就是企业发展的必要条件。

广州开发区在20世纪90年代中期提出了“一切为了企业、一切为了投资者”的理念，体现了政府对招商引资的高度重视。而在招商 4.0 模式中，领导重视仍然是重要法宝。对于重点项目，广州开发区会积极推荐投资方拜会省、市领导，或借省、市领导出访之机拜访投资方，让上级领导表态支持项目，营造省、市、区上下一致支持项目落户的良好政务氛围——这是开发区除了“硬件”“软件”之外打造的“政件”。此外，区主要领导冲在招商一线，亲自会谈或带队到企业总部拜访，针对重点问题重点研究和决策，为项目迅速落户赢得先机。

这在引进中新广州知识城项目中表现得尤为突出。

2008 年 9 月，粤新双方政府提议，借鉴新加坡在城市建设与产业发展的先进经验，打造一个广东与新加坡合作的标志性项目。

广州开发区团队获悉这一消息后，由区主要领导接洽新方团队，了解其投资意向后，迅速向省委、省政府上报《广州开发区“知识城”项目初步实施方案的请示》，提出将知识城项目安排在广州科学城北区，得到省主要领导的肯定。2009 年 2 月，新加坡 19 名政府部门官员和 50 名企业高层组成的商务考察团访问广东，并实地考察了广州科学城北区。其间，省委主要领导会见了代表团，并就加大合作、设立知识城事宜达成了共识。

自知识城项目洽谈签约，到建设和投资方案确定，再到项目获得国家部委核准，举行奠基仪式，商务部批准合资公司，中新联合开展招商，都获得了省市领导的高度关注和支持。新加坡—广东合作理事会将“支持知识城的发展”作为主要职能之一；理事会下设知识城工作委员会，分别由广东省外办和新加坡国际企业发展局牵头，协调解决知识城发展问题。广东省和广州市均成立知识城建设领导小组，由省市领导主持召开专题会议研究解决知识城发展中的问题；省市给予知识城 5 至 10 年专项财政专项补助；省政府下放知识城管委会 20 项省级管理权限，开通 16 项事项的“绿色通道”；市政府授予知识城管委会市一级管理权限。省市还合力出台了《广州市中新广州知识城条例》，为知识城的发展提供法律保障。

可以说，知识城项目在开发区落地到快速发展，凝聚了省、市、区的集体力量，是“领导重视”合力推动的工作成果。

（二）合作共赢思维

有人说，招商就是“忽悠”。有企业形象地描述某些地区的招商方式为“JQK”，即先勾我们进来，圈块地给我们，然后再尅我们。

广州开发区引进项目，注重项目的效益，但并不是等项目进来后“关门打狗”，而是希望项目能够在开发区内发展壮大，最终达到企业与地区共荣发展。这种理念在开发区建区早期就已提出。1986 年，时任广州开发区管委会主任缪恩禄同志提出要“提倡服务第一，盈利第二，以优质服务取胜的思想”。

他表示："完善投资服务体系与提高经济效益并不矛盾，只有搞好服务，才能带来经济效益。我们不能以小生产者的意识去经营，咬人一口就跑，这是愚蠢的政策。"1992 年，广州开发区提出了"三让三得"的原则（让市场、让股权、让利益，得资金、得技术、得效益）。这种合作共赢的思维，到现在依然很实用。

企业的发展有自身的特性和规律，有些项目进来后能迅速成为产值大户，有些项目（例如生物产业）则要经历漫长的"烧钱"过程，有些项目需要前期较多的扶持。广州开发区在引进项目时，提出"先舍后得"的观念，算大账、算长远账、算发展账。局部不能平衡就寻求整体平衡，短期不能平衡就寻求长期平衡，静态不能平衡就寻求动态平衡，力争在企业发展的全过程中获得平衡。只有让投资者获利，才能获得更多、更大的利益，从而最终达到双赢的目的。

除持长远的发展理念外，广州开发区在保持"清""亲"政商关系的前提下，提出"有求必应、无事不扰"的合作原则，即企业需要时，可以在落户方式、商业模式、市场拓展方面予以支持与协助；企业遇到困难，可以积极协调各方予以解决。企业没有提出需求时，政府尽量不要打扰企业。这种宽容开放的政务环境，促进了企业在本区扎根、平稳发展。这就是广州开发区与企业合作共赢的体现。例如：

广州视源电子科技股份有限公司成立于2005 年，最初只是在广州科学城孵化器里培育的一个小企业。在创业和发展壮大的过程中，视源电子得到了广州市政府和广州开发区管委会持续的扶持和帮助，包括前期场地补贴、后期土地供应等"硬扶持"以及知识产权、产品推广、融资上市、"瞪羚企业"奖励等，使企业在10 余年的时间里一步一步成长壮大。如今，视源电子在广州开发区内建设了4 个园区，供应全球近三分之一的液晶电视机主板。因成本优势大、服务速度快、研发效率高，该企业已连续3 年出货量排全球第一。2017 年该企业营业收入达108 亿元。

（三）专业技能思维

招商是一项专业性极强的工作。广州开发区很早就进行了招商专业理论的探索。1998 年，广州开发区在全国开发区中率先出版了《招商引资实务》一书，系统介绍了我国进行具体招商引资工作的理论和操作知识，包括：招商的策划与统筹、招商中的形象设计与推介、招商手段的多样化和科学化、招商宣传资源的编制与使用、招商会议的组织、如何进行国（境）外招商、招商洽谈、招商活动的跟进、招商人员的培训等，并附有案例及分析，具有极强的实践性和操作性。

专业技能在广州开发区招商实践中往往是“改胜法宝”。本书第二章的捷普项目引进过程中，陈小华同志的法律专长在项目谈判中起到了关键作用。原在开发区经济发展局负责招商引资工作的赵春华同志为《开拓者的记忆》一书撰写了《“抗日英雄”的由来》，从中也可以管窥开发区专业的招商水平。摘要如下：

我是 1998 年底从陕西来到广州开发区的。之前，我在陕西已从事了近 9 年的专职律师工作……1990 年，当时开发区有史以来投资总额最大的（投资总额为 6 000 万美元）亚美聚酯项目开始谈判……但在合同章程等文件报到项目审批组预审时，出现了较大分歧。我们发现有些条款既违反了我国中外合资企业的有关法律规定，也对中方不利，如“在董事会的议事规则上，小股东的利益得不到保障”。这个项目是由日方控股并提供原材料，美方提供设备，合同章程对美方比较有利，因为从合同履行之日起，美方就开始赚钱，而日方要等到项目投产以后才能开始赢利。……日方在合同中想把风险推给中方。

当时，日方提出：在合同签订后，如果他们不愿意合作下去时，中方必须收买他们的股份。对这一明显违反“利益共享、风险共担”的法律原则及损害中方利益的条款，我们在预审时坚决不同意。但由于技术和资金在外商手中，中方在谈判中处于劣势，要达成共识难度很大。管委会项目审批组就此专门派我和何农（管委会项目组工作人员）代表项目审批组直接同外方谈判。

……

谈判进行得很艰苦，但我们始终没有放弃原则，并且在谈判中非常注意方法。记得有一次日本丸红株式会社代表田洼口口声声说“他们原来的合同版本早已经过日本公司的董事会通过，一个标点都不能改”，强调有关权利绝对不能放弃。田洼的态度比较强硬，一点都不把我们放在眼里。当时我还是心平气和地笑着对他们说：“贵国的民法里不是有规定吗，一个人捡了别人的东西，如果丢失者6个月不提出，东西即可归捡的人所有，这样说，权利也是可以变更的，何况日方所说的董事会决议仅是单方的意见，不存在不能更改的情况。”日本代表顿时语塞。

……

由于最终是同日方有分歧，我们就确定了要借用美方的力量。因此，有时要同美方联合起来组成“统一战线”。美方代表凡是看到我摇头时，总是说“我们换一个表达方式”。于是，有人唱红脸，有人唱白脸，我们也把话题引致别的地方，等大家慢慢冷静下来，再来讨论。

经过20多天洽谈，一条一条地把有分歧的条款逐一商讨，日方代表终于放弃了原合同对中方不利的条款，最终达成了协议。

专业招商的思维一直持续至今，具体表现在招商的分工、招商人才队伍的建设、招商公司的管理上。

在招商分工方面，为了避免在广州开发区管委会内部各自为政，形成内耗，所以由广州开发区投资促进局负责全区需用地招商项目的总统筹，负责洽谈重大项目；科技创新局主要负责重大科技院所、科技合作类项目的招商；经济和信息化局主要负责老企业增资扩产项目及“以商引商”；知识城建设办公室等园区机构按自身园区特色进行招商。根据不同国企及招商公司的特性，按新一代信息技术、人工智能、生物医药、新能源新材料、基金、交通投资、金融投资、人才合作、文化创意等产业方向，对各招商公司做了基本的招商分工。无论是政府招商部门还是招商公司，都要做到三个统一：宣传口径统一、服务标准统一、项目评估标准统一。

在招商人才团队的组建方面，开发区管委会的招商领导，大多数有国外留学经历或在企业工作过，具有专业的技术，熟知产业发展和资本运作。招商人员均有一定的外语水平，精通法律、会计、财务、商务等专业知识。有些是有留洋背景的海归，其中不乏国内外顶级院校的高才生；有些是具备多年一线作战经验的招商精英，拥有多个大项目的引进经验；有些是专业技术领域的行家。

广州开发区的国企和社会化招商公司的高管中，已在区内从事招商工作超过10年的领导就有20多个，有些招商工作者甚至从事招商超过20年。这批“老开发”是开发区专业招商的代表，在多年的招商工作中，与各大投资者建立了深厚的感情，成为投资者最值得信赖的合作伙伴，可以开展“感情招商”“口碑招商”。其带领的团队十分精干有力，可为投资者提供全方位的贴心服务。

我们可以从区内的一家招商公司的人员结构来管窥开发区的专业招商水平。这家招商公司仅有6人，每年却完成合同外资3亿美元左右，咨询收入500多万元。其架构如下：

总经理，执行董事，硕士，电子材料行业专业技术专家，30年工作经验，从事招商工作近10年，之前从事专业技术、销售、资本运用和企业管理等工作，精通英语。

高级项目经理，精通日语和英语，从事招商工作3年，之前在日本公司从事管理和财务工作8年。

项目经理，国际会计专业，精通国际财务。

工程经理，从事招商后续服务，之前从事工程工作15年。

项目助理，从事招商工作，留英硕士，精通韩语和英语。

文员，从事招商工作，留英学士，精通英语和韩语。

（四）狼性拼搏思维

重大项目的稀缺性，考验着各地招商人员抓住机遇的能力。抓机遇就是要求招商人员要善于抓住稍纵即逝的机会，小信息里面很可能藏着大项目，一项政策的调整往往会打开一个新的招商引资领域。慢一步，项目就流失；快一步，项目就可能会成为本地区发展的支柱。因此，招商人员不放过任何项目线索，不错过任何政策机遇，在群雄逐鹿中保持“狼”性，一闻到肉味就往上扑。同时，保持韧劲，跟上的项目绝不轻言放弃。

开发区曾用“水银泻地、无孔不入”来形容招商速度，并要求招商工作做到两个“凡是”，即“凡是来广州考察投资环境的重大项目线索我们至少要掌握，凡是来开发区考察投资环境的重大项目我们争取要落地”。

在广州开发区的招商史上，有一些反复被提起的“抓机遇”案例。比如，LG 项目落户，源于项目方看到广州开发区投资网站后台的一个普通咨询电话，当时接电话的人员把握住了机会，热情地为企业解答问题，并顺藤摸瓜，与这一重大项目接洽上。试想，如果这个电话没有接到，或者接电话的人员态度差，这一项目就可能不会落户。又如，知识城项目引进前期，新加坡考察团已到某地区进行考察，并认为该地区四周环水，与新加坡的环境比较一致，广州开发区虽然在初始竞争中落后，但并没有泄气，而是千方百计找到新方负责人下榻的酒店房间，详细介绍开发区的优势，经过努力最终引进了项目。

2017 年引进的项目中，百济神州引进的过程颇为惊险。某地已准备好平平整整的地块等待项目落户即动工，而广州开发区获取消息后，派出招商团队“埋伏”在该地，拦住当时百济神州项目的负责人，经简单介绍后，该负责人认为可以谈谈。由于该地区地处市郊，于是双方就在农家乐谈。短短一个小时，广州开发区的投资环境和投资方案便引起了百济神州的兴趣。LG 化学偏光片也是在其他地区划好地块准备马上开工的情况下“抢”过来的；GE 中试平台项目是广州开发区与印度班加罗尔、以色列特拉维夫等地竞争争取而来的；宝洁数字创新中心是与新加坡竞争争取而来的；GE 风电项目是跟澳大利亚第一轮、跟福建的第二轮竞争中争取过来的。

在开发区人看来，招商就是盯住项目，斗智斗勇，不达目标誓不罢休。他们个个都成了空中飞人，成了移动、联通的优质客户。时常可见他们在飞机上埋头做资料，在汽车上收发邮件，在阳台上连续打电话动辄一两个小时，遇到困难绝不放弃，辛苦劳累顶硬上……正是开发区招商人人人争当劳模、人人争当先进的干劲，才创造了一系列投资的成绩。

索尼落户的例子最能说明这一点。

2003 年下半年，一个非常偶然机会，广州开发区招商主管领导通过开发区的投资者获悉索尼（中国）有限公司（以下简称“索尼公司”）有意到华南地区投资，并且已经基本敲定投资事宜。闻此消息，开发区领导及招商人员没有因为项目投资意向的初步确定而放弃。凭借敏锐的招商嗅觉，开发区决定加入逐鹿的行列。

2003 年 10 月，根据管委会领导指示，区招商部门为索尼项目量身定制了《索尼项目选址建议方案》，该方案详细介绍了广州市、广州开发区的基本情况，并附有相关的选址方案。量身定制的方案通过项目线索方辗转送达索尼（中国），开发区的投资环境也得以第一次向投资者做出展示。

2003 年 12 月，索尼公司项目主要负责人一行访问了广州开发区，听取了区情介绍，表示肯定，但没有最终表态。2004 年 1 月 5 日，索尼公司考察人员行至东莞时表示无法前来广州开发区考察，并改道考察了深圳及东莞的项目候选地块。眼看刚有眉目的项目即将触礁，时任开发区管委会主要领导当机立断，在与索尼方面电话沟通后，携管委会一干人等前往东莞接待索尼公司一行。2004 年 1 月 9 日，索尼公司考察团访问广州开发区，管委会主要领导在科学城正式会见了索尼一行。随后，时任广州市委书记林树森同志抱病会见了索尼高层，向日方介绍了广州的优势及发展远景，索尼方面对广州的投资环境表现出极大的兴趣。后来，据索尼方面人员回忆，开发区人上下一心的招商热情给索尼考察团留下了深刻的印象。此次考察在很大程度上改变了索尼公司既有的投资决策，索尼公司开始将目光重点投向广州开发区。后经多论谈判，2004 年 3 月，索尼（中国）有限公司在广州召开新闻发布会，宣布将于当月在广州科学城投资约 3 000 万美元，成立索尼电子华南有限公司，项目落地后，索尼电子华南有限公司迅速成为区内的产值大户。

（五）人才为王思维

本章提出，招商 4.0 模式的核心要素是人才。人才走到哪里，项目就跟到哪里。一个拥有高技术的人才团队，可能会带来一个全新的产业，无锡依靠施正荣打造光伏产业就是一个典型的例子。企业高管对于招商也极为重要，因为某个高管的决策，可能决定企业是否落户。高端技术人才也非常关键，他们是高端产业发展的基石。大学生、年轻一代也非常重要，他们体现了一个地区的活力。所以，招商离不开人才，必须树立人才为王的思维，引进多层次人才。

广州开发区在2017年旗帜鲜明地提出，重点引进“六类人才”，分别是：战略科学家、现代企业家创业家、产业领军人才和团队、高层次专门人才、复合型高端人才、高级工程师（高级技师），另外对高校毕业生也给予落户奖励。

其中，在战略科学家方面，广州开发区提出重点引进培育多名从事IAB、NEM、区块链、工业互联网等高端产业核心技术原创研究、交叉研究，在全国乃至全球占有一席之地，具有较强资源整合和处置能力，能够代表全区参与国际科技合作、大幅提升本区科技创新显示度和科技产业发展水平的人才。2006年诺贝尔生理或医学奖获得者克雷格·梅洛教授及王晓东、施一公、裴钢等业界有名的科学家已落户广州开发区，成为创新发展的明证。

在领军人才方面，广州开发区于1998年创办国内第一个海外人才引进平台——中国留学人员广州科技交流会（以下简称“留交会”），并依托留交会引进海外人才，取得了明显成效，被中共中央组织部评定为国家海外高层次人才创新创业基地。经过多年的人才引进，广州开发区已集聚国家“千人计划”专家85人，各类高层次人才总量近300人，是全市乃至华南地区高层次人才最为密集的区域。更为重要的是，全区高层次人才及其企业蓬勃发展。目前，区内共有高层次人才企业124家。2017年，全区高层次人才企业实现产值300亿元。

从招商角度看，有一种人才极为关键。他们有资源、有渠道、懂策划，对区域认同感强，是招商的关键力量，这种人才扮演了高端职业经理人的角色。例如，某企业高管原就职于区内一家世界500强企业，后跳槽到另一家跨国企业工作，在现公司选址过程中，他极力说服企业高层选址广州开发区，并主导了选址工作；某位企业高管原就职于一家世界500强企业，后调到“阿里系”企业工作，在其主导下，促成了阿里健康项目落户。广州开发区与这种人才保持良好的沟通，高度重视其提供的项目线索并落实。

除了处于“金字塔”尖的人才外，广州开发区还聚集各层次的人才，包括年轻的大学毕业生、技术工人等。一个有趣的现象是，广州开发区在2017年较2015年新增人口约20万人，主要以本科以上学历的人口为主，而且人口结构进一步年轻化，全区20～34岁青年人口占比高达42.6%，这说明广州开发区蕴含着强大的活力。

（六）统筹资源思维

政府手中的资源，大致可以分为以下几种：

1. 具有公益性质的基础性资源，主要包括路网、供水网、电网、管网、信息网等。

2. 以土地开发利用为主体的自然资源。包括土地出让的数量、方式、价格，以及土地和城市规划的确定、功能调整、容积率变化等，都是影响企业发展最重要的要素，是政府手中掌握的最重要的经济资源。

3. 与市场准入有关的重要行业的特许经营权。既包括一些特殊行业的经营牌照，如银行、保险、证券、电信，也包括与特许经营资格、经营范围有关的行业资质，如基础设施、公共事业领域等，还包括准入资格在内的各种各样的行政许可，等等。

4. 政府掌握的投资资源。政府手中的投资资源，包括直接全额投资、合作投资（PPP）、投资项目的代建代管等。

5. 政府掌握的庞大的产业基金和投资基金资源，以及政府直接或间接掌握的国有资源。

现阶段的招商，就是政府为企业进行资源配置的行为，而招商4.0模式强调的正是政府的资源统筹与调配的能力。政府要改变对资源的直接配置模式，推动资源配置的市场化，将政府的资源与企业主体的需求紧密结合起来，以资源带动项目落户。例如，通过政府的产业基金，解决企业的投资金问题；通过放宽市场准入，破解企业发展瓶颈；通过与创新企业合作，促进国资企业增值发展。政府把资源整合得好，运用得好，对招商引进工作往往起到事半功倍的助推作用。例如：

2018 年，广州开发区引进了总投资21 亿元的诺诚健华广州发展中心项目。这一项目由著名结构生物学家施一公院士担任科学顾问委员会主席，董事长兼 CEO 崔霁松博士为国际公认的新药研发及转化医学领域专家，是国家“千人计划”人才。公司核心团队成员均具有不少于15 年的国际公司新药开发经验。诺诚健华专注于肿瘤及自身免疫性疾病治疗领域的一类新药和新技术产品开发，在研的多个靶向肿瘤治疗及自身免疫性疾病治疗的新药有望成为具备全球竞争力的品种。

广州开发区会同项目方对项目进行整体的策划。包括在资金上，结合创新型药企研发投资大、资金压力大的特点，引入广州凯得科技发展有限公司（国企全资子公司）参与项目合作，通过战略入股组建合资公司，增强项目融资能力，撬动商业银行贷款、社会资本；在产业布局上，引导诺诚健华选址知识城生物科技园区，与 GE 生物、百济神州、恒瑞医药等项目一起打造产业联盟，希望让诺诚健华的小分子靶向药，与其他企业的大分子药物联合使用，形成产业链联动、创新协同；在人才服务上，为诺诚健华解决安家落户、过渡办公、住宿用房，使企业人员免于后顾之忧，安心投入到项目的筹备上。另外，广州开发区还将联同制药领域具有较强实力的高校，和诺诚健华一起打造诺诚健华学院、博士培养点等，为广州培养高端生物医药产业人才；同时，争取协助诺诚健华的新药纳入医保目录。

政府统筹资源的能力，还体现在将有限的资源发挥最大的效益。在土地配置方面，广州开发区提出了“三最”原则：保证用地提供给最符合需要的项目，提供的用地面积最符合项目的实际需要，供应的用地产出最大的效益。其中，对拟申请用地项目承诺到位实际投资密度不低于1 000 美元 / 平方米；项目投产第三年，单位用地面积产值不低于1 200 万元 / 亩（约1.79 万元 / 平方米），单位用地面积税收不低于70 万元 / 亩（约0.1 万元 / 平方米）。有了项目进驻“门槛”，广州开发区拒绝了一大批投资不高、效益不佳的项目，以确保优质的土地资源向大项目倾斜。

为防止个别项目拿地不建、改变用途或违背承诺，2017 年，广州开发区出台了《关于项目的投资合作协议（示范文本）》与《国有建设用地使用权出让合同补充条款（示范文本）》。这两个示范文本被称为广州开发区史上最严厉的合作协议。示范文本中要求企业填写投资、建设年、即达产年、即达产产值等数据，并明确违约要收取履约保证金，甚至收地。近年来，有部分企业在取得用地后违反承诺，被收回了土地。

政策扶持也是政府资源的一种。广州开发区颁布的政策往往规定，获政策奖励的企业应承诺10年内不迁离注册及办公地址、不改变在本区的纳税义务、不减少注册资本，否则应退回相应的扶持金。但不可避免的是，有些企业出于逐利，会违反这一条规定。广州开发区与工商管理部门联合，对于领取扶持金的企业不予办理变更备案，要求企业继续履行相应的承诺。2017年，某企业领取扶持金，却计划通过转股形式转卖土地，被广州开发区明确拒绝。

（七）风投前瞻思维

当前，新技术、新模式、新业态不断涌现，乱花渐欲迷人眼。招商引资工作，除了“移植大树”，还需要“培育苗木”，对一些创新型业态、奇思妙想甚至“天方夜谭”进行关注和投入。在这一层面上，政府招商机构扮演了国外对风投机构所称的“3F”角色——家人（family）、朋友（friends）和傻瓜（fools）。家人、朋友倒不难理解，即给予积极关心的人，而傻瓜则是指支持给一些别人没有眼光看出其前景或存在高风险的企业，如果这些行业或企业发展得好，说明政府独具慧眼、思维前瞻；如果发展得不好，则是彻底的傻瓜。

广州开发区往往在别人未看到或存在一定风险的领域，率先进行支持，有些是在还未有较大产出的情况下，也通过市场化手段进行扶持，扮演了一个风投者的角色。

例如，生物产业的特点是高投入、高收益、高风险、回报期长。2000年前后，广州正积极推进工业化进程，各类大型电子信息、汽车、食品饮料等企业进驻。生物医药产业仅有广药以及国外的一些药品制造企业。广州开发区发现，这些年引进的海外归国人才团队中，从事生物医药行业的人才团队居然占一半以上，这些人才所带回来的信息是，生物产业是下一阶段的爆发型产业。从那时候起，广州开发区便有意识地扶持生物产业，在科技经费上给予扶持，免费提供孵化器等场地，帮助迈普、益善、玻思韬、冠昊等企业渡过“死亡谷”，发展成为行业明星。这实质上就是进行了风险投资。

又如，无人驾驶行业目前还处于研发为主的阶段，离无人驾驶汽车大规模上路、无人驾驶产品大量生产还有较长的距离。2017 年年底，广州开发区引进了刚起步的文远知行科技无人驾驶汽车项目，并给予了一定的前期扶持资金，提供生物岛作为试验场地，促使其成为国内发展最迅速的无人驾驶企业之一。

（八）金融借力思维

政府或国企主导的产业投资基金，具有“四两拨千斤”的功效，一般会产生1∶3或1∶4，甚至更高的放大效应。这种基金投入到各种科研成果产业化、重大产业项目合作的过程，会加速项目落地。同时，投资基金本身是一种市场化选择机制，具有优胜劣汰的功能，由基金管理人选择项目投资，总体上会选到技术含量高、市场前景好的优质项目，从而助推产业结构调整和优化升级，是一种优秀的招商方式。

广州开发区坚持金融为实体经济服务的原则，积极建设“金融池子”，这个池子里的水，包括了来自国资企业的资金，也包括了政府直接股权投资，社会基金、风投、银行融资等，企业进来后，可以从多个渠道获得资金支持。

例如，在国企投资方面，本书第二章已讲述了广州开发区在2017 年组建了十大国有企业开展“以资引资”的模式。这一模式中，国企的参与等于为企业做了担保，有利于银行等机构投资。

在社会资本方面，至2017 年，全区有经基金行业协会、发展和改革委员会登记备案的股权投资基金110 支，管理基金规模超过600 亿元，另有一批从事战略性新兴产业投资的投资公司，注册资本规模达到210 亿元。这批基金主要投向投资区内成长性好且科技含量高的产业及项目，其中包括了百度风投、创新工场等国内顶尖的投资机构，也包括了为中以生物基地、文远知行无人驾驶汽车设立的专项资金。另外，广州开发区与建设银行、工商银行、广州银行等机构均有深度合作，可以为企业提供优厚的融资服务。（详见本书第五章

“投融资体系”内容）

（九）品牌营销思维

“名不正，则言不顺；言不顺，则事不成。”本书第一章介绍了投资区位理论，这一理论告诉招商者，招商引资必须要强化一个地区的品牌建设。分众传媒董事长江南春在2018年出版了《抢占心智》，该书提出有效的宣传或营销在于差异化定位，要把握时间窗口，进行饱和攻击，进而抢占受众心智。2017年，广州开发区提出，既要谋“子”，更要谋“势”，强化区域品牌建设，营造强大的招商气势。

首先，招商宣传要做到“饱和攻击”。2017年2月，广州开发区在全国率先出台四个含金量十足的“黄金10条”新政策，给出了史无前例的优惠政策。新政策简短有力，条条都是干货。一经公布，立即引发轰动效应，众多企业纷纷签约落户、动工。广州开发区对企业落户消息进行了广泛的宣传报道。据统计，2017年全年全区在中央和省、市主流媒体刊发的新闻报道3 000多条（次），其中关于招商宣传报道占了1 000多条，粤芯、赛默飞、宝洁数字化中心等项目均引起了广泛关注。同时，在2017年广州财富论坛期间，新华社新闻信息中心广东中心拍摄的广州《黄埔·Hope》30秒形象片亮相美国纽约时代广场“中国屏”，在“世界十字路口”展示了广州开发区作为“国际创新枢纽、山水生态新城”的独特魅力，吸引了世界目光和关注。经过一系列的“饱和攻击”，社会各界对广州开发区的印象有很大的提升。很多企业家表示：“就是看到了新闻报道，知道了广州开发区，才到广州开发区投资。”

其次，城市形象的“精准定位”。以前，开发区给人的印象是地处偏远，工厂林立，环境脏乱差。广州开发区要对标国际一流，定位为“精品城区”，就要全面提升城市形象。包括：高水平建设城市客厅，打造精品城市家具，统一指路标志、电话亭、道路照明、售货亭、巴士站点、车棚、雕塑、艺术小品等的基本色调和风格；大力植树造林，以鲜花美化绿化带和公园，提升城市视觉环境；实施景观亮化工程，点亮“月亮经济”，尤其是在广州科学城高标准建设音乐喷泉，搭配裸眼 3D 效果的《黄埔画卷》视频，“科技魔方”在绿轴广场上的情景空间秀里亮晶晶地闪耀夜空，使整个科学城华灯璀璨。经过一年的改造，整个城市环境有了极大的提升，展示了“有山有水有风光、生产生活有生态”的风貌，让人一进来就知道进了广州开发区，这些举措得到了众多企业家和市民的赞赏。

再次，通过事件营销“抢占心智”。在城市环境得到充分提升下，2017 年 12 月，广州开发区在科学城举行了广州黄埔马拉松，一跑而红。“为黄埔马拉松喝彩！”的口号连续 4 天亮相广州塔。特邀电视直播商广东体育频道按照奥运会、亚运会直播的标准，200 人强大团队参与赛事直播，创下多个第一。活动当天，全国 12 家网络平台联动直播，收视人数 391 万人次；赛事宣传覆盖全

图3-3　广州开发区夜景（贾自豪 / 摄）

开发区的发展，一直为人所诟病的是“有产无城”。近年来，广州开发区打造“月亮经济”，亮化城市景观，建设智慧创新城区。这张图片展示的近景是广州科学城商业广场一带，远景可见广州塔所在的珠江新城。通过开阔、明亮、通畅的城市主干道，广州开发区与主城区近在咫尺。

图3-4　广州黄埔马拉松

2017 年 12 月底，黄埔区、广州开发区在全市率先推出首个区级马拉松赛事，吸引了全球众多国家和地区的 15 000 多名选手参加。

国百家媒体客户端，并在央视体育频道播出。赛事720VR、图片直播、精彩短视频等定制媒体一同精彩呈现。这次马拉松所展示的不仅仅是赛事本身，更是广州开发区城市环境、投资环境的一次集中展示，使“美丽黄埔”深入人心。

（十）客户服务思维

为企业服务一直是广州开发区的座右铭。早在20 世纪90 年代，广州开发区就提出，事事关系投资环境，人人都等于是主任、书记。机关的同志对投资者、对企业每件事情的否定，都等同于主任、书记的否定，所以不能轻率地说“不行”；要坚持“一切为了企业，一切为了投资者”的理念，全心全意为企业服务。

“一套衣服”的故事成为开发区招商人贴心服务的典型案例。

2006 年，一家香港企业和他们的美国合作伙伴到广州开发区考察，想先找一家老客户初步了解开发区的投资环境。恰巧客户不在，于是3位客商就准备下楼离开，这时正好在电梯口遇见开发区的一位招商人员。看到3位客商好像是第一次来，有些失望的样子，于是该名招商人员主动向他们了解情况，并邀请他们到办公室，用英语详细介绍了开发区环境。3位客商听了他的介绍，感觉很全面，有了意外的收获，并约定两周后正式前来拜访区领导，进一步推进项目考察事宜。两周后，该名招商人员开车将客商接进了开发区与区领导会谈，下车时正逢罕见的瓢泼大雨，客商从下车到大厅的几步路就淋湿了全身。这时，该招商人员告诉客商，请他在大厅里稍等5分钟，他马上回来。5分钟后，正在客商焦急万分、一筹莫展的时候，该名招商人员拿出他飞奔到对面商场新买的衬衣和裤子，对客商说：虽然不一定很合身，但请您换上，一会儿方便和区领导洽谈。一时间，该客商感动得说不出话来。3个月后，该公司在该开发区投资4 500 万美元设立了华南生产基地。该名招商人员成了该公司董事长在广州最信任的朋友。

与企业交朋友、讲感情，体现了良好的招商服务。在招商4.0 模式中，除感情招商外，提供系统完备、科学规范、运行有效、公开公平的服务，更值得推崇。

2017 年起，全国各地都在强调营商环境建设，广州开发区提出全力打造国家级营商环境改革创新试验区，坚持把“放管服”改革作为改革先手棋，以改革促服务。针对企业吐槽的审批“万里长征”，在不破红线、不闯红灯的前提下，大胆削“繁”、治“拖”、破“堵”，打响“承诺制信任审批”、“来了就办、一次搞掂”、“秒批”等改革品牌，力争实现程序最简、时间最短、成本最低。一系列举措，得到了企业的广泛赞许，也吸引了包括人民日报、中央电视台在内的媒体前来报道。（详见第五章“服务支撑体系”部分内容）

三、招商 4.0 的角色定位

政府在招商引资中扮演了什么样的角色？是主宰者、地方 CEO、合伙人、撮合者，还是店小二？

通过前述，我们认为，招商 4.0 模式中，政府在招商引资过程中应该扮演主导者，而相应地，新时代招商工作的定位应该是：项目策划、资源整合、市场助力、专业服务。

项目策划 一个成功的导演，会围绕影片的核心内容，给演员安排合适的角色；同理，一个懂招商运作的政府，会根据本区的发展思路，根据项目的特性，为项目提供个性化、系统性的落地方式及发展路径。

广州开发区引进 LG 显示系列项目，就是一个成功的策划案例。LG 模组项目率先落户，在一片空地上建设大型工厂，广州开发区为项目提供了项目扶持、企业筹建、高管落户、员工子女入学等数十类有针对性的服务，同时根据 LG 项目的需求，在其周边引进了近 30 家上下游企业，尤其是引导下游企业创维参与，实现“模组就地消化、液晶电视国内销售”。随后，LG8.5 代面板项目、LG8.5 代 OLED 项目落户，广州开发区又有针对性地提供更为高端的配套服务。

GE 生物科技园也是一个成功策划的项目。2017 年前，知识城北部的生物园区还是一片荒地，广州开发区管委会与 GE 联手在一张白纸上策划建设生物园，具体的合作模式并没有先例。该园区计划建设若干 KUBio™ 模块化生物制药工厂、FlexFactory™ 生物制药灵活生产平台。政企双方共同解决了三大问题：一是模块化工厂的使用者问题，双方共同引进了百济神州、康方医药、香雪制药等项目，满足了该园区动工的前提条件；二是合作方式问题，广州开发区由区属国企代表与 GE 合作，合作重点在硬件建设上，而 GE 的投资主要在设备和服务上；三是建设计划问题，基于知识城生物园区的发展，GE 在园区先行投资建设了生物医药 GMP 生产中心，以帮助创新型生物药品加快实施临床试验，随后再拓展到其他服务。解决上述问题后，GE 生物科技园便顺理成章地启动建设。

资源整合 以前招商引资，投资者有钱，政府只要拿出土地，搞好“七通一平”就可以了。但现在很多项目都有鲜明的特性，面对各种各样的投资者，政府不仅仅是一个卖地的人，不能只抽象地谈自己的投资环境，更要了解投资者最关心、最需要的是什么，要站在投资者的角度想问题、想策略，要将资金、原材料、物流、客户、人力资源等多种要素，做足优化整合，多管齐下去帮投资者解决。

有些大型外资企业投资，往往不愿意在固定资产上做较大投资，这就需要政府调配能提供厂房建设的企业，与其进行合作；有些科技企业，除了政府扶持外，还需要整合资金、基金等社会资本为其提供服务；有些人工智能类企业，需要人工应用的场景，政府搭建好场景供企业使用，将极大地帮助企业成长；有些生物医药类企业，需要在药品审批、通关等方面给予支持，这可能会决定企业的成败；有些企业，需要拓展上下游企业的合作，共同攻克某个技术难题，政府从中撮合会减少企业的很多合作成本。例如：

广州开发区在引进粤芯芯片及系列项目过程中，为该项目有针对性地解决了一系列问题——在项目合作方的选择上，粤芯项目方原与某企业进行了深入洽谈，但最终没能合作，广州开发区推荐本区企业广州市金誉集团与该企业合作，最终达成了项目合作，成立了合资公司。在项目建设上，基于项目要在2019年建成的迫切时间节点需求，广州开发区充分发挥国企优势，通过科学城集团代建厂房的形式，加快推进项目，并由建设部门开通绿色通道，采用“诚信筹建”的形式，提前动工。在土地价格上，管委会专门批复同意将粤芯项目视作需优先发展产业且用地集约的制造业项目，并根据《广州市人民政府关于落实广东省降低制造业企业成本若干政策措施的实施意见》(穗府〔2018〕3号)规定，该项目土地出让底价可按所在地土地所对应工业用地最低价标准的70%执行。在基础设施配套方面，协调供电局在项目地块建设专用220 kV变电站，并于2018年12月达到供电条件；协调调整原有废水处理片区划分，将项目工业废水就近安排在“九龙一厂”二期进行处理，并加快相关基础设施建设。通过一系列资源的整合，粤芯项目得以快速推进。

市场助力 招商不仅仅是招来企业，还要给企业描述其落户后，在国内外可以获得怎样的供货商、合作伙伴及客户，要有资源和市场作为诱惑条件才更容易招到大项目。广州开发区分行业系统地摸清重点企业的市场供给、需求，以备在招商过程中为投资者绘制营利路线图，告诉投资者可以给他带来什么，让投资者赚到钱。

例如，广州开发区为促进区内企业国机智能技术研究院发展，推荐其与波士顿科技创投中心共同合作开展研究，与西门子建立联合研究中心；为推进新能源汽车产业发展，推进相关汽车企业与公交公司对接等。

2017 年，广州开发区还出台专门的政策，鼓励区内企业互相采购，促进企业联动发展，对区内企业购买区内企业生产的产品和服务，当年达到 1 000 万元以上且营业收入同比正增长的，给予买方企业当年购买总额 2% 的补贴，每家企业全年补贴最高不超过 200 万元。购买区内企业生产的机器人整机或成套机器人生产设备，当年达到 200 万元以上且营业收入同比正增长的，给予买方企业当年购买总额 5% 的补贴，每家企业全年补贴最高不超过 200 万元。

专业服务 如前所述，现在招商模式已发生改变，招商形势已日新月异，产业的专业化分工也越来越细致。招商人员要成为专业的服务者，提供有针对性的服务，才能在现阶段的招商中有所作为。

例如，生物产业是极为复杂、程序繁多的行业，广州开发区实行了一系列服务创新——争取国家质检总局支持，建设出入境生物材料检验检疫改革试点园区，进一步减少审批环节，进一步简化审批材料，并享受电子网上审批、进出口可分批核销等多项便利措施，打造生物医药审批“高速公路”；以龙头企业牵头的方式，建设华南生物材料快速通关平台，解决生物材料的进出口通关速度慢的问题；针对生物医药企业专业人才保障问题，采取积极协调中山大学等高校开设生物制药专业方向，加强实习基地建设等措施，帮助企业解决生物制药人才紧缺问题。

专业人士是招商工作者的导师，内行人士可以看清产业的“门道”。广州开发区建立了招商顾问制度，组织一批目标产业的“圈中人”，比如分众传媒董事局主席江南春、美国宝洁公司亚太及大中华区高级副总裁仇中强、乐金显示（中国）董事长印裕盛等，请他们担任招商产业顾问，一同开展联合招商活动，为产业发展出谋划策。

小结

2018 年 4 月 10 日，习近平总书记在博鳌亚洲论坛 2018 年年会开幕式做的主旨演讲中提出“创造更有吸引力的投资环境”，指出“投资环境就像空气，空气清新才能吸引更多外资。过去，中国吸引外资主要靠优惠政策，现有要更多靠改善投资环境”。

招商 4.0 模式，旨在创造一种企业与人才、技术、市场、资本相匹配、相融合的模式，营造企业、人才蓬勃发展的投资环境，尤其是思维创新的“软环境”，提供“清新空气”，从而形成新的竞争优势，提升地区竞争力。

广州开发区构建的招商 4.0“钻石模型”契合了波特教授的“钻石模型”，突出以企业、技术、人才为核心。同时，政府的作用得以扩大，成为招商引资的主导者，直接主导企业和人才在本地区发展，实现产业链、创新链、价值链的深度整合发展，从而形成产业集群、创新集群、知识集群。这种招商模式，使企业快速成长壮大，地区发展之路越走越宽。

第四章

产业：招商 4.0 的主攻方向

招商4.0 模式中，产业是基础支撑。引进高端高质高新产业，是招商的主攻方向。

近年来，广州开发区瞄准新一代信息技术（IT）、人工智能（AI）、生物医药（Bio-tech）、新能源（new energy）、新材料（new material）等战略性新兴产业，打造更紧密、更高端的产业链和创新链，并在先进制造业、总部经济上发力，以招商引资促进新旧动能转换，提升区域发展质量。

本章将分析广州开发区招商引资的热点产业，探讨产业聚集的过程及集群图谱。本章除了常识性的产业情况介绍外，还以具体的招商案例，重点讲述广州开发区产业招商的做法。

一、产业发展与招商引资

招商引资与产业发展是紧密相连的。产业变革尤其是能级提升，给区域招商引资带来了机遇与挑战；相应地，招商引资又会给区域产业发展注入新的动能，甚至决定一个地区的经济及城市形态。在谈论广州开发区重点发展的产业前，有必要先梳理产业发展与招商引资的关系。

产业潮流推动招商引资　国际产业的转移、转变，对广州开发区招商引资的影响非常明显，这可以从三次国际产业转移中看出。

20 世纪 80 年代，改革开放刚刚开始，来自中国香港、台湾等地的中小企业充当了来内地 “试水”“淘金” 的急先锋。这一时期，向中国内地转移的主要是以中国香港、台湾等地及东南亚的纺织服装、轻工、玩具等为代表的劳动密集型产业，这是第一次国际产业转移。这一阶段，广州开发区通过引进能够替代进口或者出口创汇、经济效益较好、能够迅速见效的项目，实现了工业化的快速起步。

20 世纪 90 年代，全球范围内汽车、机械、石化、电子、信息等资本和技术密集型产业加快分工转移，跨国公司基于降低成本和抢占市场的考虑，加快在中国的战略布局，向中国的产业转移呈现出投资规模不断加大、投资主体实力更加雄厚、投资产业更加高端、投资总额增速加快的趋势，这是第二次国际产业转移。这一阶段，广州开发区大力引进较为高端的生产制造业项目，工业项目的规模、质量和效益均较上一阶段呈现出质的提升。

1998 年亚洲爆发金融危机，特别是我国加入 WTO 后，国际经济格局发生了新的变化，日本、韩国等国家和中国台湾地区经济陷入较长时间的困境，为寻求成本优势，扩展市场空间，这些国家和地区的企业进一步加速了向中国产业转移的步伐。同时，原来投向韩国、中国台湾、东南亚的国际资本也转向中国内地市场寻找机遇，这是第三次国际产业转移。这一时期，广州开发区对引进的项目的质量提出了更高的要求，强调着力提高利用外资的质量，引进一大批规模大、质量好、技术先进的项目。

现阶段，国际产业发展又呈现出新的变化。具体表现为以下3方面：

1. 全球500强跨国公司仍是投资主力，所投行业遍及汽车及零部件、能源、基础设施、生物、医药、通信、金融、软件服务等，并且呈“深耕”的趋势，充分说明跨国公司依然看好中国内地市场和来华投资前景。据商务部统计，德国大众、戴姆勒，瑞典沃尔沃，韩国现代、LG，日本电气硝子，美国GE、英特尔、礼来、百特等跨国公司都在国家级开发区投资或增资，单项金额均超过1亿美元。

2. 高技术战略性新兴产业成为投资重点。例如，礼来、罗氏、诺华、默克等医药龙头企业都瞄准了中国“大健康”产业的蓝海，希望在这一产业上抢占市场；IBM等企业誓死把守资金密集型的芯片市场；飞机制造、汽车制造、平板显示等技术密集型行业的引资贡献率较高，个别项目引资量超过30亿美元。

3. 现代服务业（金融、融资租赁、股权投资）企业增多，跨国企业的研发中心、销售中心、人力资源中心项目增多，截至目前，外商投资在华设立研发机构超过2 400家。

总的来说，现阶段产业发展，已从产品的外延式扩张转向以创新为主的内涵式扩张，从微笑曲线底部向两端攀登，也就是从产业链条低端的加工制造环节，向两端的高附加值环节延伸。招商只有跟上产业发展的趋势，深入到产业发展的内涵，才能有所作为。

招商引资革新产业格局 在招商引资的历程中，一个很简单的道理是，招商引来的项目基本可以确定一个地区的产业格局。比如，20世纪八九十年代，空调、冰箱、洗衣机、彩电成为新一个时代的主打产品，珠海、合肥、青岛等城市引进大型企业，经济发展脱颖而出；21世纪以来，汽车、电脑、手机、平板电视等产品逐渐走进平常百姓家庭，广州、重庆、天津、合肥等引进该类型的企业，获得了发展先机；现阶段，生物医药、智能产品、平板显示、互联网等产业成为先导产业，苏州、上海、武汉、杭州等地集中力量招商，表现亮眼。

招商引资，就是招新模式、新企业、新人才、新产业，以革新产业格局。现阶段，招商引资主要包括以下两个方面：

1. 通过招商引资促进新旧动能转换。任何产业都会有市场饱和的时候，都会碰到“天花板”，即便原来的结构再好，也会出现青黄不接的状态。招商引资要基于本地区的产业发展现状，积极为老企业“赋能”，包括引入新的合作伙伴，拓展新的合作市场，鼓励企业通过“机器换人”、技术改造、“触网”等方式进行产业革新。通过引导有实力企业对落后企业或根据产能进行直接收购兼并，也不失为一个新的招商方式。

2. 通过招商引资形成新的产业竞争优势。通过招商引资，引进培育龙头企业，带动一两个产业领域，在全国甚至全球形成独特优势，着力提升区域竞争力。这在很多地区已得到验证，比如广州的 LG、广汽系，深圳的华为、中兴系，杭州的阿里系，南京的苏宁系，合肥的中科系，郑州的富士康系，青岛的海尔系，武汉的光谷系，天津的大众系，佛山的美的系，大连的 IBM 系，重庆的长安汽车系等。

2014 年 8 月，国务院制定的《中国制造2025》，囊括了集成电路、液晶面板等电子核心部件，物联网，机器人及智能装备，石墨烯及纳米新材料，轨道、通用航空等高端交通装备，新能源及智能汽车，综合化工，生物医药，节能环保产业等。这些产业技术含量高、市场空间极大，很多是中国市场短缺的。这是新一轮产业发展的重点，也是招商引资的重要方向。谁把握住了新产业，谁就占领了发展的先机。

二、“第一支柱”新一代信息技术产业

从普通的电脑、电路板，到精密的电视显示屏、超级电容器、芯片，再到与生活息息相关的智能魔镜、北斗卫星导航、智能手机、数字视听系统等，都能在广州开发区内找到出处。

电子信息产业是广州开发区的第一产业，目前全区有电子信息企业 1 000

多家，规模以上电子信息企业超过100家，总产值超过2 500亿元，占全市该行业工业产值的60%以上，在电子元器件、计算机、电子材料、系统及终端产品等四个领域具有较高集中度。这种产业聚集优势，既源于广州开发区扎实的产业沉淀，又在关键领域进行了招商突破。

电子大厂集聚 世界IT制造业曾有两次较大的转移。第一次转移发生在20世纪七八十年代，IT制造业由美国、日本转移到中国台湾、韩国、新加坡、中国香港（亚洲四小龙）；进入90年代后，世界IT产业又进行了一次大调整，即全球IT制造业向中国内地转移。

广州开发区抓住了电子信息产业转移的机遇，依托良好的政策及用地条件，引进了台湾大众电脑、光宝、索尼、捷普、依利安达、盛科电子、松下电子、宏仁电子等大型制造业企业。这些企业投资大、产值高，均成为轰动一时的招商事件。这批企业为广州开发区的电子信息产业招商打牢了基础，树立了电子信息产业大区的良好品牌。例如：

台湾大众电脑项目选址开发区西区（保税区），设立于90年代初，是当时广州引进的最大外资企业，这一项目成立了广大科技、广川科技等公司，目标是要建立从上游到下游整个产业链完整的制造基地，包括印刷线路板、主机板、系统和整机。产品范围包括3C（即电脑computer、消费类电子consumer、通信communication）。后来又创造了一个词叫EMS，即电子制造服务（Electronic Manufacturing Services），为全球品牌厂商提供快捷的制造、物流服务。这一项目在当时还创造了一个亚洲第一——印刷线路板单层厂房面积亚洲最大。

平板显示异军突起 平板显示产业是电子信息基础性产业。这一产业技术水平高、产值高、产业链集群庞大、辐射范围广，带动相应光电元器件、材料及相关电子制造产业发展，可以形成千亿规模产业集群。但也要看到，这一产业准入门槛非常高，平板显示的关键技术、关键材料、设备掌握在少数厂商手中，呈现出行业龙头企业垄断格局。同时，这一产业投资大，一条8.5代TFT-LCD面板生产线，投入资金在200亿元人民币以上，并且建设周期长达18～24个月，且市场变化会导致生产线营利存在高风险。所以，很多国家和地区都在争取发展平板显示产业，但往往只是一厢情愿。

从全球来看，平板显示产业主要集中在日本、韩国和我国台湾地区，三者占据全球90%以上的市场份额。中国内地平板显示产业也聚集在少数城市，包括北京、深圳、广州、合肥、成都、武汉等。

20 世纪 90 年代后，随着全球 IT 产业第二次转移，广州开发区助推了一批电子信息生产企业在本区集聚，但"少屏"一直是一大短板。广州开发区自2006 年起，通过引进韩国 LG 集团系列项目，填补了这一短板，并一举成为广州的品牌产业。当前，广州提出打造"显示之都"，LG 系列项目是底气。

LG 系列项目的引进，对广州开发区招商引资工作的意义非凡：首先，这是一个从地理空间到产业关联都非常紧密的产业集群，是真正上下游企业共荣共生的集群，而不仅仅是一个普通的大型工厂；其次，这一项目从刚开始合作时的模组加工，逐步到高世代面板、OLED 等，产值和税收的贡献不断提升，技术创新水平也在攀升，开拓了价值创新的模式；最后，这一项目开拓了一种新型"以资引资"的招商模式，为其他产业发展提供了借鉴。

十年打造千亿级平板显示基地①
——LG 系列项目引进历程

在过去十余年的时间里，广州开发区精准把握平板显示产业链的各个环节以及技术更迭的可能性，与韩国 LG 集团不断拓宽合作之路，共同打造了千亿产量的平板显示集群。

2006 年，引进 LG 模组厂，"LG 系"正式与广州开发区建立朋友关系，平板显示产业"朋友圈"不断扩大

随着平板显示产业的不断高速升级和发展，为摆脱我国平板显示核心技术长期受制于日韩、打破"缺芯少屏"及长期花高价买专利、买上游前端高技术产品的局面，广州开发区主动出击，配合省市政府与 LG、三星等接洽，积极引进项目落户。

① 本文作者系广州凯得科技发展有限公司职员杜静宜。

韩国 LG 显示株式会社（LG Display，简称“LGD 公司”）是全球规模最大、技术最先进的液晶平板显示生产商之一，是全球唯一一家拥有第 2 代到第 8.5 代全世代 TFT-LCD 生产线的企业，具备成熟稳定的高世代生产线量产技术。

2006 年 5 月，在省市领导的大力推动和支持下，广州开发区引进了当时广州最大的外商投资高科技项目——乐金显示（广州）有限公司（简称“LG 显示广州模组厂”），是中国境内第二家液晶模组生产厂，带动了汉成电子、新谱电子、LG 化学等一大批内外资上下游配套企业落户。项目总投资额 8.77 亿美元，注册资本 2.43 亿美元。

2012 年，省、市、区合力攻坚，打赢高世代液晶面板争夺战，LGD 面板项目落户

随着 LG 显示广州模组厂落户广州开发区，并逐步显现示范和带动效应。为确保领跑全国电子信息产业，保持广东省领先地位，自 2007 年至 2009 年，省市领导多次赴韩国与 LGD 公司高层洽谈，力求争取 LGD 公司在广州市进一步扩大投资，引进新一代平板显示技术项目。

在省、市、区各级领导的不懈努力推动下，广州开发区与 LGD 公司达成了建设高世代液晶面板的合作意向。这一项目的合作模式具有开创性，除了传统的 LGD 公司投资建设生产线外，通过管委会全资国有企业广州凯得科技发展有限公司代表政府持股，极大促进项目政府事务的协调服务能力，同时将面板下游电视机厂商深圳创维作为合作方，实现“模组就地消化、液晶电视国内销售”，缩短了生产及销售的产业链条，促进内外资企业协调，创造有效的生态服务圈。具体合作模式为：LGD 持股 70%、凯得科技持股 20%、创维持股 10%，三方共同组建乐金显示（中国）有限公司。

2010 年初，广州市将 LG8.5 代液晶面板项目合作方案上报国家发展和改革委员会（下称“国家发改委”），与合肥、苏州、成都、南京四市同时向国家发改委和工信部递交了高世代液晶面板项目材料。

当年 3 月，国家发改委和工业和信息化部（下称“工信部”）组织专家组对五个 8 代液晶面板项目分别进行专家评审，按“五选二”的原则，从南京中电熊猫夏普、广州 LG、合肥京东方、苏州三星和成都富士康五个液晶面板项目中选出两个。

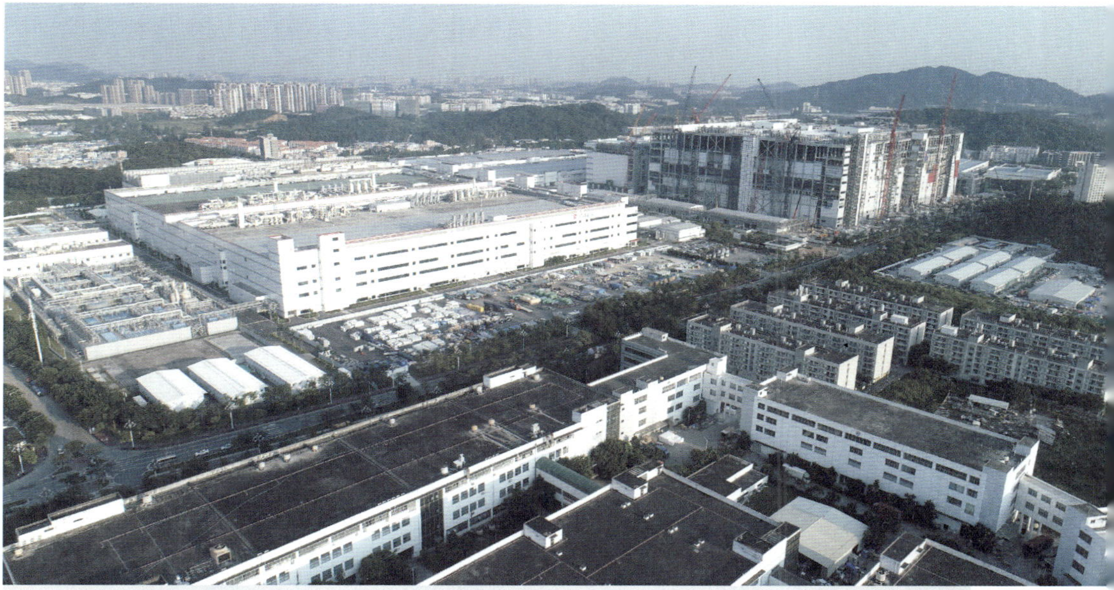

图4-1 广州开发区LG平板显示产业基地（刘斌/摄）

已建成区为LG显示模组、面板生产基地。在建区为LG显示8.5代OLED项目，近景为创维广州工厂（摄于2018年8月）。

历经11个月的激烈角逐，在国家、省、市、区各级领导大力支持及相关人员鼎力合作之下，最终广州开发区LG8.5代液晶面板项目凭借LGD公司丰厚的技术积累及其与创维强强联合的雄厚实力，以及产业链就近配套使成本降低等优势成功突围，于2010年11月26日以排名第一获得国家发改委和工信部批准。

随后各方蓄势待发，开始投入项目筹建、成立合资公司等系列工作。2011年8月，在双方开始全力筹备项目奠基仪式时，国际市场形势出现巨变，全球面板市场不景气，LGD公司面临巨大压力，项目被迫暂时推迟；同年12月，LGD公司出现重大人事变动，原公司社长调任，开发区随即启动新一轮沟通对接，加速项目进程。2012年上半年间，省、市、区主要领导与LGD公司高层多次会面，力推项目落地，韩方多次表决心赶在其他公司的同类项目前投产，增强双方合作信心。最终，双方克服重重困难。2012年5月22日，LG8.5代液晶面板项目在广州开发区举行奠基仪式，标志着项目正式落户。同年8月30日，项目正式动工。

2017 年，再续“姻缘”，中国首条大尺寸 OLED 面板生产线落地

LGD 公司作为全球最大液晶显示行业龙头，是目前全球唯一一家拥有 8.5 代 OLED 产业化技术的企业，其产品生产技术的先进性及稳定性远超竞争对手。国内目前已建成及计划建设的其他为数不多的 OLED 项目都是6代以下的项目。相较已投产的 LCD 及液晶面板项目，OLED 项目拥有更为先进的技术，投入产出也更大，用地更加高效集约，将进一步促进产业提升。

为进一步巩固广州在国内新型显示产业的领先地位，广州开发区瞄准 LGD 公司 8.5 代 OLED 先进产业技术，在产业技术更替中寻找合作机会。2017 年初，省、市主要领导与 LGD 公司高层多次会面，加速项目落户进程。2017 年 10 月，开发区国有企业广州凯得科技发展有限公司再度与 LGD 公司携手，共同投资建设8.5 代 OLED 面板线，项目总投资460 亿元，合资公司注册资本156 亿元。其中，LGD 公司持股70%、凯得科技持股30%。

随着 LG 显示集团系列项目落户，LG 集团的另一核心组成企业 LG 化学也在广州开发区投资新项目。2018 年1 月17 日，广州开发区与株式会社 LG 化学签订投资合作协议，后者拟投资约3 亿美元，在广州科学城建设大型制造工厂，生产大尺寸偏光片及封装材料等产品，预计2019 年建成投产，达产产值约20 亿元。这是广州首个大型偏光片生产项目。目前，这一项目已动工建设。

十年培育，造一个全球领先平板显示产业集群

平板显示产业跨越化工、材料、半导体等多个领域，集成微电子技术、光电子技术、材料技术、制造装备技术、半导体工程技术等多个领域技术。系统完整的平板显示产业链包括：上游的设备、原材料和零组件产业，中游的面板制造与模组产业，下游的整机产业。

广州开发区打造的平板显示产业集群，用了短短的十年，这是一个以 LG 为龙头企业、上下游企业齐备的平板显示产业集群，并已成为国内技术最先进、生产规模最大、产出效益最高的液晶面板生产基地之一。

围绕 LG 模组和面板工厂，以龙头项目为核心发挥虹吸作用，30 多家核心协力厂向黄埔区、广州开发区聚集，形成了一个上下游产业分工细密、内外资比例协调、拥有较强产业辐射能力的液晶平板显示产业链。协力厂主要

为韩国企业，如汉成电子、新谱电子、香林电子、济旭包装、智水电子、东渡电子等，主要产品为偏光板、背光板、SMT 及注塑配件等；另有日本电气销子、韩国大成气体，我国台湾瑞仪公司、民营企业金发科技（注塑模具及机外壳）、跨国公司 3M（研磨材料）等为 LG 提供配套产品；在整机方面，创维公司已将其平板电视整机厂（年产 100 万台）及研发培训中心设在广州开发区。

回首过去，"LG 系"的落户，至少有这几方面值得回味：

1. 以商引商，产业链深度招商。LG 项目开创了开发区招商人"以商引商"的模式。十年过去，平板显示产业不断有新技术在更迭，广州开发区始终时刻保持着敏锐的触觉，及时引进核心项目。

2. 逢山开路，遇水搭桥的决心。十年以来，从项目落户、成长、成熟，无不看出省、市、区领导精准的产业敏锐度以及高远的产业布局，以及做成一件事"咬定青山不放松"那股韧劲。

3. 合作模式，涵盖产业链条。LG 面板项目由区内国企广州凯得科技发展有限公司以及深圳创维—RGB 电子有限公司合资建设运营，国企合作加速外资企业在当地融合，国内电视机厂商直接延长产业链，实现时间与速度的缩短，该模式成功延续到 OLED 项目合作中。

通信企业涌现 IT 产业应用范围广、市场庞大，跨国巨头争相占据平板显示等"高山"，而众多民营企业则在一些专业细分领域进行创新及产业化。广州开发区瞄准新一代信息技术的关键环节，引进和培育了一系列具有自主创新能力的通信企业。

网络通信领域是广州开发区电子信息产业第二大领域，也是广州开发区电子产业自主创新能力最强的领域，海格通信、新邮通、广电运通等一批企业是典型代表；在移动终端产业领域方面，广州开发区拥有视源电子、京信通信、意力电子等一批在摄像模组、小基站、触摸屏、天线等方面具有较强竞争力的企业；在北斗导航产业方面，广州开发区在系统集成和服务方面处于全省领先地位，集聚了润芯信息、海格通信、北斗大三通等一批先进企业；在大数据及物联网产业方面，广州开发区拥有中国联通、中国电信、芬欧蓝泰、信泰电子、安居宝、高新兴等一批优秀的企业。

这批项目中，京信通信系统（中国）有限公司较有代表性。

京信通信的崛起之路[①]

京信通信是一家在广州开发区培育发展的企业，是集研发、生产、销售及服务于一体的移动通信厂商，于2003年在香港联交所主板上市。在无线覆盖领域，公司在技术、市场和产业化等方面均处于国内龙头地位；在天线领域，居全球前三甲。

梦想在“不夜城”起航

20世纪90年代，华南理工大学无线电工程专业同班的“三剑客”TCL的李东生、创维的黄宏生、京信通信的霍东龄一起走上产业报国之路。

1995年8月的一个下午，时年39岁的霍东龄与华南理工同学张跃军通了一个电话，两人一拍即合，相约共同创业，在广州郊区租用的一座废弃仓库里迈出了创业的第一步。

当时，中国通信市场都被摩托罗拉等国外通信巨头垄断。京信通信当时全部员工加在一起就十几个人。以如此小的企业冲击庞大的移动通信市场，无异于“蚂蚁撼大树”。在技术上，那时国内产品与国外产品相比有着很大差距，外国跨国公司的产品牢牢占据着国内市场，市场份额达到99%。如果只与国内对手竞争，分抢跨国公司吃剩下的1%份额，那京信通信的生存将非常艰难，永远也难以发展壮大。

霍东龄和张跃军深入调查，发现移动通信设备的应用环境非常复杂，城市、乡村有多种不同的应用方式。跨国公司卖出设备后，很难提供配套服务支持。京信通信随即设计了新的商业模式，将勘测、设计、安装、调试、维护等一并打包出售，为客户提供“一条龙服务”，客户因此实现零库存，还省心又省力，这就是京信提供的产品与服务的价值。

新的商业模式让京信的业务迅速提升。1996年京信管理层决定筹建自己的厂房，在选址的时候他们列出考虑的必要条件：首先必须在广州，因为移动通信最大的市场就在广州，客户端明确；其次，要有足够的发展空间和一定的配套设施；再次，政府的办事效率要高，政策环境要好。根据这些要素

① 本文由黄嘉庆综合京信通信的相关新闻报道整理。

排列，广州开发区进入他们首选的视野。

1997 年元旦刚过，京信通信十几人的团队来到开发区东园宾馆（当时开发区唯一的宾馆）开新春工作会议，会议一直开发到凌晨2 点多钟。这帮京信人突然有个想法：去看看开发区的配套如何，如果员工加班到这个时候还有没有宵夜吃。当他们走到不远处的青年路（当时最繁华的街道），发现有两家大排档还火热地开着，每个人的脸上无不洋溢着青春的光芒，“不夜城”的光芒把霍东龄、张跃军等吸引并留在了开发区。

每平方米土地贡献 20 万元产值

京信从开发区西区 1 万平方米的厂房开始，不断扩张，在开发区西区形成4 万平方米跨越金碧路的南、北厂区金三角；2004 年在开发区科学城建成占地4 万平方米的研发和管理总部，投入巨资建立了国内业界最大的远场测量微波暗室和128 探头球面近场测量微波暗室。

霍东龄介绍，这些厂区是分几期一步一步建成的，每次的土地需求政府

图4-2　京信通信科学城园区

都给予了满足，京信也不负政府的支持和期待。通常是厂房和土地到位后，立即建生产线，立即投产。“如果按产值算，京信每一平方米每年的产值大概是20万元，单位土地交税每平方米是5 000多元，总体来说这个土的产出还是不错的。”霍东龄说，政府除了给予用地的支持，在项目研发上也不断给予鼓励和支持，累计给予研发经费支持超过1亿元。

谈到开发区政府的办事效率，霍东龄讲起当年筹建的故事。当时京信所在地还是一片荒山野岭，一条大水沟从中间穿过，开发区很短时间内就填平了，剩下几个铁塔和高压线。霍东龄向区里反映，如果铁塔不移走的话没办法施工。相关负责人说：“放心，我们保证移走。”果然几个月不到，铁塔就移走了。京信很快就完成了厂房的建设，迅速铺开了新型天线的研发及生产。

进军5G产业

客户的满意让京信通信逐渐赢得了市场。京信通信认真做好了三件事。一是在全国布局销售网点和技术网点，建立起全国性的销售市场，形成了遍布全国的服务网络。二是加强研发。1998年8月，“清华大学微波与数字通信国家重点实验室广州站”在京信总部正式成立。同时，京信还聘请了香港中文大学、清华大学、东南大学等著名学府的知名专家指导科研工作。这一切，为京信通信在技术上追赶跨国公司提供了良好的条件。三是建立一系列质量体系，以质量制胜。

2008年北京奥运会的鸟巢、水立方场馆，2014年巴西世界杯12个场馆中的8个、上海世博会、俄罗斯索契冬奥会等大型场馆，都应用了京信共建共享产品。如今京信的销售服务网络遍布全国走向世界。2008年“5·12”汶川地震，通信大面积中断，在北川的一座山上，唯一仍在通信的站点就是京信的。

2018年，京信进军5G产业，计划投资27亿元，在知识城建设天馈智能制造项目、星地一体传输技术项目、船联网项目、新一代信息技术（5G）项目、工业互联及智能装备项目。与此前自购地兴建厂房不同的是，这次用地由区属国企科学城集团取得并代建。

破解“缺芯”之困　集成电路芯片是电子信息产业的基础门类，也是最高端的环节，几乎与高科技同义。与芯片制造紧密相关的一个定律叫摩尔定律，这一定律讲的是指数级增长：当价格不变时，集成电路上可容纳的元器件的数目，每隔 18～24 个月便会增加一倍，性能也将提升一倍。换言之，每一美元所能买到的电脑性能，将每隔 18～24 个月翻一倍以上。这一定律揭示了信息技术进步的速度。《纽约时报》专栏作家托马斯·弗里德曼在 2018 年推出新作《谢谢你迟到——以慢制胜，破题未来格局》中认为：芯片的计算速度呈现出非线性增长，计算机的其他部件在稳步加速。这就导致我们现在已经被带到了一个新的疆域：科学和技术的变化速度，超越了人类及其社会适应的临界点。

芯片，极为微小的电子器件，但它技术含量极高，其处理能力一直延续着指数级增长。如今，在一个指甲盖大小的芯片上能容纳超过 10 亿个晶体管。芯片应用极为广泛，被喻为“工业粮食”，是所有整机设备的“心脏”。在当下智能化、信息化时代，芯片从来没有像现在这么重要，足以撑起一个庞大的市场。数据显示，2016 年全球芯片市场达到 3 397 亿美元，2017 年超过 4 000 亿美元，涨幅高达 10% 以上。

“缺芯”是广州开发区这样一个电子信息产业大区的“痛点”。至 2016 年，广州开发区仅拥有安凯微电子、泰斗、慧智、风华芯电、润芯、友益电子等中小型集成电路设计和封装企业，产值不到 10 亿元，没有一家芯片生产企业。而近年来，北京、上海、武汉、成都等地纷纷出台政策，成立集成电路产业发展基地，加大投入发展这一核心产业，广州开发区需要奋力直追。

芯片项目产值大，产出迅速，但风险大、投资大、前期资金需求大、产业配套要求高。广州开发区充分认识到这一特性，专门在知识城规划芯片园区，在 2017 年引进了广州首个大型芯片制造企业——粤芯芯片，并引进了 10 多家相关配套企业。

广州“芯”产业迈出第一步[①]

——粤芯芯片项目落户知识城

我国的芯片产业主要集中在长江三角洲、京津环渤海地区及中西部地区。广东省在集成电路产业上，设计业发展迅速，基础较好，而制造业、封测业发展较为缓慢，产业链也尚未形成，未来发展空间很大。华南第一条12英寸晶圆生产线由中芯国际投资，2016年底才落户深圳，而广州此前尚属空白，直到粤芯12英寸项目在中新广州知识城破土动工。

粤芯项目总投资额约70亿元，计划打造出中国第一座以虚拟IDM为营运策略的协同式芯片制造项目，以满足物联网、车联网、人工智能、5G等创新应用的模拟、混合制程芯片的需求。

破解资金难题

鉴于粤芯项目对资金的特殊需求，广州开发区着重考虑区内与粤芯项目产业关联度较高的、有较强实力且可长期持股的系统厂商企业。经过几轮洽谈比选，综合考虑了公司实力、对技术团队的认可度、股权架构、产品匹配度等方面的因素后，最终选定金誉集团控股的上市公司智光电气作为合作方，由金誉集团和粤芯技术团队成立有限合伙企业，作为广州粤芯半导体技术有限公司的控股股东。另外，为了支持项目发展，科学城集团代表管委会参股，并提供一定额度的股东贷款。最终形成企业联合技术团队为主体、政府参股的模式，政府及国企通过参股、股东贷款、研发补贴、贷款贴息、厂房代建等多种方式打组合拳解决资金瓶颈的问题。

广州开发区对粤芯项目提供了“一企一策”的政策支持，同时出台IAB产业发展政策，针对集成电路发展的关键环节进行精准施策，包括对企业封装设计企业进行专项目补助，对集成电路企业研发多项目晶圆（MPW）给予补贴，对设计企业购买光罩（MASK）给予补贴，对设计企业工程片、试流片加工费用给予补贴等，帮助企业拓展市场。

① 本文综合《广州日报》《南方日报》12月27日关于粤芯芯片项目动工的新闻报道。

图4-3　左为粤芯芯片建设现场（摄于2018年9月），右为广州首家大型芯片制造项目设计图

聚集优秀人才团队

粤芯项目团队在工艺技术、运营管理、市场开拓方面都有较大优势，为粤芯项目的成功奠定基础。

粤芯项目团队大多来自于国内先进的芯片制造企业华虹宏力，团队核心成员都是在芯片制造行业从业20年以上的人才，对12寸晶圆生产技术比较熟悉，并且在芯片制造企业运营管理和市场开拓方面很有经验。例如，团队对芯片生产线设备的采购非常有经验，可以订购到市场上非常抢手的12寸二手设备，并且通过新旧设备搭配的方式大大降低了生产线建造成本，也降低了项目投资风险。在市场选择方面，粤芯项目通过对国内市场供给情况的分析，认为该项目应该定位于市场容量足够大、技术可行性较大的90～180 nm产品，并且预留发展空间，在二期生产60～90 nm产品。这样的市场选择符合广州务实的风格，也为广州未来参与先进制程产品的竞争埋下伏笔。

建设创“芯”智造园

粤芯项目落户在知识城新能源新材料价值创新园。该园区规划面积6.4平方千米，其中集成电路产业创新园作为“园中园”，重点以粤芯项目等龙头企业为核心，引进一批大尺寸晶圆生产线项目，力争在化合物半导体器件、微机电系统、功率半导体器件、特色工艺和第三代半导体材料等领域均有较大发展；全面进军计算、存储和移动通信芯片领域，在新材料领域引进一批国内外知名企业，形成较为完整的产业链条，建设成为广州创“芯”智造园。

广州开发区迅速为粤芯项目落实了10万平方米用地，确保项目迅速动工。另外，在粤芯项目动工的前一天，15家企业签约落户广州开发区集成电路产业创新园区，形成了“芯片设计—晶圆制造—封装测试—终端应用”为一体的作业模式。

广州开发区还成立了粤芯项目筹建小组，给予特殊支持。例如，在基础设施配套方面，协调供电局在项目地块建设专用220 kV变电站，并将于2018年12月达到供电条件；协调调整原有废水处理片区划分，将项目工业废水就近安排在“九龙一厂”二期进行处理，并加快相关基础设施建设。

经过持续多年的引进和培育，广州开发区已形成了华南地区较为扎实的电子信息产业链条，形成了上下游企业共享发展的产业集群。

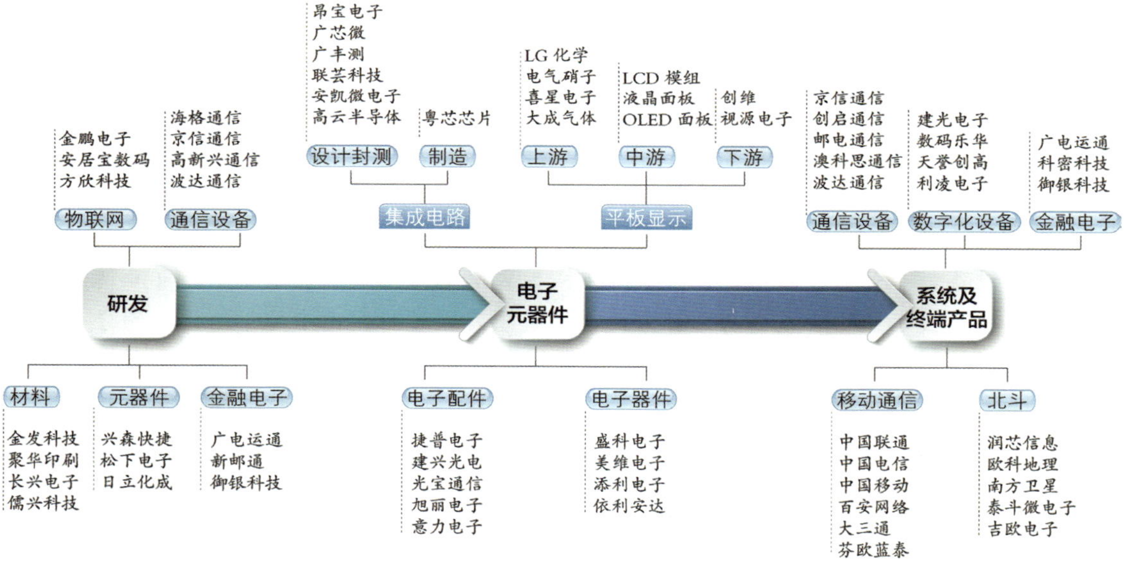

图4-4　广州开发区电子信息产业链

三、方兴未艾的人工智能产业

人工智能是计算机学科的一个分支，被称为世界三大尖端技术之一（另外两项技术为空间技术、能源技术），其技术主要包括机器人、语言识别、图像识别、自然语言处理和专家系统等，应用于机器视觉、指纹识别、人脸识别、视网膜识别、虹膜识别、掌纹识别、专家系统、自动规划、智能搜索、定理证明、博弈、自动程序设计、智能控制、机器人学、语言和图像理解、遗传编程等。

美国麻省理工学院的温斯顿教授认为："人工智能就是研究如何使计算机去做过去只有人才能做的智能工作。"这一说法反映了人工智能学科的基本思想和基本内容，即人工智能是研究人类智能活动的规律，构造具有一定智能的人工系统，研究如何让计算机去完成以往需要人的智力才能胜任的工作，也就是研究如何应用计算机的软硬件来模拟人类某些智能行为的基本理论、方法和技术。

阿尔法狗、Master"打败"人类；BAT 企业纷纷"ALL in AI"，试水新零售、云服务、无人驾驶等行业；众多人工智能"独角兽"出现，受到了风投资本的青睐……人工智能屡屡被推上科技界的风口浪尖，带来了整个社会对人工智能的关注。有人认为，人工智能将在5～10 年改变人类社会。也有人认为，这是各种炒作和误读，现在市面上真正的人工智能产品很少，甚至还没有，很多自称是人工智能产品的，其实只是互联网技术。

尽管业界对人工智能应用及前景的争论还很多，广州开发区已在人工智能产业招商上先行一步。目前，全区聚集人工智能企业200 多家，其中上市公司10 家、新三板企业15 家，年产值近200 亿元，约占全市同行业的50%，主要集中在智能成套装备、工业机器人、智能软硬件和智能运载工具等领域。

广州开发区人工智能产业招商主要做法包括以下几方面：

壮大智能装备产业 智能制造装备是人工智能的基础，是具有感知、决策、执行功能的各类制造装备的统称，是先进制造技术、信息技术和智能技术的融合，包括关键智能基础共性技术、核心智能测控装置与部件、重大智能制造成套装备三大核心环节。

广州开发区依托扎实的工业发展基础，培育了一系列科技含量高、市场竞争力强的智能成套装备制造企业，形成了从上游关键零部件、中游整机再到下游应用集成的智能成套装备完整产业链条。

云埔工业区及东区的部分区域，是智能企业最为集中的地区。位于该园区的广州数控是目前国内最大的机床数控系统研发、生产基地，主要是生产减速器、伺服系统、控制系统，系列产品连续多年位居全国第一，跻身世界前三，其系统的功率密度和刚性等关键指标已经达到或超过国外减速器龙头厂商的水平，能满足汽车生产线的精度、刚性要求。

另一家生产汽车制造系统线的企业明珞汽车装备公司技术也过硬，以该公司的数字化虚拟调试技术为例，该技术是汽车智能装备制造业的前沿技术之一，整合了 3D 建模、离线仿真、电气控制、硬件安装等在传统调试流程中需要在现场才能进行联调的各个模块，可用计算机在虚拟的环境中进行集成、测试及验证，“过去调试 1 台机器人需要 100 多个小时，现在明珞只需要三分之一的时间”。作为集研发、生产、制造于一体的高端智能制造解决方案提供商，明珞与德国 EBZ、库卡机器人、西门子、欧姆龙及博世等世界一线品牌成为合作伙伴，发展势头迅猛。

目前，全区已拥有瑞松科技、明珞汽车装备、达意隆、佳研、松兴等知名系统集成服务企业。其中，明珞汽车装备 2015 年公司营业收入达 4 亿元，订单销售额年均增长 100% 以上，已顺利完成了 2 亿元的 C 轮融资，超过前三轮融资金额总和。达意隆是国内唯一一家上市的自动化解决方案提供商，是亚洲最大的饮料包装设备商。

进军机器人产业 机器人是人工智能产业的一大方向。受国内人工成本持续上涨，“机器人换人”的需求推动，中国工业机器人市场在 2013 年开始快速发展。同年，中国超过日本，成为年购买机器人数量最多的国家，并一直蝉联全球第一大应用市场至今。顺应产业发展潮流，广州开发区积极引进国内外重点机器人企业，形成产业集聚。

在引进机器人 “国家队” 项目方面，国机集团于 2015 年在科学城设立中国（广州）智能装备研究院，总投资10亿元，主要为广州市工业机器人及智能装备产业发展提供战略性方向决策及技术支撑。广州智能装备研究院在架构上设计了10个中心，涵盖了从一个设备的设计、制造到可靠性评估、安全保障等全流程。此外，由国机智能投资的广州启帆公司在经济型机器人本体领域国内市场占有率居第一，年产量近500台。

在培育机器人民营企业方面，广州开发区也有不俗的表现。例如，瑞松科技建立了机器人及系统集成研发、生产总部，主要为汽车、3C、电梯等行业生产整套柔性化、智能化系统。简单来说，就是“生产系统”。至今，瑞松科技已为制造业提供了各类系统机器人近万台，承接上千套机器人系统及焊接自动化生产线。瑞松科技的负责人算了一笔账：1台机器人能够做的事情，相当于2个工人一天两班倒的工作量，1台机器人“抵”4个人的工作量。以每个工人年薪4万元计算，1台30万元的国产机器人能够在2年时间内收回人力成本，1台机器人平均寿命之内的10年时间就可以节省出100多万元。“这还不算机器人能够24小时工作等因素。”

因为机器人带来的便利和效率，瑞松科技为广汽乘用车开发了20万能扩地板总成机器人焊装自动化生产线。该条生产线可以实现6款不同车型的共线生产，且多车型间自由切换时间仅需5分钟以内。这条生产线使广汽乘用车公司由现有每年10万辆产能提升为年产能20万辆，生产节拍50秒/辆。

巨轮智能装备股份有限公司是目前国内规模最大及第一家上市的汽车轮胎模具制造企业，拥有子午线轮胎模具、高精度液压式轮胎硫化机、工业机器人、数控机床四大业态。巨轮股份在广州开发区投资15亿元，打造巨轮股份公司机器人全国总部，建设智能精密装备研究院、智能精密装备产业园、年产1 000台工业机器人和150套智能自动化生产线制造基地等，有望成为广州开发区智能装备的核心企业。

然而，在全球机器人产业中，无可否认的事实是，大部分的光芒来自瑞士ABB、德国库卡、日本发那科和安川电机组成的工业机器人“四大家族”。广州开发区对标国际，积极推进全球机器人“四大家族”企业落户，其中库卡机器人公司已在开发区成立广州分公司，发那科华南生产基地已在科学城动工建设。

全球最大机器人企业来了！①

——发那科机器人华南基地动工

发那科公司于1956年在日本成立，在数控系统科研、设计、制造、销售等方面拥有强大实力。2008年6月，发那科全球机器人销量达20万台，是世界上第一个突破20万台机器人销量的厂家。发那科机器人公司目前生产约240种类型的机器人，可以提供负载量从0.5千克至1 350千克的标准工业6轴机器人，广泛应用在装配、搬运、焊接、铸造、喷涂、码垛等不同生产环节，满足客户的不同需求。公司总部位于富士山脚下，占地约1 800亩（1亩≈666.67平方米），被称为“富士山下的黄色巨人”。

世界最大机器人企业落户

发那科机器人华南基地项目由上海发那科机器人有限公司投资建设，该公司创立于1997年，由机器人四大家族企业之一的日本发那科公司与上海电气集团联合投资（各占50%股份），注册资本1 200万美元，致力于向工厂制造业提供专业和高品质的机器人、智能机器和自动化生产系统，拥有强大的工程集成及技术服务能力，为广大的工业用户提供解决方案，已成为中国最优秀的自动化设备供应商之一。

图4-5　发那科机器人

发那科机器人华南基地项目主要建设内容包括：一是注册设立独立法人企业，整合发那科公司位于广州和深圳两家分公司的资源和业务，作为公司在华南地区的总部；二是建设集机器人系统集成、销售、机器人技术支持等业务于一体的华南基地，主要包括机器人及机

① 本文作者系广州开发区投资促进局叶仕栋。

器人系统研发生产制造、展示中心、培训中心等。

“引商”的典型项目

该项目的引进起源于广州瑞松智能科技有限公司董事长孙志强先生的引荐，是“以商引商”的范例。广州瑞松智能科技有限公司作为广州开发区智能制造的代表企业，在广州开发区申请用地后，深切感受到广州开发区良好的投资环境和企业服务，遂引荐其合作伙伴上海发那科机器人有限公司到广州考察，打开了广州开发区与发那科的合作之门。

一波三折的落户历程

该项目于2014年12月通过区项目用地会议审议，选址位于科学城开创大道以西、瑞祥路以南，用地面积39 446平方米。但项目却遇到了一系列波折。

（一）名称被恶意抢注，几经波折终解决

2015年初，发那科启动了公司注册设立工作，核名时发现有两位自然人通过广东省工商局先行申请了“广东发那科机器人系统有限公司”名称并且取得名称预核准通知书。导致发那科公司无法使用其“发那科”商号在广州注册。为解决该问题，区投资促进局会同区工商局前往省市工商局进行了多次沟通，汇报了项目的有关情况。鉴于商号采用“先到先得”的原则，所以在名称有效期内，无法采取任何措施。在广州开发区的沟通下，广州市工商局果断暂缓了该公司的注册，同时要求广州开发区准备相应的资料以应对行政复议。果不其然，上述当事人在名称有效期即将到期前申请了延期，并启动了行政复议工作。在发那科的配合下，广州开发区提供了“发那科”商标材料、合资合同等资料，成功反击了对方，最终重新拿回了“发那科”商号，成功注册了“广州发那科机器人有限公司”。

（二）土地交付屡遭挫折，矢志不移终得善果

1. 积极为项目落实用地。为了推动该项目尽快落实用地，广州开发区积极盘点存量土地，在土地资源极其紧缺的情况下，通过置换的方式，在原广州救助站的选址上为项目划出了用地。为了尽快推动项目土地出让工作，区投资促进局会同国土规划局与市民政局沟通，协调其尽快注销原土地证，加快土地出让进程。

2. 协调解决土地平整问题。项目土地出让后，在土地平整的过程中，

陆续出现了电线迁改、坟地迁移、石方量过多等问题，区投资促进局会同区项目建设管理中心，积极协调解决以上问题，本着“想企业所想，急企业所急”的理念，帮忙企业解决了上述问题，最终顺利将用地交付给企业。

2018 年 3 月 28 日，广州发那科机器人华南基地项目在广州科学城动工建设，意味着这个由机器人四大家族之一投资的项目成功落户广州开发区。广州发那科机器人有限公司依托广州这一优势的产业集聚区，围绕智能制造方向，整合发那科在机器人、物联网、人工智能等优势技术资源，构建智能制造生态系统，并辐射带动华南地区智能制造产业发展和升级。

推进人工智能应用 当前，部分人工智能企业在应用领域已有所建树。

广州亿航智能技术有限公司由清华大学、北京大学、美国杜克大学等国际知名大学的创客组建而成。创立短短三年多的时间，就在广州、北京、上海、美国硅谷建立起团队，联合清华大学设立无人机实验室，加入全球小型无人机联盟。亿航已迅速成长为行业的标杆企业，被美国 *Fast Company*（《快公司》）杂志评为“2016 年全球最佳创新公司”，获评全球无人机企业前三强；在工业和信息化部发布的“中国产业创新榜”中，亿航智能入选“2018 年最具投资价值50 强”，是榜单上仅有的两家广州企业之一。2017 年12 月7 日晚，亿航超千架无人机编队飞行表演，让前来参加2017 财富全球论坛的观众惊叹。

2017 年，亿航在广州开发区取得用地，建设飞行器产业化总部基地，从事消费级无人机、行业应用无人机研发制造，自动驾驶飞行器“亿航184”的研发、制造、测试工作。

亿航184 全称叫“亿航184 自动驾驶载人低空飞行器”，是全球第一款可载客的无人驾驶飞机，旨在提供中短途日常交通运输解决方案，主要供应迪拜等国家。迪拜交通运输管理局定制的这款“亿航184”使用纯电力驱动，卵形机身

图 4-6　亿航智能联合创始人、CMO 熊逸放乘坐亿航 184

高1.5米，净重约200千克，续航能力可达半小时或50千米左右，最大载客重量约117千克，此外还能装下一只小手提箱。乘客入座后，只需在智能面板上设定好目的地位置，地面指挥中心通过4G网络遥控监测飞行器，即可抵达目的地。

人工智能的最热门的分支是无人驾驶。对于无人驾驶，创新工场董事长兼首席执行官李开复认为："不是要等十年才取代人类，而是现在半无人驾驶已经发生了，现在正是无人驾驶发展的黄金时代，无人驾驶将成为最会颠覆已有世界的技术。"

无人驾驶涉及多项人工智能技术：环境感知、高精地图、高精定位、预测规划、决策系统、车辆控制、车载高性能服务器、操作系统、人机交互、安全系统、大规模模拟系统、大规模自学习系统等。按照无人驾驶汽车技术的专业分级，L1、L2、L3（一级、二级、三级）为辅助驾驶，L4、L5（四级、五级）为全无人驾驶，L4、L5级别的汽车难度较高。

广州开发区的小鹏汽车公司成立于2014年，是广州橙行智动汽车科技有限公司旗下的互联网电动汽车品牌，由何小鹏、夏珩、何涛等人发起，凭借较强的创新实力，入选科技部发布的"2017年中国独角兽企业榜单"。小鹏汽车采用前瞻性布局、研发稳打稳扎的路径，从L2.5开始做起，力图把每一级自动驾驶都研究透。小鹏汽车还自主开发汽车智能芯片和软件，该芯片目前已达到30万亿次/秒的计算速度。

文远知行也是无人驾驶汽车的先锋企业。有别于一般无人驾驶汽车企业的战略，景驰科技直接做L4级商用全自动无人驾驶汽车。

广汽等主机厂也纷纷入局自动驾驶领域。广汽与景驰科技等初创公司展开合作，包括探讨在广汽传祺等品牌车型上部署可量产的自动驾驶技术，以及一起打造无人驾驶示范区，探索无人驾驶网约车的示范运营等。

文远知行无人驾驶汽车“开跑”[①]

2017年12月28日，文远知行科技核心团队宣布从硅谷迁回广州开发区，建立全球总部，建设国内首个无人驾驶大规模产业化公司，并在广州国际生物岛设立国内首个无人车常态化商业运营示范点。

谈到文远知行回归为何选择落子广州开发区，该负责人认为，广州是国家重要中心城市，是产业、人才、资本、技术密集的“机遇之城”，城市文化开放包容，拥有创新发展的最优营商环境。广州开发区在汽车、人工智能、信息技术方面的产业基础扎实，产业链齐全，为创新型企业提供强大的政策支持，政府服务高效、优良。这些因素均促使文远知行选择在此地落户。

文远知行：无人驾驶的佼佼者

作为一家2017年4月3日创建于硅谷的科技公司，文远知行迅速崛起成为在中国和美国均处于领先地位的无人驾驶初创公司，在无人驾驶领域动作频频。5月12日完成首次封闭道路无人驾驶测试，6月18日获得美国加利福尼亚州DMV（机动车辆管理局）颁发的路测牌照，6月24日完成首次开放道路无人驾驶测试，9月8日可在硅谷高峰时段的车海中通勤，这种技术通关速度，在全世界无人驾驶汽车领域首屈一指。9月26日，文远知行宣布完成天使轮5 200万美元融资，此轮参与投资包括创新工场、启明创投、昆仲资本、英伟达风投等机构。

文远知行直接做L4级商用全自动无人驾驶汽车，已实现日间、夜间、晴天、小雨场景中的无人驾驶；城市复杂路况或繁忙道路上的无人驾驶，高峰时段的交通流量达每分钟数十辆。文远知行无人车的车速也很高，在一段视频中，其行驶中的车速为72千米/时。项目团队已于2017年底入驻生物岛运营办公和进行常态化的自动驾驶测试，2018年1月30日开始将无人车开放给市民进行试乘体验。项目在技术研发上进展良好，在较短的时间内攻克了多个重要技术难点，在几乎无GPS信号的情况下，成功实现珠江江底的隧道穿越。

① 本文作者系广州开发区投资促进局宗元元。

提供个性化定制服务

自动驾驶是人工智能皇冠上的明珠。广州开发区根据文远知行项目技术创新性强的特点，为项目量身定制一整套解决方案，包括提供落户奖、技术研发扶持、总部一期办公经营场所、生产基地一期、人才公寓、特别人才激励奖励、测试路段等，免除企业在创新过程中的后顾之忧，为企业的产业升级、技术创新和吸引高科技人才保驾护航。

无人驾驶汽车需要经过常态化试运营，才能使“机器”通过“学习”来获取技能，例如，要让无人驾驶汽车在道路上行驶，才能绘制出高精度的地图，在暴风雨中行驶，才能收集并形成极端天气中的处理方案。广州开发区为文远知行在广州国际生物岛设立了试运营区域，每天可进行2.2万千米的模拟测试，使文远知行在短时间内“技能”得到提升。

未来即将到来

很多人认为，实现L4级别无人车量产的最大难题是LIDAR（激光雷达）的高昂价格。但文远知行CEO韩旭不以为然，他认为很多人想到LIDAR的价格昂贵，甚至产品的稳定性问题，就觉得自动驾驶离人们很遥远，这是不对的。

韩旭曾不同时期实地考察过顶级LIDAR厂商的工厂，见证了LIDAR生产从手工到自动化的全过程。他认为现阶段LIDAR昂贵，是因为整体的产

图4-7 文远知行无人驾驶汽车（李剑锋/摄）

量没有形成一定的规模，随着以后越来越多的公司使用，包括国内 LIDAR 厂商的发展，LIDAR 的价格必将会下降。

韩旭认为，文远知行现在的人员规模将近百人，绝大部分都是全职工程师，几乎汇集了硅谷做无人车的精英。公司在广州也得到了开发区政府的大力支持，加上中国这个最大的汽车市场，天时地利人和，未来文远知行的发展将会走上一个快车道。

2018 年，文远知行计划改装无人车 100～200 辆，运营范围覆盖广州方圆 15～20 千米。展望未来，文远知行将在依法取得相关用地后 2 年内尽快完成总部园区、生产基地、研发基地的建设，力争于 2020 年内投产，并在 2023 年达产，年产无人驾驶汽车 3 万辆。

人工智能是一类既传统又新兴的产业，广州开发区已形成了数控机床、专用设备等基础性的人工智能类别，基础相对扎实；同时，在机器人、无人驾驶、无人机等领域涌现了一批新兴的企业。这一方兴未艾的产业在广州开发区形成了以下产业链：

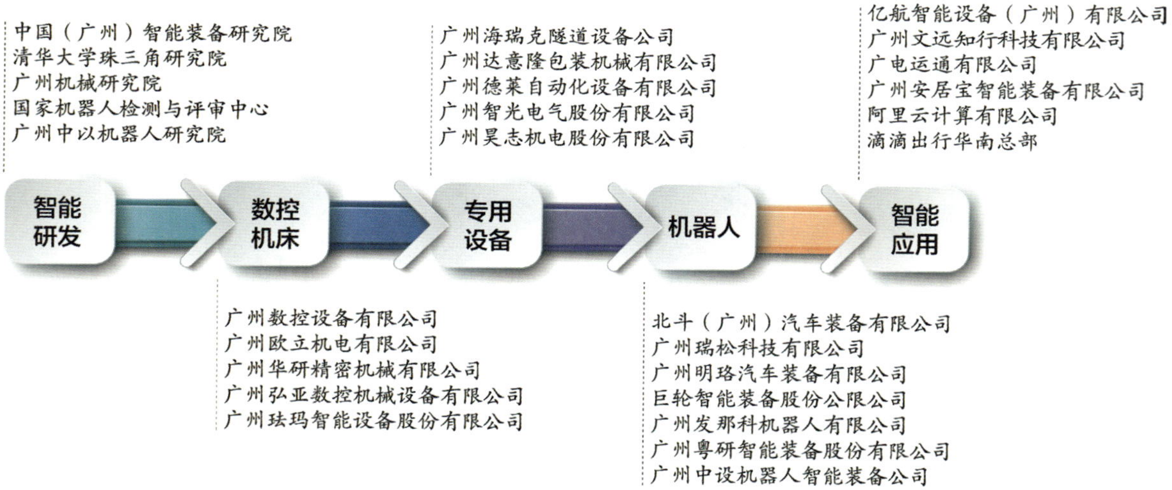

图 4-8　广州开发区人工智能产业链

四、对标国际的生物医药产业

生物医药产业由生物技术产业与医药产业共同组成，是当前新一轮技术革命“皇冠上的宝石”，正成为继信息产业之后又一个令全世界瞩目和心动的高成性产业。这一产业有以下几个特点：

高技术　生物医药是一种知识密集、技术含量高、多学科互相渗透的新兴产业。以基因工程药物为例，上游研发技术涉及基因的合成、纯化、测序、克隆、导入及工程菌的培养及筛选；下游技术涉及目标蛋白的纯化及工艺放大、产品质量的检测保证，整个过程对技术的要求很高。

高投入　根据 2016 年德勤会计事务所发布的一份研究报告，从其对 12 家大型医药企业持续 6 年的追踪结果可看出，研发巨头的投资回报率从 2010 年的 10.1% 下降至 2016 年的 3.7%。与此同时，研发一个新药的平均成本已经从低于 12 亿美元增长至 15.4 亿美元，而且需要耗时 14 年才能推出一个新药。一些大型生物制药公司的研究开发费用占销售额的比率超过40%，最多的公司单个新药的研发费用高达118 亿美元（阿斯利康）。

高风险　新药发现过程是一个耗时、耗资的过程，且成功率无法预见，既有产品开发风险也有市场竞争风险。国际上新药开发成功率只有1/10 000～1/5 000。同时，“抢注新药证书、抢占市场占有率”是厂家激烈竞争的焦点。

高收益　生物医药产品一旦开发成功投放市场将获暴利，一般一种新生物药品上市后2～3 年即可收回投资，尤其是拥有新产品、专利产品的企业，会形成技术垄断优势，利润回报高达10 倍以上。生物医药产业利润率达到17.6%，是信息产业（8.1%）的两倍多。

产业化、上市营利的周期长　生物医药从基础和应用成果的研究和开发，到中试和规模生产，再到产品投放上市的整个过程，涉及多学科、多阶段、多主体，一般需要8～10 年，甚至10～12 年。海外较为成功的生物医药公司从成立到上市的平均年限为4 年，上市后到营利的平均年限为7 年，营利之后企业将出现非线性增长。

目前，全球生物医药产业主要集中分布在美国、欧洲、日本、印度、新加坡、中国等国家和地区，其中美国、欧洲、日本等占据主导地位，尤其是美国占有世界近六成生物药专利。我国的生物医药产业处于高速成长期，但因为生物医药产业有上述“四高一长”的特点，对人才及产业配套的需求较高，所以国内发展生物医药研发主要集在北京、上海、深圳及苏州等地，生物制药集中在山东、河北、云南、长春、广东等地。

广州是华南医药流通中心，市场辐射至东南亚地区，是华南地区医疗中心，医疗资源拥有量居全国第三位，同时也是生物医药流通的重要城市。广州开发区是广州生物医药产业的核心地区，全区生物医药与健康产业企业500多

图4-9 广州国际生物岛（陈加林/摄）

广州国际生物岛原名“官洲岛”，是位于广州市东南端、沿珠江后航道发展带上的一个占地1.8平方千米的岛屿。2011年“开岛”以来，生物岛已聚集军事科学院华南干细胞应用技术转化中心、绿叶·新日本科学再生医学中心、赛默飞、百奥泰、金域检验、赛莱拉等上百家生物企业。

家，其中规模以上 80 多家，生物医药产业年产值约 500 亿元，约占全市同行业的 60%。

需要指出的是，在生物医药研发创新方面，广州的实力和影响力曾一度落后于北京、上海、深圳、苏州等地。但是随着广州国际生物岛、广州科学城、广州知识城等生物聚集区相继形成，2017 年 GE 医疗等国际“大咖”和一系列国际前沿的创新医药企业落户，广州生物产业已发生了深刻的变革，已然成为业界的“广州现象”。从目前来看，广州的生物医药产业水平已处于国内第一阵容。

广州开发区对生物医药产业的招商，主要有以下几招：

打造生物聚集区 广州科学城建设初期，便将生物医药产业作为重点产业。经过 10 多年的发展，目前广州科学城内已聚集了全区 70% 的生物医药企业。在科翔路与神舟路汇成的椭圆形范围内，数十家生物医药企业依山而建，包括达安基因、万孚、康盛生物、悦康生物、香雪制药、铭康生物、朗圣药业等，形成以保健食品、医疗器械、现代中药为主导的生物医药与健康产业体系。离该地区不远的范围，还有冠昊生物、阳普医疗等创新企业，并有华南新药创制中心、中科院广州生物医药与健康研究院等 10 多家专业研发机构及技术平台。

广州国际生物岛，占地面积 1.8 平方千米，原为海珠区辖区的一个江中小岛，像一滴水珠滴落在珠江之心。这里是广州高新区的组成部分，由广州开发区负责管理和运营，是广州国家生物产业基地的核心区、中以生物产业合作基地，已聚集上百家生物企业，并配套科技产业单元等研发设施、科学家公寓等生活设施，正瞄准生物医药最前沿技术领域，对标打造具有国际影响力的生物医药创新创业中心。

中新广州知识城北部，依托 GE 等龙头项目，3.4 平方千米的生物医药价值创新园依山而建，主要引进国际高端生物药制造企业，同时建立生产、生态、生活相结合的新园区模式，形成药物制造和医疗服务产业聚集区。

细分领域“单打冠军”涌现 基于生物医药有“四高一长”的特点，广州开发区用十余年的时间，通过引进海外归国留学人才（据统计，在广州开发区创业的海归人才，约有 30% 从事生物医药产业），并承接学研机构产业化项目，培育了一大批创新能力强、发展潜力大、具有独角兽气质的企业。以下这批企业均是细分领域的单项冠军——

1. 达安基因：PCR 荧光检测试剂全国第一。

2. 铭康生物：注射用重组人 TNK 组织型纤溶酶原激活剂（铭复乐），填补国内空白。

3. 锐博生物：国内首条寡核酸 cGMP 生产线（即核酸药物生产车间），填补国内空白。

4. 冠昊生物：诱导再生功能新型生物材料及其制品全国领先。

5. 瑞博奥生物：全球规模最大、种类最多的蛋白芯临床诊断产品生产线；定量检测超过1 000 种蛋白，全球第一。

6. 金域检验：全国首家获得医疗机构执业许可证的独立临床实验室，全国规模最大的第三方医学检验机构。

7. 迈普生物：全球首个生物3D 打印人工硬脑膜产品。

8. 赛莱拉干细胞：中国新三板首家干细胞挂牌上市企业。

9. 阳普医疗：国内临床检验实验室标本分析前变异控制技术领军者。

10. 益善生物：亚太地区规模最大的专业从事液相芯片系列产品开发的企业，目前国际个体化医疗联盟的唯一中国单位。

11. 倍绣生物：从哺乳动物血中提取生产纤维蛋白胶类产品创世界首例。

12. 贝恩医疗：中国规模最大、技术领先的血液净化类医疗设备制造商。

13. 万孚生物：国内首家“零缺陷”通过美国食品与药物管理局现场考核的体外诊断试剂企业，建立了具国际先进水平的胶体金快速诊断试剂生产线。

14. 朗圣药业：全球首个肠溶剂型的事后紧急避孕药。

15. 凯普生物：国内领先的核酸分子诊断产品提供商。

16. 优得清生物科技：自主研发并拥有知识产权，目前全球唯一以复明性为主要疗效指标的脱细胞角膜植片。

17. 扬子江药业集团广州海瑞药业：枸地氯雷他定片、氨氯地平贝拉普利片（I）全国领先。

18. 香雪制药：抗病毒口服液全国同类市场第一。

19. 白云山中一药业：“消渴丸”全国同类市场第一。

20. 广州纳泰生物医药技术有限公司：世界首个专用于增生性瘢痕治疗的药品科特拉尼进入临床试验，实现我国自主创新的核酸干扰药物临床试验“零的突破”。

21. 中科院广州生物医药与健康研究院：世界首台全自动化干细胞诱导培养设备通过验收。

广州开发区依托达安基因、阳普、冠昊等上市公司为主创建的生物医药专业孵化器集群20个，形成了由生物企业内生孵化模式，目前这批孵化器已入驻企业300多家。其中，达安创谷在2016年被科技部认定为首批国家专业化众创空间示范单位，入驻企业已约150家。专业孵化器内设有实验动物公共服务大平台、中药提取关键技术平台、抗体药物关键技术平台、个体化医疗新型共性技术平台、再生医学公共技术服务平台、核酸类国家标准物质和质控品与产业化平台等，形成了涵盖生物医药研发试验、中试和检验检测环节的公共技术服务平台体系。有达安基因等企业作为先导，再有专业的孵化器和专业技术平台，很多企业少走了弯路。

引进枢纽型药企 生物医药企业具有高度聚合的特点，引进一个枢纽型企业，往往能带动一批产业进驻。

2017年，GE生物科技园项目在中新广州知识城破土动工，以数个GE独创的“乐高式”模块化生物制药工厂为核心，打造世界领先、国际一流的生物医药与健康产业的创新特色园区，建设单克隆抗体类生物药品生产基地。

GE积极发挥对接高端生物制药客户的资源优势，积极引荐广州开发区招商团队与百济神州团队对接，在短时间内促成百济神州生物药项目落户并动工建设。

康方生物是一家由“千人计划”专家领头的海归团队创办企业，是国内单克隆抗体药物自主研发的领军企业，也是GE成套设备的使用者。经GE引荐，目前康方生物已确定进驻知识城生物产业园，并使用GE的KUBio™模块化工厂。

绿叶生命科学同样是GE设备的使用者。这是一家中国领先的创新型国际性制药企业，按销售收入计算，绿叶制药已进入国内药企前二十强。公司现有30多个上市产品，业务已覆盖中国、美国、欧洲及其他国家或地区。2017年5月初，广州开发区与绿叶生命科学集团签署战略合作协议。绿叶生命科学计划建设广州绿叶生命科学产业园，包括华南总部、制药基地、医疗中心、专业医院等项目，并与GE在生物类似药和生物创新药方面开展合作。绿叶生命科学还与新日本科学合作，在生物岛建设绿叶华南再生医学中心。

广州生物医药产业腾飞的龙头①

——通用电气（GE）生物科技园项目引进记

世界500强通用电气（GE）在广州开发区的知识城设立GE生物科技园，首期占地面积35万平方米，投资总额约8亿美元，同时吸引多家顶尖生物制药企业落户，预计达产产值40亿～80亿美元，将建成中国最大、影响全球的生物创新药生产基地。

这一项目的特点在于：

采用全球领先的设备工艺 该项目是按“GE运营+多个药企进驻生产”的模式建设的生物科技园，以多个GE独创的“乐高式”生物制药模块化工厂（KUBio™）为核心。

KUBio™模块化工厂概念如下：

——车间设计标准化

——方案包含全部GMP相关工艺设备和系统

——全部使用一次性工艺技术

——模块化建造工程

——交钥匙工程，包含安装及运行验证

——高度弹性生产概念

——快速到达GMP等级生产

KUBio™模块化工厂特点为：

——速度快：可于18个月内完成符合法规规范的设施建设

——高弹性：借一次性技术达成多产品或高通量生产

① 本文作者系广州开发区投资促进局李凌。

——低风险：标准化 GMP 产房设计

——易于管理：单一窗口对接服务

——高质量：在可控制的环境下完成标准工艺生产

——提前了解投资总金额和风险

引领全球的创新园区模式　GE 医疗精于大型高端医疗设备制造，全球绝大部分的主要药厂都使用 GE 医疗生产的设备，部分器械在生物制药领域的市场占有率高达 90%。此次以投资产业园来吸引 GE 医疗合作伙伴共同开拓中国市场的模式，也是 GE 医疗在全球策略创新转变的探索，GE 评估该模式领先于竞争对手 3~4 年。

自带顶级朋友圈的招商网络　GE 生物科技园项目的成功引进，符合美国兰德公司在知识城发展战略研究报告中提出的：引进引领性“主力机构”的战略。这一项目将引进数个实力强大的企业进驻，并带来大量的金融、人才、技术、上下游企业集聚效应，具有很强的带动力。

知识城高端产业集聚的酵母　知识城基于广州开发区 30 多年的产业基础，亟须国际知名企业进驻增强区域的影响力。通过 GE 项目的进驻和引领，与广州开发区新进和原有企业均产生活跃的“酵母”式互动，对完善全区生物医药产业链意义重大。

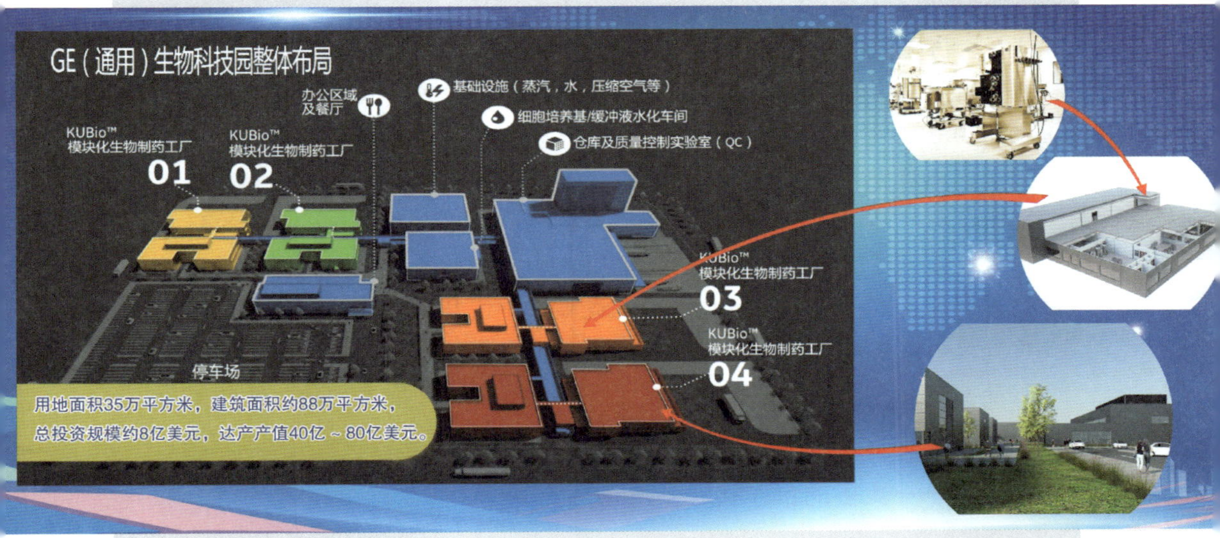

图 4-10　GE 生物科技园布局图

缘起——顶层设计直接推动

在政企高层顶层设计的引领下，广州市成为GE生物科技园项目选址的候选城市之一。2015年10月16日，GE生物科技园项目考察团（下称“GE考察团”）初次接触广州，听取了多个市属区的推介讲演，并到广州开发区就生物科技园选址进行首轮考察。在市商务委、市投资促进中心的组织下，时任广州开发区投资促进局局长洪谦、副局长邵静波初次与其见面，在备选地块介绍中首次采用了无人机高空全息图、全程英语讲演交流，让GE考察团有身临其境的深刻体会。

通过推介和现场考察，GE考察团对广州开发区投资环境表示满意。广州开发区代表广州市进入了GE生物科技园项目的候选区域。随后广州开发区多轮主动拜访GE高层，就园区集中多家药企的新模式管理问题，多次拜访国家、省、市食品药品监督管理部门，获取指导和支持；举办生物医药企业对接会，邀请GE来区就生物科技园项目进行讲演对接，促进了项目对接交流。

2016年6月30日，广州开发区与GE签署了项目合作谅解备忘录；当天下午，GE高层考察知识城，确定了项目选址。

缘定——GE项目开启建设

2017年6月23日，GE生物科技园项目奠基。GE在园区先行投资建设了GE生物医药GMP生产中心（简称“Bridge项目”）。

Bridge项目投资总额约1亿美元，注册资本3400万美元，占地约2万平方米。由于研发中试涉及创新型生物制药企业客户最核心利益的知识产权保护问题，为消除入园客户疑虑，项目公司由GE 100%控股。

Bridge项目通过提供生物制药临床前期、临床Ⅰ期、临床Ⅱ期的研发试验平台，有利于降低创新型生物医药企业的前期成本，加快生物药研发和产业化进程，有利于吸引通过该平台完成临床Ⅰ、Ⅱ期后，进入临床Ⅲ期和商业化阶段的新药项目就近落户知识城生物医药产业园。

受GE生物科技园吸引，百济神州生物药项目、康方生物、绿叶制药、瑞士龙沙等重点项目相继集聚落户。

缘泽——更多的合作机遇步入正轨

GE生物科技园模式，对GE在全球的实践中也是一个创新和探索的过程。这是亚洲第一个，同时也是全球第二个GE生物园。随着项目推进，GE

反馈：由于广州开发区工作效率高，项目进展迅速，真正体现了“中国速度”，甚至比其他生物园进展更快。由此，更多的国际生物制药企业开始关注广州开发区，在GE的引荐下到本区考察洽谈。

此外，在生物项目合作顺利的基础上，GE海上风电运营和研发中心项目也于2018年落户广州开发区。

GE模式引来联合国大奖

2019年11月11日，在瑞士日内瓦召开的联合国贸易和发展会议(UNCTAD)主办的第二届“投资可持续发展目标大使”圆桌会议期间，广州开发区管委会因成功引进GE生物科技园项目及在促进国际投资方面的突出贡献，获颁联合国“2019年度全球杰出投资促进机构大奖”。

本项大奖共有29个国家或地区的项目参评，先评选出十强：美国、俄罗斯、阿联酋、南非、斯里兰卡、非洲莱索托、哥伦比亚、埃及各1家和中国2家。最后广州开发区脱颖而出，成为唯一获此奖项的中国机构，也是全球3家获此奖项的机构之一。获得该奖项，体现了国际社会对广州开发区、广州乃至中国投资促进工作的高度认可，也是中国营商环境持续向好、逐步参与国际竞争的一个缩影。

经过联合国贸发会议组织的周密评选，广州开发区成为获奖的唯一中国机构。联合国贸发会议组织评审官员表示，广州开发区成功引进GE生物科技园项目，将实现更低成本的癌症药品的产业化，是有利于全球人类健康的可持续发展项目，联合国贸发会议组织高度关注和期待本项目的成功实施，有机会将到广州开发区GE生物科技园进一步实地考察。

融入国际生物网络 目前，国际生物医药行业的优质资源主要集中在欧美地区。广州开发区积极融入国际生物产业网络，其中较有特色的是“搭桥”招商——通过搭建“中英生物科技之桥”“中以生物科技之桥”等国际高端合作平台，建设“中英生物科技园”“中以生物科技孵化器”，促进中外生物科技交流，对合作成果进行集中孵化和商业化。

“中英生物科技之桥”（下称“中英桥”）是生物岛“搭桥”招商的代表。“中英桥”由英国政府资助，英国研究理事会、贸易投资总署委托英国布莱福德大学将英国先进的生物科研技术带到中国交流合作的项目。分为三个阶段，第一阶段为中英双方联合举办开放创新研讨会和项目对接会产生中英合作项目，由中英双方的专家组对这些项目进行评审，优中选优。广州开发区根据评审结果，对入选项目给予直接资助，每个项目最高资助额不超过200 万元，每届活动项目资助总金额定为2 000 万元。第二阶段是每个中英合作项目设立合作公司，开展合作研发与技术创新，对项目进行孵化和培育。第三阶段是将研发成果商业化和产业化。经过几届发展，“中英桥”已成为广州对接英国生物资源的 “广交会”，对接项目上百个。

广州开发区还依托区内企业延揽海外生物资源，包括与医疗检测龙头企业金域香港公司合作，在香港科技园联合设立 “香港创新合作工作站”，致力于引导香港先进技术企业到区内产业化；利用香雪制药、冠昊、达安基因等区内优秀企业在海外设立分支机构和孵化研究中心，开展技术合作及引进国际生物人才项目。

从以上分析可以看出，生物医药产业是当前广州开发区发展最为迅猛的产业。一方面，这一产业有望涌现出一批高端大型制药企业，将会释放巨大的产能，形成千亿级的产业集群，成为经济发展的新动能。另一方面，生物产业技术含量高、创新能力强，将成为全区经济高质量发展的标志性产业。

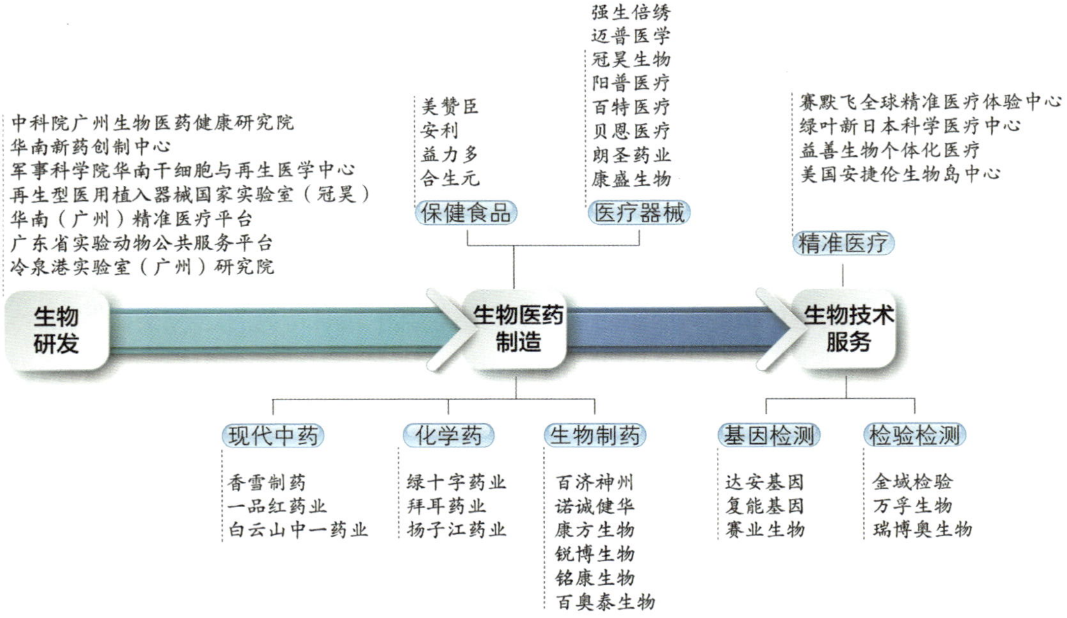

图4-11　广州开发区生物医药产业链

值得注意的是，生物医药是极为庞杂的产业，当前广州开发区正集中发展生物医药的三个细分类别，有的放矢地培育独特的产业优势。

单抗（PD-1）程序性细胞死亡蛋白 -1（programmed death-1，PD-1）及其配体（PD-L1）抑制剂是免疫哨点单抗药物，是近年来肿瘤免疫疗法研究的热点，其独特的作用机制和出色的临床表现，在近期得到了官方和市场的认可，将会迎来大爆发。随着百济神州等企业落户，广州开发区在这一行业已具备一定的实力，可趁势而上，聚集更多同类企业，形成产业集群。

体外诊断（in vitro diagnostic products，IVD）是指通过对人体样本（血液、体液、组织等）进行检测而获取临床诊断信息，进而判断疾病或机体功能的产品和服务。由于体外诊断方式能在疾病早期快速准确地诊断，在临床医疗和相关医学研究领域中发挥着越来越重要的作用，IVD 在全球及国内医疗服务市场都得到了快速发展。广州开发区可依托赛默飞、安捷伦、金域检测等 IVD 行业企业，将 IVD 产业打造成为具有国际影响力的生物医药品牌。

细胞治疗（CAR-T）是指嵌合抗原受体 T 细胞免疫疗法，也是治疗癌症等疾病的一种有效办法，被认为是最有前景的肿瘤治疗方式之一，目前技术已成熟。香雪制药等企业已具备国际实力，可作为发展的重点。

五、未来可期的新能源产业

按照2012 年国家统计局印发的《战略性新兴产业分类（2012）》，新能源产业的行业分类分为核电、风能、太阳能、生物质能源及其他新能源、智能电网等五大产业类型。常与新能源产业相提并论的另一个产业是节能环保产业。这一产业是指为节约能源资源、发展循环经济、保护环境提供技术基础和装备保障的产业，主要包括节能产业、资源循环利用产业和环保设备，本节讨论新能源产业也包括了节能环保产业的内容。

与其他产业类型不一样，新能源与节能环保产业是典型的政策拉动和法规驱动型产业，例如新能源汽车就是典型的例子。这是因为：

1. 新能源与节能环保产业主要是由公众需求驱动的。只有经过政府制定的环境法规、标准和各种环保方针政策以及强化执法力度，才会转化成为巨大的现实市场需求，才会形成产业发展的土壤，由此形成了新能源与节能环保产业所特有的政府驱动机制。

政府通过制定有关的环境标准，并采取经济刺激手段（包括财政补贴、减免税、低息贷款、折旧优惠、奖励制度等）、环境强制手段（包括处罚制度、贸易许可证等），以此引导新能源与节能环保产业投资方向与投资强度，使该产业发展具有原动力。

2. 政府的政策法规还引导着社会公众的消费方式和消费习惯，使公众的节能环保意识不断增强，成为推动该产业发展的重要力量。

3. 随着世界经济一体化的发展，各国在环境保护法规和政策方面的相互影响越来越大。国际环境条约和发达国家的环境法规体系，对很多国家产生了很大影响，对各国新能源与节能环保产业的发展构成了重要的压力和推动力。

当前，大力发展新能源已成为世界大多数国家的共识。美国正在大力推动新能源战略，提出到 2030 年清洁能源达到 30% 的目标；欧盟提出到 2020 年可再生能源比例达到 20%；我国将新能源作为战略性新兴产业之一。可见，发展新能源产业已成为各国摆脱传统能源掣肘、占领未来经济新增长点的重要举措。

发展新能源产业成为很多专家的呼声。美国作家托马斯·弗里德曼继《世界是平的》一书后又一引起世界轰动效应的新著《世界又热又平又挤》。他提出当今世界发展的五大趋势：能源与资源的供需失衡；石油生产国的垄断性经营；地球气候变暖；能源日益匮乏；人口爆炸性增长、无节制开发和环境污染导致生物多样性消失。弗里德曼呼吁大力开发、使用清洁能源，如太阳能、风能、潮汐等，进行新的“绿色能源革命”，才是正确的可持续发展道路。

广州开发区目前拥有新能源与节能环保产业企业约 200 家，规模以上企业约 80 家，规模以上企业主营业务收入约 260 亿元，营业收入过亿元的企业有 10 余家。广州开发区对该行业的招商策略包括以下方面：

引进龙头企业 广州开发区瞄准世界 500 强企业，开展密集的招商引资活动——南方电网是世界500强企业、中央大型企业，供电区域为广东、广西、云南、贵州和海南，负责投资、建设和经营管理南方区域电网，经营相关的输配电业务，参与投资、建设和经营相关的跨区域输变电和联网工程；从事电力购销业务，负责电力交易与调度等业务。近年来，广州开发区引进了南方电网总部及南方电网超高压总部项目。这一项目位于科学城中心区，是广州开发区标志性总部项目，也是区内产值最大的能源企业。

三菱电机（广州）压缩机有限公司是1994年在广州开发区设立的老牌企业。这家公司采用日本三菱电机的先进技术，专业生产和销售具有高效率、高可靠性、小型、轻量、低噪声等优越性能的空调用旋转式压缩机，以先进的技术和优秀的品质赢得国内著名空调厂家（如格力、志高、海尔、华凌等）的青睐，多次被空调厂家评为优秀供货商。公司生产规模不断扩大，由成立之初的25万台/年产能力，发展到现在的780万台/年产能力，年营业收入达到30亿元。

西门子于1998年在广州开发区设立了变压器公司，主要产品为电力变压器和干式变压器，年产值超10亿元。2018年1月，西门子与广州穗开电业有限公司共同成立合资公司广州穗开智慧能源有限公司，为广东省范围内的分布式能源系统、智能微网和智能电网系统项目提供整体技术解决方案及交钥匙工程服务，业务范围涵盖分布式能源系统的融资、咨询、设计、建设、运营、维护等全价值链环节。

通用电气（GE）集团是风电机领域的龙头企业。2018年7月19日，通用电气（中国）有限公司与广州开发区签署合作备忘录。GE中国将在广州开发区设立其在亚太地区的首个海上风电运营和开发中心，负责海上风机本地化生产流程优化和改造，针对中国市场优化海上风机设计和适应性改造，打造海上风电本地化运营数据中心、运维服务中心、供应链中心等。

GE在海上风电研发和设计方面的实力雄厚。2018年3月，GE公布将开发功率最大、功能最强的海上风电机组 Haliade-X。Haliade-X 12MW 机型从基座到叶尖高达260米，被称为“海上摩天大楼”，比纽约著名的洛克菲勒中心还要高出1米，是法国巴黎标志性建筑凯旋门的5倍以上，风轮直径220

米，其中107米长的叶片将成为目前世界上最长的海上风电叶片，相当于一个国际标准足球场。1台Haliade-X 12MW机型机组每年将发出高达6 700万度电，每台风机可为多达16 000户家庭供电。

拓展新能源汽车产业 新能源汽车是新能源产业发展的重要分支。广州开发区内，广汽集团已大规模进行新能源汽车的研发和生产。在新能源汽车电池方面，力柏电动汽车主要研发、生产拥有自主知识产权的大规格的磷酸铁锂电池和电池系统，并为电动大巴、轿车设计和建设充电站。鸿源燃料电池采用国家“863项目”“车用锌空气电池”的主要工艺技术，拥有完全自主的知识产权。

为推进新能源汽车产业的发展，广州开发区还在推广应用方面加大力度，包括在知识城、广州科学城布局电动智能汽车使用的区域，优先推广使用新能源汽车；对购买区内新能源汽车产业达到一定标准的企业给予奖励。

培育领军企业 目前，区内产值过亿元的新能源与节能环保企业还包括：广州迪森家用锅炉制造有限公司、广州在原电子有限公司、广州市高澜水技术有限公司、广东中科天元新能源科技有限公司、广州慧谷化学有限公司、广州广高高压电器有限公司、广州仪科实验室技术有限公司、广州泰菱科技研发有限公司、环亚（广州）环境科技有限公司。这批企业主要集中东区和永和片区，成为较为稳定的经济增长点。

广州开发区还在新能源与节能环保产业培育了一批上市企业、领军企业和瞪羚企业。例如，“千人计划”人才周振博士领导的广州市禾信科技有限公司是集质谱仪器研发、制造、销售及技术服务为一体的国家级火炬计划重点高新技术企业，拥有质谱核心技术、全套装配工艺和独立生产线，在国内率先实现质谱仪器产品自主正向开发。

近年来，广州开发区聚焦氢能源，通过引进国际氢能专家及核心企业，致力打造“中国氢谷”。

广州开发区进军氢能产业①

氢能具有来源丰富、质量能量密度最高、清洁无污染、与电能方便相互转换等优势特点，当前世界各国都在加快氢能的开发和利用，有着优越的市场前景。同时氢能及氢燃料电池对区域能源产业上下游有巨大带动效应，包括氢气制取、提纯、压缩、运输、电动汽车、备用电源、无人机等领域，将引领庞大的氢能产业集群聚集。2016 年 3 月，国家发展改革委、国家能源局制定了《能源技术革命创新行动计划 (2016—2030 年)》，部署氢能与燃料电池技术创新等 15 项重点任务，规划氢燃料电池发展路线图。根据该计划，氢燃料电池五年内有望实现规模化应用，到 2030 年，我国将要实现大规模氢的制取、存储、运输、应用一体化，实现加氢站现场储氢、制氢模式的标准化和推广应用；完全掌握燃料电池核心关键技术，建立完备的燃料电池材料、部件、系统的制备与生产产业链，实现燃料电池和氢能的大规模推广应用。

近年来，广州开发区在氢能产业上发力，签约引进了一批重点项目，项目所涉及领域覆盖氢能源领域的全产业链板块，为氢能源产业发展的良好布局打开新篇章。其中，广州开发区与德国开姆尼茨技术大学（简称“TUC”）开展合作，在区内成立“中德能源创新研究院”，以氢能源产业化应用技术研发、人才培养为主要内容，以市场化手段运营管理，积极推进双方在氢能领域的合作。另外，广州恒运企业集团股份有限公司和广东中欧企业合作促进中心合作建设“氢能价值创新产业园”，为氢能源项目的落地提供载体支撑。双方将着力整合实现氢能源应用技术研发、中试研发、生产制造、氢能源应用示范、综合服务的园区功能，并适时设立氢能产业投资基金，吸引国内外优秀新能源新材料企业进驻。

在具体产业化项目方面，2018 年 2 月 26 日，总投资约 8 亿元的鸿基创能氢燃料电池膜电极产业化项目在广州开发区落户。项目所生产的膜电极产品为燃料电池电堆的核心组件，包含了质子交换膜，催化剂层，气体扩散层组成的复合功能材料。目前该项目已取得约 5 万平方米用地，将于 2018 年底试生产，2019 年实现年产 10 万平方米膜电极的规模，2020 年实现大规模产业化。

鸿基创能氢燃料电池膜电极产业化项目由 8 位海外归来的氢燃料电池顶

① 本文由黄嘉庆综合关于广州开发区发展氢能产业的相关新闻报道整理。

尖技术人员作为核心技术团队成员。其中包括国际公认燃料电池电催化和膜电极的世界领军人才，加拿大国家工程院院士、世界顶尖燃料电池专家叶思宇院士。

叶思宇院士在燃料电池方面具有30余年研发和产业化经验。在任世界知名燃料电池企业巴拉德动力有限公司首席科学家期间，叶思宇院士本人发明的43项专利技术是巴拉德动力有限公司最核心的专利组合。在叶思宇院士的带领下，巴拉德动力有限公司开发出世界最高水平的燃料电池催化剂层，直接领导了燃料电池核心组件膜电极的生产工艺过程开发，使巴拉德公司成为世界上极少数几个能大规模工业化生产膜电极的先进企业。

作为广州开发区第一位全职工作的院士，叶思宇院士将在鸿基创能氢燃料电池膜电极产业化项目中担任首席技术官职务，助力该公司推动高性能膜电极研发生产，填补中国高能量密度膜电极制造的空白，大幅降低氢燃料电池汽车领域生产成本。

HTWO 广州落地

广州开发区管委会于2021年引进的现代汽车氢燃料电池电堆系统项目（HTWO 广州），是世界500强企业现代汽车集团在海外投资建设的首个氢燃料电池系统研发、生产、销售基地，也是全球氢能产业尖端水平的安全、环保、智能工厂。项目选址中国广东省广州市黄埔区，总投资额85亿元。该项目已于2023年6月建成并量产销售。整个项目从拿地到投产用时不到1年。

HTWO 广州项目落户，不但会产出数十亿元的产值，提供就业机会数千个，还对经济脱碳带来较强的示范效应。HTWO 广州一期6 500台套氢燃料电池系统全部投入车辆运营后，预计每年可减碳21.8万吨，相当于种下超500万平森林。

为促进以HTWO 广州为龙头的氢能产业发展，广州开发区管委会出台了氢能产业专项政策，设立50亿元的氢能产业基金，迅速聚集近百家氢能企业，形成了从上游制氢储氢企业，到中游燃料电池电堆及动力模块生产厂商，再到下游整车企业的全产业链。其中，促成HTWO 广州与十余家中国企业开展合作。同时，广州开发区建成了加氢站10座，并已成功推广物流车、环卫车、公交车等以商用车为主的氢能示范应用场景。

未来 HTWO 广州将继续协同全球优秀企业，持续将包含先进的氢能技术、氢能产品和氢能生态在内的“全方位氢能解决方案”进一步落地中国，助力中国加速迈入氢能社会，早日实现“高质量发展”和“双碳”目标，推动全球氢能生态系统建设和推广应用。

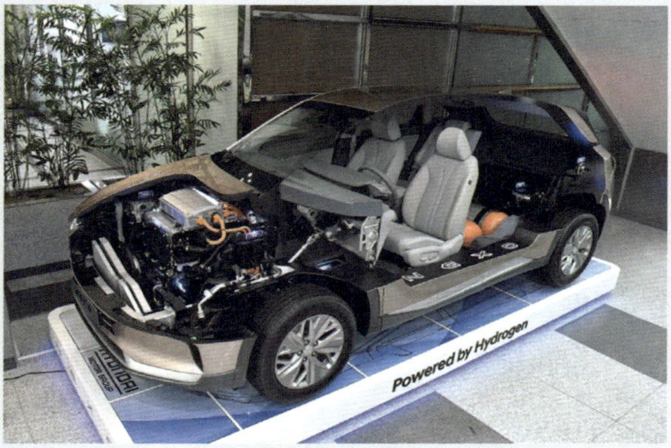

图4-12　现代氢能源汽车

综上，广州开发区已聚集了一批较为先进的新能源与节能环保产业企业（如图4-13），在这一潜力产业的发展上已打下了基础。

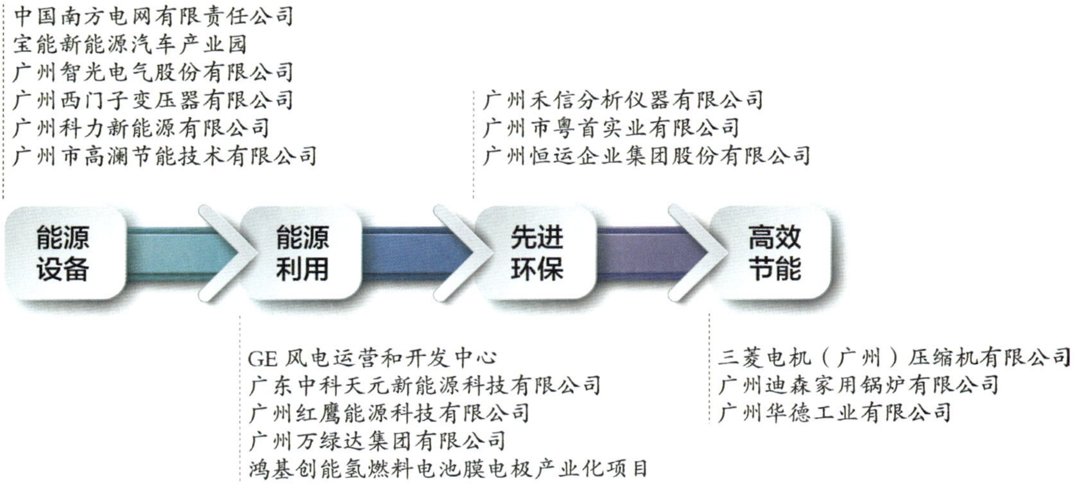

图4-13　广州开发区新能源产业链

六、特色明显的新材料产业

新材料是具有高技术含量、高价值的知识密集和技术密集的新型材料。新材料产业的特点有以下几方面：

1. 产业覆盖范围广。新材料种类纷繁，涉及多个不同的行业。不仅有市场一度热衷的纳米材料、磁性材料等产品，还有与能源结合紧密的新型能源材料，与信息产业紧密结合的光电材料，更有聚氨酯、氯化聚乙烯、有机氟材料等传统的高分子材料。

2. 资本、技术密集。新材料行业涉及自然科学和工程技术，多学科交叉渗透，知识和技术高度密集。新材料行业的放大技术复杂，行业装备一次性投入大，尤其是在工程化研究以及建立规模经济生产线时，更要求较大的资本投入。

3. 产品附加值较大。新材料产品的附加值普遍较高，相关企业的营利能力强。比如有机硅行业，最近几年的行业毛利率（超过40%）远高于普通化工产品的毛利率（不到20%）。另外，新材料行业一般不会大起大落，行业景气周期长。

欧洲共同体的“科技预测评价”FAST 项目曾把信息技术称为今天的技术，新材料技术称为明天的技术，生物技术称为后天的技术。近10年以来，世界材料产业产值以每年约30%的速度增长。目前全球新材料市场规模已超过4 000亿美元，由新材料带动而产生的新产品和新技术则是更大的市场。新材料产业作为战略性产业日益受到世界各国的重视，美、日、德等发达国家纷纷制订新材料产业发展计划。

广州开发区新材料企业约有250家，年工业总产值达约700亿元。产值主要集中在高端金属材料、高性能高分子材料两个领域。其中产值超百亿元的企业有2家，即联众（广州）不锈钢有限公司和广州金发科技股份有限公司，产值超十亿元的企业超过10家，主要集中在金属行业。广州开发区对新材料产业项目的引进和集群打造方式如下：

吸引新材料巨头集聚　从新材料产业的全球分布情况来看，发达国家（如美国、欧盟、俄罗斯、日本、韩国等）在新材料产业上处于全面领先地位，拥有大批知名企业。

广州开发区依托广东雄厚的制造业基础及庞大的市场需求，吸引了杜邦、陶氏化工、霍尼韦尔、住友集团、三井化学、三菱、旭硝子、电气硝子、LG化学、巴斯夫集团、美国3M、德国拜耳等在区内设立了生产基地，有些甚至设立了多个生产基地，已成为华南地区较为密集的新材料产业基地。

例如，美国3M是世界500强企业，素以勇于创新、产品繁多著称于世，在其百多年历史中开发了6万多种高品质产品，覆盖家庭用品、医疗用品、运输、建筑、商业、教育和电子、通信等各个领域。早在2006年，3M公司便在广州开发区投资设厂，该公司负责人表示："3 M超过一半的客户均集中在华南地区，为本地客户提供'贴身服务'成为我们建厂的首要考虑。"随后，3M又在广州开发区新增了10多条生产线，扩大产能，并生产新型产品。

从3M的发展历程来看，深入挖掘现有企业增资扩产、引进新产品的可能性，是广州开发区新材料产业招商的一大方向。

推动新材料与相关产业融合　新材料产业与其他产业的关联性较高。广州开发区依托较为扎实的产业基础，推动材料产业与其他产业深度融合，在高分子材料、信息技术、生物医药、新能源等应用领域具备一定的发展优势，形成了独具特色的产业集群。

在高分子材料领域，以广州金发科技股份有限公司（下称"金发科技公司"）、广州毅昌科技股份有限公司为代表，其产品广泛应用于汽车、通信、家用电器、建筑、灯饰和电动工具等行业。

其中，金发科技公司是广州开发区自主培育的新材料龙头企业。目前旗下拥有41家子公司，在南亚、北美、欧洲等海外地区设有研发和生产基地。金发科技公司的产品以自主创新开发为主，已形成包括改性塑料、完全生物降解塑料、高性能碳纤维及复合材料、特种工程塑料和环保高性能再生塑料等五大类产品，广泛应用于汽车、家用电器、现代农业、轨道交通、航空航天等行业。公司连续十几年国内市场占有率稳居第一，已成为全球第二大改性塑料生产企业，是全国改性塑料行业首家上市公司，也是全球化工新材料行业产品种类最为齐全的企业之一。2017 年，金发科技公司在中国 500 强排行榜中公司排名第 334 位，总营业收入及净利润分别为 231.37 亿元、5.479 4 亿元。

在新能源材料领域，主要包括储氢合金材料为代表的镍氢电池材料、锂离子电池材料、燃料电池材料、Si 半导体材料为代表的太阳能电池材料和发展风能、生物质能以及核能所需的关键材料等。包括荷力胜蜂窝制品公司、海聚高分子材料公司等由海外归国人才创立的新型项目。

在生物医用材料领域，包括迈普医学、冠昊生物等再生医学材料。这类新材料项目产业技术和人才密集度最高，虽然大多数企业仍处于初创阶段，但爆发力强大，是广州开发区新材料产业重点培育的方向。

在电子信息材料领域，主要依托广州开发区的平板显示产业发展，引进从事 PCB 材料、偏光片、电子陶瓷材料、光纤通信材料等电子信息材料企业。例如 LG 化学偏光片、智水电子材料、松下电子材料等项目。

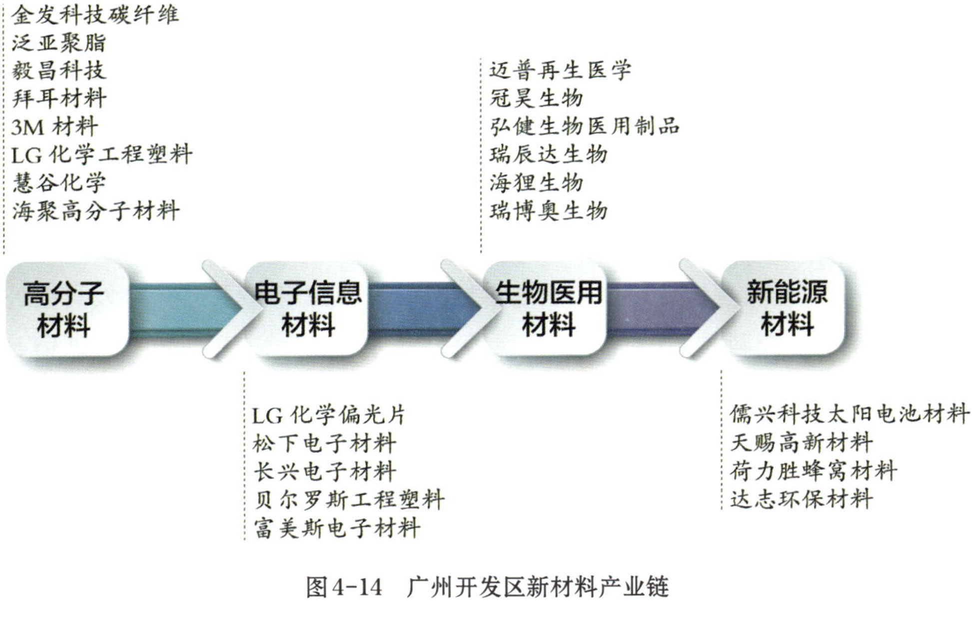

图 4-14 广州开发区新材料产业链

广州首个大型偏光片项目落户广州科学城[①]

2018 年初，株式会社 LG 化学在广州科学城动工建设大型制造工厂。这是广州首个大型偏光片生产基地，将成为广州开发区新材料产业的代表性项目。

炙手可热的偏光片

偏光片（polarizer）全称为偏振光片，可控制特定光束的偏振方向。液晶显示模组中有两张偏光片分别贴在玻璃基板两侧，下偏光片用于将背光源产生的光束转换为偏振光，上偏光片用于解析经液晶电调制后的偏振光，产生明暗对比，从而产生显示画面。

偏光片是液晶面板三大关键原材料之一，约占面板成本的 10%，而且面板越大，偏光片所占成本比例就越高。

株式会社 LG 化学作为韩国最具代表性的化学企业，在生物医药、基础材料、新能源电池等多领域拥有突破性的世界前沿技术。同时，作为大尺寸偏光片全球最大制造商，LG 化学是 LG 显示、三星电子、华星光电、京东方以及台湾富士康等面板大厂的主要供货商，也是该行业的龙头领军企业。

为应对终端市场的快速变化，满足不断成长的中国市场需求，LG 化学通过实施彻底的本地化策略，以差别化产品快速应对市场变化。在生产方面，目前国内企业仅能建设 1 490 mm 宽幅偏光片生产线，而 LG 化学建立了 2 300 mm 偏光片生产线，通过建立国内自主研发的技术组织，加强与原材料供应商的合作，开发符合中国市场需求的产品，并强化了针对本地客户的供应能力，成为真正意义上的中国本地化供应商。在成本方面，LG 化学的 2 300 mm 超宽生产线可以高效生产大尺寸电视面板，极大地确保了价格的竞争力，同时，通过开发差别化 PET（涤纶树脂）等多种新材料的应用，结合本地化的原材料供应体系，价格优势进一步凸显。

全力争取项目落户

为开拓中国国内市场，配套华南地区各面板制造商生产，LG 化学拟投资 3 亿美元就近设立 TFT-LCD 及 OLED 材料制造工厂，生产以偏光片为主

① 本文作者系广州开发区投资促进局肖由笛。

的面板材料，建成后产值可超过20亿元。

其实，早在2011年，LG化学就曾考虑在广州开发区投资偏光片项目，但因多种原因未落实。广州开发区负责对接的招商人员并未放弃，在长达7年时间里，坚持不断向LG化学战略企划负责人推送广州开发区的显示产业新发展与新的产业鼓励政策等信息，与其保持良好交流和紧密联系，并在2017年，再度捕捉到了机会。

为供应华南市场客户的需求，LG化学准备在某地设立偏光片工厂，并已与当地政府签署合作备忘录，一切似乎木已成舟。而广州在大型偏光片生产制造方面尚处于空白状态，且广州开发区正打造千亿级平板显示产业集群，引进LG化学项目意义重大。因此，广州开发区投资促进局坚持继续宣传区内营商环境，多番邀请项目负责人来访广州开发区。

LG化学项目负责人虽然面临来自两大客户就近投资建厂的压力，但基于广州开发区投资环境以及高效的政府服务等因素，决定优先考虑在此投资设立偏光片项目。

2017年9月19日，广州开发区主要领导与LG化学项目负责人展开会谈，向其进一步推介国际化现代化的园区环境及全国领先的优惠政策，展示了对项目的积极肯定与大力支持。会谈后，项目负责人当即决定向公司高层反馈此次访问情况。两天后，变更选址的方案基本被确定，LG化学启动在广州开发区进行偏光片项目建设的系列程序。这是广州首个大尺寸偏光片制造项目，填补了在大型偏光片生产领域的空白。

9个月即建成投产

2017年11月27日，项目通过区用地规划领导小组会议审议，正式启动用地出让系列手续。为了满足华南地区面板制造厂商的偏光片需求，项目必须迅速动工并在2018年底前开始投产，而仅仅两个月就从双方达成合作意向到地块开始准备出让，无疑又向LG化学的时间节点需求迈进了一大步，充分给予了项目方投资的信心。

2018年1月4日，作为偏光片项目公司的乐金化学（广州）信息电子材料有限公司正式注册成立，注册资本8 500万美元。项目环评等手续即刻开始申报，所有程序稳步向前。

2018年1月17日，项目投资合作协议完成签署。经过多次洽谈与协商，广州开发区切合实际需求，为 LG 化学偏光片项目量身打造了最为切合其需求的优惠扶持措施。从厂房代建到产值奖励，再至未来规划，全方位保证了 LG 化学以建设时间节点为首的各项目必要条件得到满足。

2018 年 2 月 5 日，项目于科学城东区开始打桩工作，正式启动建设，基础设施及后续建设也在紧锣密鼓结合工厂规划设计完善中。尽管在筹建过程中出现了施工场地复杂、施工安全等一系列困难，广州开发区仍攻坚克难，确保项目在 9 个月内即完成工程建设，得到企业的认可。

七、强本固基的先进制造业

以上章节分析的 IAB、NEM 产业，是广州开发区当前招商引资的重点产业。但也要看到，这五大产业中，除了新一代信息技术产业产值超过千亿元外，其他行业仍处于培育发展的阶段。作为广州的工业大区，广州开发区的其他超千亿元产值或接近千亿元的产业包括汽车制造业、精细化工、食品饮料、金属加工等，这些产业构成了全区实体经济的基础。

近年来，广州开发区根据本区实体经济发展的情况，确定了三个产业方向。一是继续引进高效益的实体项目，例如食品饮料、精细化工类的新项目或新产品；二是引进制造行业的高技术、高附加值环节；三是引进实体经济的研发、数字化及新模式项目。

深耕快消领域　快消行业是指消费频率高、使用时限短、拥有广泛的消费群体、对于消费的便利性要求很高的商品销售行业。这一行业看似并不“高大上”，有些甚至受市场影响而有较大波动（如方便面行业），但对于广州开发区乃至大多数开发区来说，食品饮料、精细化工等是发家的行业，也是生命力最旺盛的行业之一。

据 2012 年广州开发区发改局联合北京市长城企业战略研究所共同编制的一份产业分析报告，广州开发区 29 个工业行业中，高于平均值（5.73%）的有12个，低于平均值的有17个。食品制造业，燃气生产和供应业，精细化工制造业，纺织服装、服饰业和医药制造业占据前五位，说明这五个产业的发展效益是比较高的。从税收贡献绝对值看，前五位是精细化工制造业，食品制造业，计算机、通信和其他电子设备制造业，交通运输设备制造业和饮料制造业，这五个行业贡献了全区86%的税收，是全区最重要的支柱产业。可以得出，精细化工制造业、食品制造业在产值税收率和税收绝对值上均位列前五，是开发区的优势产业。

近年来，广州开发区抓住精细化工、食品饮料等快消行业不放松，推动玛氏箭牌、益力多、立邦等企业在本区扩大投资，并引进了爱丽思、露乐、舒克等一批见效快、经济贡献大的新项目。

玛氏箭牌就是一个典型的例子。

玛氏公司是一家私营家族企业，生产糖果、食物和宠物产品，并拥有成长中的饮料和健康保健业务。名下知名品牌包括德芙（Dove）、MILKY WAY、M&M'S、士力架（Snickers）等。箭牌公司是1989年在广州开发区成立的外商合资企业，是税收排名全区前三位、产值排名前十位的重点企业。2008年箭牌公司被玛氏集团收购。2017年根据玛氏集团全球业务整合的最新需求，玛氏集团将在中国的巧克力业务和箭牌糖果的业务进行合并，形成玛氏箭牌糖果中国总部，成立独立法人主体。这一项目的纠结点在于，如果新总部项目设在其他地区，则在本区的箭牌公司产值税收将会迅速减少。广州开发区意识到这是地区间的重大博弈，必须主动行动，开发区联同市商务委迅速与玛氏箭牌高层进行多轮商务谈判，并邀请省、市领导出面洽谈。基于箭牌在广州开发区20多年的发展，玛氏公司将新总部项目落户该区。

主攻高端制造 低端的重复制造行业的附加值较低，关键的高技术制造环节的附加值较高。例如，汽车产业属于资本密集、技术密集型产业，其产品是众多高新技术的结合体，是招商领域的必争之地。从汽车零部件成长周期看，汽车电子、变速箱、空气悬架系统等正处于导入期，技术竞争异常关键，发展空间非常广阔；发动机、制动系统、转向系统等正处于成长期，技术水平已经相对成熟，市场格局基本确立；车轮、车身及附件等附加值较低，行业竞争充分、激烈，基本处于发展成熟期。

广州开发区得益于区位、早期政策环境等优势，有效承接了日本汽车产业的转移。2003 年广州开发区汽车产业基地成立，成功引进本田生产技术（中国）有限公司，到引进广州日系三巨头的零部件企业，形成了比较成熟的汽车及零部件产业体系。

近年来，广州开发区大力引进变速箱、发动机、汽车系统等高附加值、大发展潜力的汽车制造环节项目，其中以卡斯马汽车系统项目为典型。

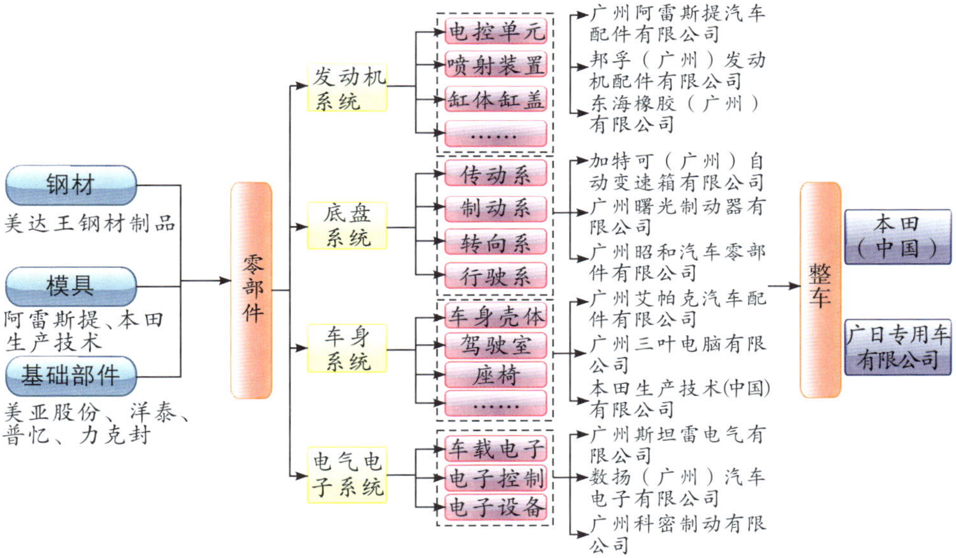

图 4-15　广州开发区汽车产业链

卡斯马汽车系统项目引进历程[①]
——9 个月速成世界 500 强汽车配件大项目

广州卡斯马汽车系统有限公司（以下简称“卡斯马项目”）由全球第三大汽车部件供应商、世界 500 强企业麦格纳国际（Magna International Inc.）与广汽集团零部件公司合资设立，是一家专业汽车零部件及总成制造企业，其客户主要为广汽菲亚特克莱斯勒、广汽本田、广汽丰田、东风日产等知名

① 本文作者系广州世星投资有限公司副总经理简若云。

汽车制造商。这一项目占地5.3万平方米，注册资本2 600万美元。

卡斯马项目属于快速引进、快速投产的代表性项目。广州开发区从2016年5月接触到项目的投资信息线索，迅速组织招商力量出击接洽项目投资者，全区上下及世星投资（招商公司），促使项目从2017年3月10日正式签约落户，6月1日动工，10月6日首期厂房竣工并投试产，仅仅用了不到7个月的时间（建设期4个月），刷新了广州开发区项目落户、筹建到建成投产的最短时间历史纪录。

一、项目引进过程中的执着和专业化、精细化服务，深深打动了投资者

1. 一切为了投资者，再苦的征途我们招商引资人也愿意踏上

卡斯马项目成立于2015年5月，当时仅租用了某地的单层厂房作为生产基地。由于场地无法满足卡斯马项目日益增长的客户需求和未来的长远发展，卡斯马项目需要寻求合适的用地建设自有厂房。2016年5月，在加拿大举行的中国（广东）—加拿大（不列颠哥伦比亚）经贸交流会上，卡斯马项目首次露出水面。

广州开发区招商部门及招商公司在了解到投资者相关投资意向后，立即组成招商小分队，主动出击与项目投资方进行接洽，从投资者最关心的投资政策、用地申报流程、筹建便利度、投资审批要求、当地产业配套情况、新建厂房与老旧厂房生产周期最佳衔接办法等核心事宜出发，有针对性、系统性地推介广州开发区整体投资营商环境及政策，提供专业化、精准化的解决方案。

由于卡斯马项目位于偏僻的城中村地段，招商人员的汽车驶出高速后，还要走一大段尘土滚滚、弯曲杂乱的小路。招商小分队为了给投资者提供更贴心的服务，每一次的洽谈议事都主动上门，在卡斯马公司内部会议室进行，尽最大可能让项目投资方感受到广州开发区的诚意和专业。

经过约半年时间的紧密接洽、沟通和反复谈判，卡斯马项目的投资方从众多候选选址区域中最终选择广州开发区。从此，卡斯马项目开启了从偏远城中村“蜗居发展”到国家级开发区“大展宏图”的变化之旅。

2. 为了投资者，再高的业务专业性要求我们招商引资人也要迎接挑战

双方合作协议签订后，广州开发区招商小分队即刻着手开展卡斯马项目

注册地址迁移、增资审批与土地招拍挂、前期筹建准备等具体工作。

卡斯马项目是全球500强企业，其内部管理流程非常严谨，每一份对外文件的签署都需要其董事会批准，时间流程很长。这就对招商人员在该项目引进办事过程中主导相关报批工作提出了更加严苛的业务要求。

为此，广州开发区的招商人员凭借数十年的招商经验与过硬的业务知识，通过建立高效、精准的“项目投资方—招商公司—政府各职能部门”审批工作机制，帮助项目投资方在最短的时间里熟悉整个审批流程及文件准备要求，更使政府各职能部门一次性受理即办，无一退件，从而让整个审批过程真正做到了快捷、高效和富有成果，令投资者对广州开发区的行政审批“速度”深感满意。

3. 为了投资者，再苛刻的细节要求我们招商引资人也得认真对待

卡斯马项目内部有着非常严谨的管理体系，在广州开发区办理各种行政审批过程中，卡斯马项目的所有证照原件按照其要求，必须由其公司内部

图4-16　高度智能化的广汽生产线

员工掌握，非卡斯马项目内部员工不得直接经手。因此，即便广州开发区招商公司作为招商引资的受委托人，其业务人员在办理任何一个环节审批过程中，都无法直接提交并领取证照原件，这就对每个办事环节提出了更加苛刻的统筹细节要求。

为此，招商人员发挥一如既往的认真负责、敬业守时的工作态度，对每一步进展都做好时间统筹规划，与项目方经办人员无缝对接，确保了每个环节都能按照正常的计划节点完成任务。

二、史无前例的施工壮举和未来规划远景

由于背负着各大整车厂客户的订单供货压力，卡斯马项目的施工周期十分紧迫，不允许有任何延误。为此，为了支持卡斯马项目加快施工建设周期，广州开发区专门成立了由企业建设局、行政审批局等职能部门组成的重点项目跟进小组，每周督办项目建设进度，确保项目按规划时间试产，一周后正式量产，无缝衔接地保证了对各大客户的供货交付。

卡斯马项目建成投产后，每年的设计产能为40万台套，预计产值达6亿元。卡斯马项目投资方坚信，在广州开发区，一定可以通过专注于创新工艺和世界级制造为客户创造卓越价值，在产品质量、技术档次等方面不断提升，成为广州地区各大整车厂的重要合作伙伴，力争成为华南地区最具竞争力的专业汽车零部件供应商之一。

三、回首卡斯马项目的招商引资历程，对于“存量招商”有以下几点思路和心得

1. 积极挖掘线索，勇于“走出去”。卡斯马项目的案例，印证了广州开发区是深受世界500强企业信任和愿意立足发展的最佳区域之一。广州开发区的招商引资部门，在良好区域营商环境和产业环境的基础上，更应时刻保持着敏锐的嗅觉，发挥不怕苦不怕累的精神，努力从存量中挖掘新的增量线索，促进优质企业到广州开发区发展。

2. 在实践中不断提升业务水平，努力提高业务人员素质。“存量招商”更注重解决其在以往经营管理中的各种痛点和诉求。因此，作为招商部门人员，更应始终坚持对区域新政策、新环境的学习和掌握，同时开阔思路、不断创新。

3. 始终坚持为所有投资者提供贴心周到的服务。项目落地只是开始，招商部门和各职能部门需坚持做好已引进落地的大量现有项目的跟进、服务工作，只有使投资者真正的满意，“存量招商”和“以商引商”工作才可以真正更有成效。

引进制造业协同项目　当前，互联网、大数据、人工智能和实体经济深度融合已成为新趋势。广州开发区出台专项政策，促进“制造”和“智造”充分融入。借政策东风，一批企业通过引进机器人生产线进行技术改造，提高产能；一批企业开始“触网”，运用新型销售模式开发新客户，扩大销售渠道，大力提高优质产品销售水平。

宝洁中国数字创新中心便是制造业转型的一个招商案例。

2017 年 9 月 5 日，广州开发区管委会与广州宝洁有限公司签订宝洁中国数字创新中心项目投资合作协议。宝洁公司在该区设立大中华区数字创新中心，计划投资 1 亿美元，整合宝洁公司当前在华的数字技术研究、大数据、数字化供应链等方面的创新实践，加速以数字技术创新为基础的商业模式转型升级。

这一中心将全面探索数字营销的前沿实践，把与消费者各个接触点全面数字化，例如虚拟货架、数字广告、可视化数字销售追踪技术等，促使线上线下融合发展，提供定制化产品和服务，实现快速消费品的业态全方位升级。伴随新技术的研发应用，消费者的购买过程将更具沉浸性和体验性。不久的将来，“剁手族”在家里也可以通过 VR 技术虚拟体验在商品超市货架上挑选商品。

值得一提的是，这一项目原来打算落户在国外，而且已进入实际洽谈阶段，基于广州开发区与宝洁 30 年的合作关系，也基于中国广大的销售市场，再加上广州开发区积极的争取，宝洁最终决定将该项目落户在广州开发区。

阿里云工业互联网总部项目是互联网、人工智能技术与制造业融合而产生的一个项目。

2017 年，阿里巴巴集团旗下的阿里云计算有限公司设立注册资本 1 亿元的工业互联网总部。阿里云依托广州开发区大型骨干企业和工业产业集群，以 ET 工业大脑与制造业融合，打造一批工业互联网示范项目，帮助企业研发上云、采购上云、设备上云、生产上云、销售上云、售后上云，打通产业链，加快研发效率、降低采购成本、提高生产质量、扩大销售、建立便捷售后体系。

目前，在广州开发区，阿里云已经与通信行业骨干企业京信通信、锅炉制造与运营国内领先的迪森股份基本达成合作意向。其中，京信通过与阿里云合作，基于生产、测试过程数据做制程能力智能分析与优化，通过数据上云以及工业大脑的部署，在云端汇总打通生产关键环节的数据，以测试、检测数据为主体，利用算法模型进行制程能力的综合分析与评估优化，最终达成制程智能闭环、生产工序和测试项目优化，提升生产效率，助力京信引领工业4.0。

八、蓬勃发展的总部经济

按照通常定义，“总部经济”是指某区域由于特有的资源优势吸引企业将总部在该区域集群布局，将生产制造基地布局在具有比较优势的其他地区，而使企业价值链与区域资源实现最优空间耦合。

近年来，广州开发区强化总部经济招商，逐步形成了独具特色的总部经济发展之路。

推行“工厂总部化” 说起总部经济，人们总会想起高楼林立的中心区。广州开发区自创立之初便以工业生产为主，总部办公的楼宇及商业配套有所欠缺，看似不具备发展总部经济的条件。

但事实上，企业的总部职能与生产职能是密不可分的。广州开发区通过出台专项政策，鼓励企业通过并购、兼并或将区外其他分公司纳入本区统计的形式，在本区生产基地的基础上设立华南研发中心、销售中心等，形成了“工厂总部化的势头”，其中包括安利、京信、光宝、蓝月亮、立邦、箭牌糖果、高露洁、达意隆、金发科技等，形成了独特的制造业总部集群。

建设总部经济带 近年来，广州开发区大力发展现代服务业，建设了一系列总部经济载体。

在科学城中心区，广州开发区建立了17万平方米的低密度、生态型总部经济区，引进中科招商、神州数码等国内外金融总部、投资性总部、销售中心总部。在科学城地铁沿线，广州开发区规划出多块总部用地，面向重点企业“有的放矢”地开展招商，吸引众多总部入驻。

另外，中国最大的粮油食品集团益海嘉里集团在区内设立华南总部；日立携手国内合作伙伴，设立“日立集团 IT 中国总部”；央企中国建筑集团将全国轨道交通总部——中建铁路轨道交通公司注册在区内，围绕城市轨道交通、基础设施建设、城市绿色产业、城市综合开发及三旧改造等领域进行投资建设；华润、雅居乐地产、新加坡凯德置地均在广州开发区设立总部项目，导入核心产业。

当前，科学城已聚集了大量总部企业，并建成了绿地中央广场、萝岗万达广场、萝岗奥园广场、萝岗敏捷广场、大壮国际广场、科学城商业广场等一

图4-17　广州开发区开创大道总部经济走廊（刘斌 / 摄）

批城市综合体项目，总建筑面积超过100万平方米，建设了超30栋综合办公楼宇。

同时，广州开发区正以知识城凤凰湖为核心，重点建设腾飞科技园、知识城绿地总部基地、知识城国际商贸新城等，形成滨湖商业商务科研总部企业集聚区；临港经济区是广州第二CBD的核心地区，已建成港航中心、保利鱼珠港等超高层大楼，具备总部招商的条件。

随着一栋栋总部企业大楼破土动工，科学城傍山总部经济带、临港经济区、临江总部经济带、知识城环湖总部经济带正在形成，逐步实现城市形象、财富汇聚、创新功能的同步提升。

把握总部经济新模式 除了制造业和科研领域充分引进企业总部，广州开发区在金融总部引进方面发力，在2017年成功引进了广发证券、广发期货和农商行总部，实现了金融机构总部零的突破。

广州开发区还积极推动上市公司在本区设立总部，或通过企业“借壳上市”等形式引进项目。其中，引进了国内广告营业收入仅次于央视的分众传媒集团。分众传媒带来合同和实际利用外资分别约40亿美元，年入统营业收入超上百亿元，成为全区最大的服务业企业、广州市市值最大的上市公司。

广州市值最大上市公司落户①
——分众传媒项目引进过程

分众传媒是中国领先的数字化媒体集团。分众传媒旗下拥有商业楼宇视频媒体、公寓电梯平面媒体、影院广告媒体等多个媒体网络，以超过90%的市场占有率雄居该领域的领导地位。2017年，营业收入达到120亿元，广告营业收入在国内仅次于央视。2005年7月分众传媒成功登陆美国纳斯达克，2013年5月，分众传媒宣布完成私有化从美国退市。2015年12月分众传媒获批完成与广州开发区上市企业七喜控股并购重组，成为美国中概股通过借壳回归A股市场的第一股。2018年，其市值超过1 350亿元，是广州市市值最大的上市公司。

① 本文作者系广州开发区投资促进局李凌。

2015 年 9 月 1 日，广州开发区七喜控股公司发布与分众传媒并购重组的公告。广州开发区招商团队第一时间抓住消息带来的机遇，于第二天（9 月 2 日）便与七喜和分众传媒进行了第一次会面，迅速启动项目申报工作。

由于分众传媒重组协议有约定必须在 2015 年完成在 A 股上市，因此时间特别紧。当时证监会暂停对 IPO 牌照的发放，分众传媒选择了通过与已有 A 股上市牌照的七喜控股公司进行并购重组，然后剥离出原本七喜的资产，再更名为分众传媒，以此创新路径快速完成其回归 A 股上市的目标。由于分众传媒是中概借壳回归的第一股，包括商务部在内的很多审批部门都没有办理的先例，审批环节和手续特别复杂。在区主要领导的亲自关心、分管领导的具体指导下，广州开发区投资促进局与区党政办、政研室、财政局、市场监管局和在京联络负责人通力合作，每个环节逐步突破、每个部门逐个协调，确保重组如期获批，成功推动项目落户。

广州开发区还聘请分众传媒首席执行官江南春作为招商顾问。广州的服务意识、开放精神让江南春印象深刻："分众传媒的发展和广州一样，都是源于创新。我们从广州走出去，沿着'一带一路'走出去。我们期待能从广州出发，为中国品牌走出去做出贡献。"

分众传媒的落户为原有企业（七喜公司）转型升级创造有利条件。近年来，七喜公司所处的传统 IT 业务竞争加剧，营业收入规模出现较大下滑。实现重组后，剥离出七喜公司原资产，同时原七喜董事长易贤忠先生加大投资区内百奥泰公司、瑞博奥公司等生物企业，其中百奥泰的生物药研发创新能力在全国名列前茅，将整合资源后通过香港 IPO 上市，成就了另一段投资促进的佳话。

九、知识密集的科创机构

2017 年，广州高新区进入全国十强，被科技部列入全国 10 家世界一流高科技园区建设序列。这成绩的背后，是广州开发区抓重大、抓尖端、抓基础，实行自主创新、开放式创新，统筹引进大科学工程、大科学中心、国际科技创新基地等科创机构的结果。

截至2017年，广州开发区集聚了各类研发机构近600家，其中国家级研发机构约20家、省级研发机构200余家，两者约占总数的1/3。

布局国家重点科创机构 近年来，广州开发区先后与国内外多所高校和研究院所合作，采用省、市、区共建等模式，建设了中科院生命医学与健康研究院（中国科学院、广东省人民政府和广州市人民政府三方共建）、华南新药创制中心（省、市科技部门和区共建）、清华珠三角研究院（广东省人民政府、广州开发区、清华大学共建）、浙江大学华南工业技术研究院（广州市人民政府、广州开发区、浙江大学共建）、军事医学科学院华南干细胞与再生医学研究中心（广东省科技厅、广州市人民政府、广州开发区、军事医学科学院共建）、中国智能装备研究院（广东省人民政府、广州市人民政府、广州开发区、工信部电子五所、国机集团共建）、广州北航新兴产业技术研究院（广东省人民政府、广州市人民政府、广州开发区、北京航空航天大学共建）等产学研协同创新机构。另外，依托企业的力量，建设了"再生型医用植入器械国家工程实验室"（冠昊生物）、塑料改性与加工国家工程实验室（金发科技）等。

这批科研机构为广州开发区的企业提供了公共技术平台及服务，同时也使广州开发区成为重大原创性成果、底层基础技术、基础工艺能力、基础元器件、基础材料等原始创新的源头。

延揽全球创新科研机构 广州开发区坚持以全球视野谋划和推动科技创新，全方位加强国际科技创新合作，积极主动融入全球科技创新网络，最大限度用好全球创新资源，引进了一系列国际性的科研机构。包括：

——2015年，由南洋理工大学、华南理工大学、中新广州知识城管委会、中新广州知识城投资开发有限公司联合建立的"中新国际联合研究院"。该研究院主要为高校教授、研发人员、学生提供一个理念碰撞、创意互动、合作研发的国际平台，重点在新一代电动汽车、智能城市交通系统、营养与食品科学、大型公共建筑与城市可持续发展、污染控制与环境修复、生物医学材料和医疗器械七大领域开展科技研发与协同创新，研究成果将在知识城进行转化应用。

——2018年，广州开发区管委会与剑桥大学圣约翰创新中心、CFCC剑桥有限公司、银山世星股权投资基金管理公司、英国 ET 资本签署战略合作框架协议，开展五大领域的合作，包括设立中国剑桥创新园、开展基金合作、设立金融科技与智慧城市研究院、举办高端国际论坛和开展国际教育合作。其中，中国剑桥创新园将成为广州开发区与英国剑桥大学合作的平台，主要作为中欧高新科技项目的“孵化器”“加速器”和成果对接转化的平台、高端项目落地的载体，并将建设成为宜业宜居的高水平国际化创新生态体系。

——2018 年，广州开发区管委会，牛津大学数学、物理与生物科学院以及香雪制药公司和英国凡诺华创新公司四方合作，设立广州开发区牛津大学科研创新中心项目，计划在新能源（产生、储存和使用）、信息和交流技术、人工智能、生物工程与生命科学技术方面开展深度合作。

——2018 年，广州市科技创新委员会、广州开发区管理委员会、斯坦福国际研究院、美中硅谷协会四方合作，设立广州斯坦福国际研究院，下设四中心一平台，包括项目引进中心，将引进斯坦福国际研究院、斯坦福大学的先进研发成果；投资中心，设立广州斯坦福创新成果转化基金，计划首期基金规模 10 亿元，将重点投向新一代信息技术、人工智能、生物医药、新材料、新能源等领域的初创企业和高成长性企业；创新培训中心，将选送本地优秀的初创项目到美国进行短期培训，包括对话世界一流的风投机构，加快项目孵化；内部运营管理中心，负责研究院的日常管理和战略规划。此外，研究院另设有研发平台，将携手广汽、广电、广药等本地龙头企业，围绕各领军行业单独设立联合研究院，协同美方科学家共同开展科研成果的本地化实验。

——2018 年，广州开发区引进世界最大加速器 Plug and Play（PNP）公司，建设 PNP 大企业开放创新平台，PNP 国际跨境孵化平台及“独角兽”企业加建营。

集中引进知识产权服务机构　自 2016 年 7 月获全国唯一经国务院批复的知识产权综改试验以来，广州开发区摸着石头过河，大胆探索开展知识产权工作，现已全面跻身知识产权“国家队”行列。

目前，广州开发区已集聚了包括国家知识产权局专利局专利审查协作广东中心、广州知识产权法院、广州知识产权交易中心、中国（广东）知识产权保护中心、国家版权保护中心广州版权产业服务中心在内的国家、省、市知识产权重点项目，已拥有前中南财经政法大学校长吴汉东领衔的高端智库广东中策知识产权研究院，交易额超过百亿元的综合性知识产权交易平台汇桔网，与北京大学合作成立粤港澳大湾区知识产权发展研究院。目前，全区知识产权服务机构数量已达80家，较综改前的17家增长近4倍，是目前国内知识产权高端元素最集中的区域。

广州开发区在知识城南起步区规划建设知识产权服务园区，总规划占地面积420亩（1亩≈666.7平方米），计划投资超过90亿元，与位于其中的占地面积100亩的国家知识产权局专利局专利审查协作广东中心、占地面积20亩的广东省知识产权服务业集聚中心协同规划，打造全国顶级的知识产权服务业载体。

图4-18　鸟瞰知识城新地标——审协广东中心（笑飞雪/摄）

聚焦知识产业　集聚高端要素 ①

——国家知识产权局专利局专利审查协作广东中心项目引进过程

随着我国建设创新型国家步伐加快和实施知识产权战略不断深化，为了应对我国专利申请量迅猛增长、专利审查效率与质量不断提高的要求，2011年，国家知识产权局计划在地方新增建设“国家知识产权局专利审查协作中心”（以下简称“审协广东中心”）。这一项目一时间成为全国各产业发达地区争夺的重点，如江苏苏州、浙江杭州、广东佛山南海金融高新技术服务区等地都在全力争取。

广东省知识产权局在2011年年初得知该消息后，立刻启动省内的选址工作，对广州、深圳、佛山等地进行考察。广州开发区管委会领导得知这一消息后认为，这种项目与知识城定位非常吻合，可以起到知识城动力源的作用，知识城有了这样的项目，才名副其实。

广州开发区管委会第一时间派员分别到省、市知识产权局了解审协中心项目有关情况，并迅速组织力量，以全国各竞争区域最快的速度，率先编制了近1.5万字的高质量项目规划方案初稿，为广东省争取该项目创造了条件，也促使省知识产权局将省内选址地点更加聚焦于知识城。

随后，广州开发区管委会争取省主要领导支持，专门由省主要领导致信当时国家知识产权局主要领导，争取项目支持。同时，广州开发区管委会与省知识产权局组成专项工作小组，密切协同，在完善项目规划方案的基础上，于2011年4月中旬共赴国家知识产权局，成功争取到国家知识产权局初步确定项目选址知识城。

在与国家知识产权局进行项目共建谈判过程中，广州开发区管委会利用专项工作小组工作机制，与广东省谈判牵头单位——省知识产权局无缝对接，谈判前反复研究各项预案、协调谈判立场，谈判后第一时间沟通谈判成果、研究问题对策。对于共建方案中的各项共建扶持条件，均根据依法依规的原则，协调省、市知识产权局及相关领导，充分征求各相关部门的意见。该共建方案前后经过19轮修改才确定。

审协广东中心受国家知识产权局专利局委托，从事发明专利申请的实质

① 本文作者系广州开发区投资促进局黄嘉庆。

审查、PCT 国际申请的国际检索和国际初步审查，为司法程序提供实用新型和外观设计专利权评价报告，为企业提供专利申请和保护等方面的技术和法律咨询服务。

2011 年 10 月起，审协广东中心团队进驻位于科学城的科技企业加速器临时办公，并在区内为员工安排宿舍。2014 年，占地 100 亩，由 8 个巨型“鸟巢”组成的知识城地标——审协广东中心项目动工建设，至 2017 年年底建成。2018 年年初，审协广东中心近 2 000 名员工搬至知识城办公。

审协广东中心对华南地区知识产权发展作用非常显著，至 2017 年已累计专利审查结案 52 多万件，2017 年当年就审查结案超 15 万件，年审查量占全国两成。而随着审协广东中心的进驻，一批与知识产权相关的机构陆续落户，包括知识产权创造、运用、保护、管理和服务等诸多环节在内的“全链式”知识产权综改试验路径正在形成，知识产权导航引领产业发展的趋势日益明显。

小结

产业是地区发展的基础，创新是高质量发展的动力。

本章梳理了广州开发区产业招商及产业发展的状况。可知，广州开发区在先进制造业方面有扎实的发展优势，正在 IAB、NEM 战略性新兴产业方面发力，但对标“高质量”发展的要求，该区仍有较多的问题需要破解，例如传统产业的转型发展之路仍然很长，新兴产业的爆发性增长还有待时日，对前瞻性产业的主动挖掘培育仍需加强。

就招商而言，广州开发区已有明确的认识，把优质资源（财政扶持、土地、楼宇）等向创新能力强、附加值高的产业倾斜，在芯片、生物医药、新能源、人工智能等行业引进了一批高质量的项目，下一步将由“点”状的项目引进，向片状的产业生态转变，后续发展值得期待。

第五章

体系：招商 4.0 的系统支撑

招商引资工作，始终离不开三大核心问题：优质项目从哪里来？怎样落地？如何发展？

广州开发区经过30多年的探索，建立了较为扎实的招商体系，这一体系又可以分为六大子体系，即招商网络体系、招商政策体系、科技创新体系、投融资体系、人才服务体系、政务支撑体系等，涵盖了招商引资的全过程。

本章将分析以上六大子体系，探讨其演进过程、构成及具体运作过程，以期帮助大家了解招商的框架机制。

一、招商网络体系

本书第三章已提出，招商4.0模式的特色是从块状的招商模式向网状的招商模式转型，全面嵌入全球网络组织，构建全球招商网络节点。

广州开发区有一张 “**特别关系网**”。这张关系网是历经几代开发区招商人员苦心经营而来的，是政府和社会化力量相交的特殊的招商关系网。通过这张网络，开发区聚集了来自各方的支持，汇集了全球各地各种类型的项目资源，形成开发区招商的强大推动力。

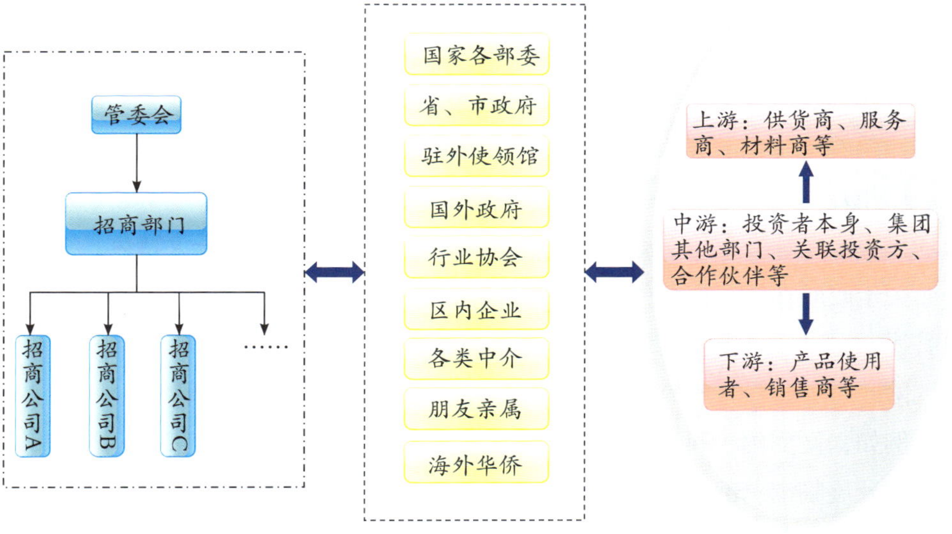

图5-1 开发区招商组织框架图

这张图显示了广州开发区政企合作招商的模式，即 “政府（管委会）为主导、社会力量参与”，“两只手” 共同推动招商工作的格局。

“一只手” 是政府（管委会）的力量。政府（管委会）作为招商统领，其主要作用是 “大项目、大统筹”。即对于重大项目，政府招商机构亲自主导招商，把握招商的核心取向，在项目扶持、合作模式、用地等关键环节上做好把关。

广州开发区设立了区投资促进工作领导小组、区规划用地领导小组等对项目进行审议；以投资促进局为全区招商主管部门，负责重大项目引进。经济信息、科技、金融及园区部门共同引进项目；政策研究室、法制办公室、国土规划局、企业建设局、行政审批局等部门共同为项目引进提供服务。

同时，侨办、台办、工商联等群众性团体通过各类人脉关系招揽项目，对政府招商起到了重要的作用；国内外行业协会、区内企业、中介机构、国外政府、驻外使领馆等有丰富的招商信息，是政府招商的重要渠道。

“另一只手”是社会化力量，包括市场化的招商公司，其作用是“多项目、广招商”，即依靠招商公司人脉广泛，机制灵活的优势，多个角度收集项目线索，广泛开展项目前期的洽谈，处理整个招商链条上的各项工作，全程跟踪招商项目，进行专业化的招商等。管委会设立针对招商公司的专项奖励金，提高招商公司的积极性。

目前，广州开发区已形成了十大国企和近20家民营招商公司。大部分招商公司伴随着广州开发区的发展而成长，熟悉区情和发展思路，对本区感情比较深。广州开发区通过大力鼓励各大招商公司代表全区进行招商，并运用更多的市场化手段去解决企业投资的痛点问题，成为招商4.0模式的一大特色。

关于政府在这一招商体系中的角色和作用，本书第三章已有陈述，在此不再赘述。

除政府进行招商体制改革外，招商公司也在不断地探索招商路径。

例如，区属国企科学城集团实施“两手抓”战略，“一只手”抓城市开发建设，开展临港总部经济区、丰乐北路沿线、鱼珠地块、文化中心地块、机械谷地块土地收储和项目开发；“另一只手”抓新一代信息技术产业招商，通过招商引资、投资建设、参股合作、自主投资开发等方式，近两年协助广州开发区管委会引进了粤芯芯片、LG化学偏光片、京信通信5G产业园、露乐快消品生产销售总部、联通沃音乐总部等重磅项目，项目类别涵盖了世界500强、央企、上市公司和优质高科技项目，业态横跨高新技术研发、总部经济、高端制造业、商贸服务业等，形成了城市更新发展和产业项目招商互相促进的良好业务生态。

广州联冠投资有限公司（以下简称“联冠公司”）是一家以招商引资为主业

的多元化公司，成功引进和服务了超过600个中外投资项目。该公司提出了“一招赢”招商理念，开发出大数据精准招商系统、招商产业地图和招商服务知识库三大招商资源库，搭建政府和企业沟通的桥梁，提高项目的精准配对水平。

联冠公司的“绝招”在于，通过其大数据平台，政府可以获取高价值的项目情报和优质的项目线索，并全方位展示营商环境，同时可以通过项目管理系统、手机APP实时查看、管理项目；企业可获取实时招商资讯、了解各区域的优惠政策、快速找到最合适的投资区域和投资人，还可以通过3D技术、VR设备，全方位了解选址的情况。

广州建智投资顾问有限公司的招商也很有特色。这是广州开发区最早的招商公司之一，从招商起步，逐步拓展到人力资源、工程建设、餐饮、环保、知识产权等多个类别的业务，服务过宝洁、捷普、百特、箭牌、拜耳等上千家国内外企业，其在搭建全链条、全方位的招商服务体系方面很有心得。

以企业的需求为中心[①]
——建智搭建全方位招商服务体系

广州建智投资顾问有限公司作为中国首家通过ISO 9001认证的投资咨询服务企业，近20年来已经促成了1 000多家中外资企业在华南地区投资，截至2017年年底，累计引进外资超过68亿美元，累计引进内资注册资本148亿元人民币。其中包括很多世界500强企业，以及内资高科技企业、上市企业等。

招商引资工作首先面临的是项目从哪里来的问题，如何找到项目线索，如何第一时间进入投资者的视野，从来都不是一个偶然的问题。基于将近20年的招商引资实务经验，我们对于如何搭建全球招商网络、如何找到项目线索、如何服务外资项目，梳理出如下思路和心得体会。

一、渠道至上，善用本地资源搭建全球招商网络

机会从来都是留给有准备的人，在招商引资过程中，除了打造好区域环境、做好招商政策的顶层设计外，我们还需要充分发挥招商人的主观能动

① 本文作者系广州建智投资顾问有限公司总经理刘叶。

性，根据不同国家经济的特性，构建起有效的能够覆盖全球的招商网络，并且进行长期、有效的维护，唯有如此，才能寻找、挖掘出有价值的项目线索。

那么，如何搭建有效的招商网络呢？是否需要频繁前往境外，或者在境外设立代表处派驻常驻人员？事实证明此种方式虽然有效，但是成本很高，且不具有持续性。因此我们所要做的是充分利用本地资源，将与“投资活动”，特别是“外商投资活动”相关的一切经济组织都梳理出来，与之建立并保持长期而稳定的信任关系，从而疏通我们的“招商渠道”，搭建起行之有效的全球招商网络。其中包括：

（一）外资在穗常设机构

各外国使领馆：各外国使领馆的经济领事，往往掌握着各国的最新经济动态，经常与其进行沟通，可了解各国的实时经济情况，并有机会获得一些有效项目的线索。

各外国商会组织：目前在穗的外国商会组织，其中比较活跃的包括美商会、英商会、荷比卢商会、德国工商会、西班牙商会、日本贸易振兴机构等，这些商会组织会定期组织交流活动，长期参加此类交流活动，对于有效推介区域环境，挖掘项目线索有着非常积极的意义。

（二）内外资专业服务机构

各种与“投资活动”相关的内外资专业服务机构，主要包括外资地产行、会计师事务所、律师事务所等。外资项目倾向于专业的事情找专业的人来处理，因此此类专业服务机构经常能接触到外资的新项目线索。比如对于日本项目而言，日资银行和日资商社常常是日本投资者进入中国的带路人。与此类外资专业服务机构保持密切沟通，可获得或印证不少项目线索信息。

以宝洁第二工厂为例，宝洁刚开始在华南区为第二工厂选址的时候，出于“不把鸡蛋放在一个篮子里”的原则，并未将广州开发区列入选址范围，且有意地对广州开发区回避了该项目信息。而我们陆续从仲量联行等机构获悉“某世界500强的外资日化厂正在选址”，并通过抽丝剥茧、多方验证，最终推断出这个项目是宝洁，从而及时与其高层进行接触，争取将广州开发区列入候选范围，并最终成功将该项目落户到知识城。其中，外资专业机构这个渠道的作用功不可没。

（三）各类行业协会

针对内资项目而言，比较有效的项目线索来源渠道是各类行业协会，主要活跃的包括互联网协会、医药行业协会、电子信息行业协会等。加入此类行业协会，了解清楚其中的优质项目，密切关注其发展动态并能与之平等对话，往往可以挖掘出非常有价值的项目线索。广州开发区于2017年开始大力引进集成电路产业项目，其中我们引进的很多设计公司的项目线索，都来源于相关行业协会。

二、关注时事，培养敏锐的招商嗅觉

作为招商人，拥有国际化意识和胸怀，时刻关注全球经济局势，培养敏锐的招商嗅觉，对于在全球化竞争中把握机遇和争取主动是非常关键的。就招商引资而言，权威的财经新闻、产业新闻中往往包含着有价值的项目线索，多关注此类新闻，在其中发掘蛛丝马迹，并拿出“狗仔队”的精神调查清楚情况，也许就能挖掘到好的项目线索。

我们有个非常经典的案例，就是遵循了这个理念：在财经类上市公司新闻中挖掘到一个刚刚在境外上市获得大量融资的一家公司的项目机会，并成功将其总部引进到了广州开发区。这家公司就是7天连锁酒店。

7天是首家在美国纽约证券交易所上市的中国酒店企业，它原来的总部在深圳，2009年11月20日在纽约证券交易所成功敲钟。我们正是在新闻上了解到7天上市成功的信息后，迅速整理了广州开发区的优惠政策进行主动出击，最终成功说服了7天的创始人郑南雁，将7天总部引进到了广州。2010年8月，7天连锁酒店总部落户到广州开发区，注册资本1.5亿美元。

三、极致服务，为投资者提供一揽子解决方案

对于招商引资工作而言，挖掘到项目线索仅仅是万里长征的第一步，后续的服务才是确保项目成功落户的关键。

项目在投资过程中遇到的问题众多，包括项目选址、公司设立、厂房建设、环保评估、人力资源、员工餐饮等各个方面，涉及外经、工商、税局、环保等众多政府部门，以及法律、财会、税务等各种专业问题。

常规而言，投资方对于这些问题基本上都是每个问题找专业的机构来完成，例如选址找五大地产行、设立找律师事务所起草法律文件、建厂房找工程公司、招人找人力资源公司、财税问题找会计师事务所等。但这种方式普

遍都会衍生一个非常现实的问题——专业机构通常是铁路、警察各管一段，只会根据自己的专业领域限定自己的责任和工作，并不会自觉主动地跟其他机构进行衔接和沟通，导致企业在投资落地过程中要甄别大量不同机构的信息，大大增加企业的管理成本。

因此，在引进项目过程中，我们需要建立一个细致入微的涉及项目各个方面的全方位服务体系，将所有这些独立机构有机地串联起来，这个服务体系主要包含以下四个部分的要素：

1. 以企业需求为中心，而不是以服务机构各自的专业或经营目标为中心。

2. 有机整合包括政府在内的服务资源，为企业定制一揽子解决方案。

3. 为企业管理各方资源以达到预期目标。

4. 专业的服务运营和整合能力。

其中，“以企业的需求为中心”是这四个要素中的核心要素，整个服务体系都必须是以企业的需求为出发点来建立。这样一个全方位的企业服务体系，可以让我们深入企业的方方面面，反过来又推动我们去挖掘、捕捉到更多的项目信息。

以百事立顿项目为例，2012 年百事立顿在广州开发区成立了一家贸易公司。我们在帮其设立贸易公司的过程中发现财税〔2009〕72 号文中有这样一条规定：“对采取特许经营模式的饮料制造企业，饮料品牌使用方发生的不超过当年销售（营业）收入 30% 的广告费和业务宣传费支出可以在本企业扣除。”众所周知，广告和宣传费用通常是快消品企业最大的一笔费用支出，因此这个税收优惠政策对百事立顿是非常有吸引力的，但问题是要享受该政策，公司必须由贸易公司变更为生产型企业，工商营业执照上必须增加“饮料生产”的经营范围。当时还没有商事登记改革，要取得“饮料生产”的经营范围，必须先申请到食品生产的质量安全（QS）生产许可证，这就意味着需要有厂房、机器设备、厂长、技术人员、工人等达到生产能力的要素——百事立顿当时来选址的是两位爱尔兰人和一位新加坡人，他们当时在中国境内只有不超过 10 个人的团队，面临的问题是人生地不熟，没人没资源来统筹建立这样一家工厂。

2013 年年初的时候，百事立顿的爱尔兰人告诉我们，希望能在 2013 年年底前拿到QS证，将“饮料生产”加到经营范围里去，前提是具体工作都需要我们来协助他们完成，包括选址、租赁厂房、招聘员工、建厂房工程、环保，甚至是机器设备的进口和采购、公司架构的搭建、生产经营流程的梳理、生产经营制度的编写、非核心生产材料的采购、包装样式的设计，以及最最重要的制定生产标准、QS证的申领等。

作为不对客户说“不”的招商人，面对这样一个新增招商引资额的机会，我们同意了百事立顿的时间和事项要求。当然这个同意不是逞一时之快，最重要的底气是确实具备提供这样全方位服务的能力。经过大半年的努力，我们完成了厂房报建装修、机器设备进口采购安装、生产标准备案、QS证的申领、已经变更批准证书、营业执照等一系列手续，最终赶在11月27日拿到了批准证书，12月初拿到了营业执照，成功地将一个原本注册资本不高的贸易公司推动成为一个注册资本1.25亿元的生产型企业。

四、心得三味

回顾本篇，建智公司之所以能够在招商引资领域取得良好的业绩并且形成自身特色，我们认为是整个开发区发展投射到企业的一个缩影。

1. 开放体制，市场化招商机制是建智公司发展壮大的肥沃土壤。一直以来，建智公司的招商引资工作获得了广州开发区的大力支持，市场化招商机制、开放体制是建智公司全身心投入招商引资工作，并且形成全方位服务体系的深厚土壤。

2. 精准布局，完善的顶层设计和产业格局是工作顺利开展的强大保障。广州开发区对产业发展方向有非常明确的定位，制定了各项行之有效的优惠政策，并且言出必行，为建智公司顺利开展招商引资工作提供了强大的保障。

3. 上下一心，身先士卒的招商精神薪火相传。在招商引资过程中，开发区领导身先士卒、各个部门上下一心的招商精神已经形成了一种文化。这种文化深深地影响着同为招商人的我们，融入了我们开发区人的血液，在招商一线薪火相传、发扬光大！

二、招商政策体系

出台政策是招商引资必不可少的手段。近年来，广州开发区进行了一系列探索，形成了独特的政策体系。其特色在于：

——发力时间准。2017 年1 月，国务院出台了《关于扩大对外开放积极利用外资若干措施的通知》(国发〔2017〕5 号)；2 月，出台了《关于促进开发区改革和创新发展的若干意见》(国办发〔2017〕7 号)，两份文件均明确指出，地方政府及开发区可结合产业发展方向，在政策允许和权限范围内制定相应的招商引资优惠政策。这两份文件出台后，很多地方政府在观望，广州开发区却迅速行动，组织人员开展政策研究，在2017 年春节假期后第一周（2017 年2 月16 日）即在全国率先出台四个“黄金10 条”政策，并举行了政策发布会，进行声势浩大的政策宣传，引起投资界的广泛关注。众多地方政府纷纷仿效，引发“鲶鱼效应”。这种政策效应，用传媒界的话语来说，就是迅速“占领心智”。

——政策力度大。广州开发区的招商政策体系，体现了政府“舍得让利”的思维，并且是持续性的。2017 年以来该区出台的政策中，在年度奖励资金不超过企业当年区域经济贡献的前提下，对于新引进企业达到一定标准，可以给予三年100% 区域经济贡献奖励；对于达到一定标准的老企业最多奖励60% 的区域经济贡献。这种扶持力度在全国范围内是少见的。

——创新性强。除根据企业的经营发展状况进行奖励，广州开发区还对企业人才、知识产权等高端要素进行额外奖励，对新一代信息技术、生物医药、人工智能等高技术产业给予重点奖励，并创新性地提出了对高新技术企业进行直接股权投资等模式，具有较强的创新性。

——形式一致。政府出台政策，往往瞻前顾后，政策文件庞杂且条款多，企业难以读懂。广州开发区出台的大部分政策只有10 条，清清爽爽，简洁明了，容易让企业接受。

广州开发区的政策体系大致分为“黄金政策”“美玉政策”“专项政策”三

大类，共12大政策，涵括了企业进驻、成长、发展、腾飞等各个方面，加上创新企业、领军人才等方面的扶持政策，形成了全方位、全链条的政策链。

黄金政策 广州开发区在2017年2月出台了被称为“黄金政策”的四个专项政策，分为先进制造、现代服务、总部经济、高新技术企业四大类，主要条款包括：一是落户奖。先进制造业、现代服务业最高奖励1 000万元，总部经济最高奖励1 500万元。二是高管奖。企业高级管理人员个人所得税最高返还300万元，将可以共享其所在企业对本区30%的经济贡献。三是贡献奖。先进制造业最高可以获得在其本区20%的经济贡献，现代服务业最高可以获得其在本区50%的经济贡献，最高5 000万元的奖励。总部企业将获得高达60%对本区的经济贡献，不封顶。四是配套奖。对于国家、省、市产业发展扶持和奖励的各类科技项目和科技奖励，分别按资助金额的100%、70%、50%予以配套，最高500万元。五是上市奖。主板上市企业奖励300万元、新三板挂牌企业最高奖励150万元、广州股权交易中心挂牌最高奖励30万元。六是专项奖。先进制造业有转型升级改造奖励高达1.5亿元、增资扩产奖励有200万元、采购区内产品奖励有200万元、委托加工可以分享新增的对本区50%的经济贡献。

美玉政策 广州开发区是国家级海外高层次人才创新创业基地，同时也是经国务院批准的知识产权运用和保护综合改革试验区。为打造人才和知识产权两大品牌，广州开发区于2017年5月出台了人才和知识产权两个政策，统称两个“美玉10条”政策，并与此前的四个“黄金10条”相衔接，形成了“金镶玉”政策体系。

人才政策主要从引进或培养高端人才、扶持人才高端项目的角度，进行重点突破和集中扶持，主要亮点在于：一是聚焦全球，重奖高端人才。对引进的诺贝尔奖获得者或院士，给予安家费1 000万元，对杰出人才、优秀人才、精英人才分别给予安家费500万元、300万元、200万元。对杰出人才、优秀人才、精英人才，按其年度应纳税所得额的10%给予最高500万元奖励。对特别重大的人才项目，采取“一事一议、量身定制”扶持政策，最高资助10亿元，支持力度全国最大。二是设立50亿元人才基金，助推人才创新创业发展。

采用政府引导、市场运作的方式，由财政、国有资本、社会资金共同发起，设立总规模50亿元的黄埔人才基金，按照项目选择市场化、资金使用规范化、提供服务专业化的要求运作，重点投向生命健康、电子信息、新材料、新能源、先进制造业、现代服务业等产业领域，投到人才创业项目的资金不低于30%。引导各类种子基金、天使基金、创投基金优先投入高层次人才创办企业、初创期科技型企业、重点扶持的战略性新兴产业，加速推进科技成果产业化、市场化步伐。三是采取“别墅 + 公寓 + 补贴”方式，让人才安居乐业。为新引进的诺贝尔奖获得者、院士提供面积约300平方米的人才别墅，在本区全职工作满10年，可获赠别墅产权；对杰出人才、优秀人才、精英人才分别给予每月最高10 000元、8 000元、5 000元住房补贴，补贴期3年。在区内的房地产开发项目中配建5%以上的人才公寓，供人才优惠租住。在全市范围内，首次将应届本科毕业生纳入住房补贴范围，一次性发放2万元，硕士研究生补贴3万元，博士及副高级以上专业技术职称补贴5万元。

知识产权政策主要有以下特点：一是重奖服务机构。对新设立的重点服务机构，包括知名代理机构、重大运营平台、知名担保公司等，当年营业收入达到1 000万元、5 000万元、1亿元的，分别奖励100万元、500万元、1 000万元；入驻后，营业收入年增长达到10%以上的，还有最高1 000万元的经营贡献奖励。二是活跃知识产权交易，加速市场流转和价值实现。对经认定的知识产权交易平台，按年度专利、商标、版权交易金额的1%予以奖励，每家交易平台每年奖励最高500万元。面对高等院校、科研机构拥有大量高品质的专利，科技型企业又亟须新技术实现新跨越，广州开发区利用市场机制，激活中介机构活力，刺激专利转让，对购买专利实现产业化的企业每家最高奖励1 000万元，对促成交易的服务机构最高奖励250万元。三是补齐短板，突破知识产权评估瓶颈。通过对评估环节的激励，对评估机构给予最高200万元的奖励，吸引国内的知名评估机构进驻，弥补运营环节的功能缺失，提供更低成本更贴身的服务，实现更多的评估案例积累，从而形成行业大数据参照，最终突破评估瓶颈。

专项政策 广州开发区还针对IAB产业、民营及中小企业发展、区块链、风险投资、技术改造、现代航运、绿色低碳、文化产业等重点产业及领域出台专项政策，力图政策更具针对性，精准发力。

IAB 产业政策是其中较为独特的政策，主要针对广州市提出重点发展的新一代信息技术、人工智能、生物医药产业而出台的。这一政策主要包括：对项目落地建设最高支持 2 亿元；平台开发建设最高支持 5 000 万元；企业加速成长最高支持 5 000 万元；创新成果产业化最高支持 5 000 万元；企业研发产品最高支持 1 000 万元；产品推广应用最高支持 1 000 万元；企业并购重组最高奖励 1 000 万元；企业办公用房最高支持 500 万元；重大推介交流最高补助 100 万元。

2018 年 11 月出台的“民营及中小企业”政策，包括“统筹 300 亿元产业投资基金、组建 100 亿元民营企业发展基金、实施民营及中小企业融资 300 亿元计划”等举措缓解融资难、融资贵问题，同时提出“通过停征（完征）涉企行政事业收费、推行企业全生命周期免费服务”等方式打造“不收费、无费区”为企业减负。

三、科技创新体系

创新企业是招商 4.0 的关键要素。培育科技创新企业，对构建区域创新体系极为重要。广州开发区经过长期的探索，提出了科技企业成长路计划，打造从企业“种子前期—种子期—初创期—高成长期—发展成熟期”的全方位科技创新体系。

在种子前期，创新型企业还处于设想或实验阶段，广州开发区管委会资助手段以小额的无偿资助为主，资助期较短，资金的使用多用于获得市场信息和专业咨询服务方面费用的补贴。

在种子期，创业者难获得风险投资，而要支付在创新过程所必需的大量经费（如研发费用、日常开支以及产品试用与市场调研费等），资金缺口成为这个阶段最大的瓶颈。许多企业都会在这个阶段的后期出现“市场失灵”问题，遭遇创新的“死亡谷”，而成为企业创新最为艰难的节点。广州开发区管委会支持方式多为权益性资助和项目性资助，多采用无偿资助或者无息贷款等方式，项目资助的周期也相对较长（资助的金额为项目经费的一定比例）。同时，还配套鼓励个人对中小企业投资、引导天使投资人对中小企业投资、鼓励研发联盟和专家辅助等一系列政策；建设孵化器和众创空间供企业落户。

在初创期，创业者生产出可供市场出售的新产品（服务）或新工艺，实现科技成果向现实生产力转变，但还不十分成熟，未能得到广大消费者的青睐，许多消费者持观望态度。由于研发生产成本较高，因此新产品的价格普遍较高，市场尚未打开，产品局限于小批量的生产，占有率低，风险仍然较大，风险投资和各类信用担保机构进入的力度不大，融资成本相对较高。广州开发区管委会在这一阶段对中小企业的中试费用进行补贴和资助，提供风险投资支持和引导。支持方式上更注重资金的杠杆作用，采取贷款贴息、票据贴现等方式，帮助企业获得外部资金支持。针对科技型企业发展的不同需求，分阶段为在园企业提供知识产权、科技研发、投融资、创业辅导等专业化服务。

在高成长期，企业规模逐步增大，孵化器等创新载体的空间与功能已经无法满足企业日益增长的需求，扩大生产规模和市场份额的资金缺口往往成为瓶颈，导致营销能力不强，产品的市场增长率和相对市场占有率较低，拓展市场的能力较弱。广州开发区管委会更注重采取引导的方式帮助其实现技术更新和市场拓展，提供加速器、贷款担保、上市扶持等支持，促进科技企业成为行业领军企业。

在发展成熟期，企业规模继续增大，需要进一步强化品牌影响力，有条件的企业则会提出申请项目用地。广州开发区管委会实施“瞪羚企业”计划，促进企业跳跃式发展；优先为本区培育的企业安排用地，并促进企业实现集群发展，促进企业标准化战略和品牌战略的实施，培养创新联盟。

表5-1 科技型中小企业技术创新政策的分解表

发展期间	种子前期	种子期	初创期	成长早期	高成长期	发展成熟期
目标	商业计划书	产品原型	产品定型	获取利润	规模生产	建立优势
核心任务	商业价值论证 技术可行性论证	技术研发	产品设计 生产可行性 验证	生产投入 销售产品	开拓市场 扩大生产	技术改造 技术升级
关键问题	启动资金 信息搜集	研发经费 技术力量	中试经费 信息调研	生产资金 资金回流	技术改进 组织创新	多元化创新 产业技术创新
政策措施	无偿小额资助 信息支持	研发资助 吸引天使投资 研发联盟 专家辅助	研发资助 吸引风险投资 专家辅助 信息平台	贷款担保 票据贴现	专家辅助 信息平台 国际市场拓展	科学计划 产业集群支持

创新活动的主要动力来自于市场，然而市场调节并不能满足创新活动全过程资源配置的需要，特别是在企业创新的种子期及初创期，资金、场地、人力等生产要素不容易从市场获得。广州开发区实施“科技企业成长路线图”，遵循创新活动规律，准确把握政府的功能定位，弥补市场调节机制的不足，培育了一大批创新型企业，建成有较强内生创新能力和产业根植性的创新型园区。而正是有良好的创新体系，才使广州开发区在科技招商的竞争中获得较大优势。

与广州开发区“科技企业成长路线图”类似，第十二届全国人大财经委员会副主任委员黄奇帆于2018年8月30日在沈阳的“金融大讲堂”上提出，要对创新企业进行分类指导，把握好“0～1”“1～100”“100～100万”三大阶段财政、金融的科研投入：第一阶段是“0～1”，是原始基础创新，是原始创新、基础创新、“无中生有”的科技创新。这是高层次专业人才在科研院所的实验室、在大专院校的工程中心、在大企业集团的研发中心搞出来的，需要的是国家科研经费、企业科研经费以及种子基金、天使基金的投入。第二阶段是“1～100”，是技术转化创新，是技术创新，是基础原理转化为生产技术专利的创新，包括小试、中试，也包括技术成果转化为产品，开发形成

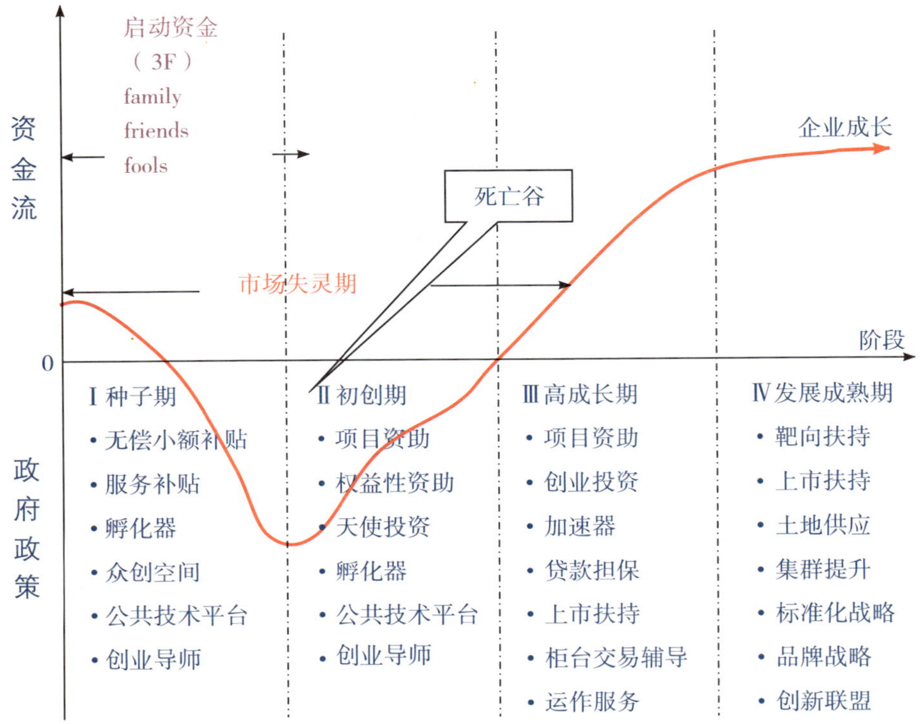

图5-2　科技企业成长路线图

功能性样机，确立生产工艺等，这是各种科创中心、孵化基地、加速器干的活。这方面就要调动各类智商高、情商高、有知识、肯下功夫钻研又接地气、了解市场的人，建立各类小微企业，在各种科创中心、孵化基地、加速器做好技术转化创新工作。目的是形成让人看得见、摸得着的产品生产过程。第三阶段是“100～100万”，是大规模生产力形成，是将转化成果变成大规模生产能力。这个阶段的金融服务重点是各类股权投资机构跟踪投资、企业IPO上市或者大型上市公司收购投资以及银行贷款发债融资，等等。总之，创新有不同的阶段性，投融资的需求和性质各不相同，“不能胡子眉毛一把抓”，要在“0～1”“1～100”“100～100万”三个阶段以不同的金融工具、金融品种分类指导、分类施策。

广州益善生物技术有限公司的发展充分体现了广州开发区“科技企业成长

路线图”的魅力。

2006 年，在美国耶鲁大学完成博士后研究的生物学者许嘉森决定回国创业，他考察了国内许多地方，最后来到广州科学城。绿色生态的自然环境、高效开明的政务环境，让许嘉森一下子爱上了这里，但最终决定留下，则是由于广州开发区管委会的扶持和服务起了关键作用。

许嘉森说：“说实话，我们在国外一直搞研究，回国后完全是‘两眼一抹黑’，国内的办事流程根本不懂。当时创办益善生物，商事登记全部是委托给广州火炬中心去办理的，我一个部门也没跑，而且这些服务都是免费的。”

广州火炬中心是广州开发区科技创新局下属事业单位，负责服务孵化企业。在益善生物初创时，广州火炬中心在孵化器为其免费提供100 平方米办公场地。另外，当时广州火炬中心还给创业者安排创业导师，许嘉森是广州火炬中心创业导师辅导的第一人。

政府的协助，使益善生物专注于创新。该公司在创业初期，“整个公司只有研发部，20 多个职工清一色都是研究人员”，也就是这个团队创造了具有产业价值的专利发明，其中就有全球首创的肿瘤个体化治疗靶标检测系统方案，使公司一跃成为行业的领军者。依靠在该领域卓著的科研能力，该公司陆续获得政府在知识产权、项目资助等方面的扶持。许嘉森在2009 年入选了国家“千人计划”。

如今，益善生物已经成为国内个体化医疗产业的领军者，下属医学检验机构已经覆盖长江三角洲、珠江三角洲、环渤海等区域。2014 年，益善生物在新三板挂牌；2015 年，益善生物位于广州生物岛的企业研发总部和生产运营中心动工。“从孵化器到自建园区，益善生物只用了9 年时间，这对于‘自力更生’的生物医药企业来说，9 年可能一款产品还没出实验室。”许嘉森说。

四、投融资体系

广州开发区大力推动科技、金融与产业深度融合，探索出多层次投融服务体系，为不同的项目需求提供个性化的专业投资服务，覆盖产业基金、引导基金、股权投资、风险投资、科技担保、基金、小额贷以及股权交易中心的多层次、高品质的金融服务链条。

设立产业基金 早在2008年，广州开发区在全市率先成立政府创业投资引导基金，由区财政出资5亿元注册成立了广州凯得科技创业投资有限公司作为母基金，与国内知名创投企业联合发起设立了5支子基金。该基金主要分两部分，一是种子基金，用于直接面向创业企业的种子资本投资，政府所占股本最大比例为49%，项目成功后由企业投资方优先回购；二是创业投资引导基金，用于面向私募投资者（天使投资人）和创业投资公司对区内科技企业的创业投资按照一定比例跟进投资，或共同组建创新基金，投资于创新企业。经过多年发展，该基金公司目前管理资金规模已达到60多亿元。

随后，广州开发区针对一系列重点产业，组织发起或引进近100个基金项目。

在生物产业方面，广州开发区联合广州基金、广药集团、冠昊生物与以色列前首席科学家苏格博士团队合作，发起设立广州中以生物产业投资基金，基金规模为6.06亿元。该基金委托由苏格博士团队为主导的广州以琳投资管理有限公司管理，用于引进以色列生物产业科技技术和人才。

在机器人及智能制造方面，由广州金控基金管理有限公司、广州机械科学研究院有限公司、广州中以智慧产业公司共同发起设立基金，首期计划10亿元，基金规模100亿元，主要投资于机器人及智能制造行业成熟企业，专注投资于自动化、高端智能制造、机器人等领域的初期项目，侧重引进以色列及欧美发达国家的先进智能制造技术与国际产能对接。

创新工场由国际公认的人工智能专家李开复博士于2009年9月创办，是一家全球知名的风投机构，首创“VC+AI”模式。2018年5月，广州开发区管委会分别与北京互联创新工场投资管理有限公司、创新工场（北京）企业管理股份有限公司、深圳创新奇智科技有限公司在广州签署系列合作协议，创新工场智能投资基金落户广州开发区，目标总规模25亿元，重点投资人工智能、教育、消费升级、B2B 企业服务等领域中早期项目，双方将合作设立创新工场人工智能工程院粤港澳大湾区总部，携手共同打造“VC+AI”前沿人工智能生态圈。

直接股权投资扶持 为鼓励高成长性企业发展，2017 年2 月，广州开发区出台了《广州市黄埔区、广州开发区促进高新技术产业发展办法》，提出对企业实施直接股权投资扶持。

该办法核心的内容是：对上年度营业收入5 000 万元以上、近两年每年的增长率30% 以上、承诺企业营业收入和主要效益指标3 年内实现倍增的高成长性科技企业或实缴货币出资1 000 万元以上、引入风险投资2 000 万元以上、企业估值2 亿元以上的高层次人才创办的高科技企业，以直接股权投资的方式最高给予3 000 万元、占股比例不超过20%、年限不超过10 年的扶持。3 年以内的，按原始投资额退出；3 年以上且5 年以内的，转让价格按原始投资额及同期银行贷款基准利率计算的利息确定；5 年以上的，按市场化方式退出。

这一条的具体操作为：区金融主管部门负责确定直投资金受托管理机构（一般为区国企），签署委托管理协议，下达资金计划。受托管理机构负责代表财政持有项目股权，行使出资人职责，负责签署投资协议、资金拨付、实施跟踪、资金回收、核销处置等事宜。

抢占风险投资风口 广州开发区在2017 年6 月出台了“风投10 条”政策。该政策亮点包括：对实缴注册资本达到1 亿元、3 亿元、10 亿元、20 亿元、30 亿元以上的公司，分别给予100 万元、300 万元、800 万元、1 000 万元、2 000 万元的奖励。对合伙制的风险投资机构，管理规模达到3 亿元以上的，投资广州开发区非上市企业每满5 000 万元就奖励300 万元，最高可获得2 000 万元的奖励。

在资金规模方面，该政策提出设立金额高达100 亿元的风投引导基金，按照“政府引导、市场运作、科学决策、防范风险”的原则，通过母基金的方式，选择合适的风投机构合作成立子基金，引导社会资本共同投向区内科技企业和战略性新兴产业，推动形成风险投资集聚效应。另外，还设立高管奖励、办公用户补助等。

“风投10条”一经发布，引起了资本市场的极大关注。截至2017年年底，全区共有风险投资机构近300家，资金规模700多亿元。新注册成立（含迁入）的风险投资机构达74家，注册资本约57亿元，其中42%的风险投资机构是在“风投10条”发布后新注册成立（含迁入）。其中，百度风投牵头设立了资金规模高达20亿元的基金。这一基金由百度作为基金投资人发起，由前润母基金、广开前润人工智能专项母基金等联合出资，并吸收广州开发区金融控股集团加盟，将成为国内规模最大的人工智能专项风投基金。

另外，如本书第二章所述，广州开发区金融控股集团、高新区集团、科学城集团、知识城集团、开发区投资集团、开发区产业基金投资集团等企业集团，根据产业方向及专属领域，开展一系列投资工作，成为招商引资和项目投资的“红色引擎”。

科技金融服务战略产业和创新驱动[①]

——广州开发区金融控股集团打造服务招商4.0的千亿级国企

广州开发区金融控股集团有限公司（以下简称“金控公司”）为原凯得控股。公司从1998年成立至今，经历三个重要阶段，真正是生于忧患、成于逆境。1998年成立之时，亚洲金融危机爆发不久，我们抓住了开发区要大力搭建投融资平台这一大势，乘势而起。10年后的2008年，美国次贷危机引发全球性金融危机，全球多个国家采取了量化宽松的政策，刺激实体经济，我国也有大规模投资计划，这时我们通过拓展金融科技园区建设运营，使公司迈上一个新台阶。转眼又10年过去，面对当前更复杂困难的金融和宏观经济形势，作为少见的没有运用过高杠杆的国企，在国家打好三大攻坚战，特别是重点防控金融风险，促进经济脱虚向实，大力去杠杆的背景下，我们的发展后劲凸显。2017年公司注册资本增加到103亿元，两年内目标实现资产

① 本文作者系广州开发区金融控股集团有限公司总经理严亦斌。

规模超千亿元，对此我们充满期待。

一、笃行金融服务实体经济发展

开发区金控集团作为广州开发区科技金融业务发展的抓手和平台，在金融及类金融服务方面早有探索，2002 年成立的广州科创，主要致力于科技项目投资，直到现在仍为集团持续贡献利润。2009 年，依托开发区雄厚的产业基础，我们开展了引导基金等服务，经过多年发展，现在已经形成了集投资基金（种子、VC、PE 和并购等基金）、融资担保、小额贷款以及股权交易、知识产权交易在内的多层次、高品质的金融服务链条。截至 2017 年年底，开发区金控集团及子公司共发起设立 9 支基金，基金总规模近 100 亿元，各基金所投项目中，已成功上市项目（IPO）14 个，被上市公司成功并购项目 5 个，新三板挂牌项目 9 个。

我们聚焦战略性新兴产业，发起和参与多个重大科技项目投资，以科技战略持股为业务发展核心，以商引商，产业链深度招商，引进了一批对开发区产业发展至关重要的项目：

——投资参股 460 亿元全球最先进大尺寸 LG 8.5 代 OLED 项目，进一步巩固广州作为全球“显示之都”的地位。

——通过立体招商思维考量项目，科技风投式的合资入股走出招商新路，引入全球顶尖高端生物医药企业百济神州以及诺诚健华项目。

——发起设立广州市首家区块链产业协会，出台首个区块链白皮书，投资参股的盈盛智创公司是广州开发区重点引进培育的人工智能区块链板块企业，曾多次作为省市及港澳领导的考察调研点。

——与中国信通院合作共建广东省工业互联网创新中心，全面促进制造业数字化、网络化、智能化、服务化转型升级，加快产业集群专业聚集发展。

——开发区金控集团旗下凯得融资担保公司为近 400 家企业累计提供融资担保服务金额超 50 亿元，凯得小额贷款公司累计贷款超 15 亿元。

二、以多元化手段助力创新驱动

我们围绕全区的创新驱动战略，力促科技型企业成长。

——通过加大信贷投放支持科技型企业的发展。针对科技型企业“有形资产少、无形资产多”的特点，科技金融可以提供无形资产质押融资服务，完善无形资产质押评估、处置和交易体系。另外，通过担保公司提供科技型担保服务，也能很好地提高科技型企业的融资增信能力。比如，有一家从事物联网智能硬件核心芯片研发设计与销售的专业公司——安凯微电子，公司的核心技术、产品、团队均具有很强市场竞争力，但由于从芯片的研发设计、晶圆生产流片、封装检测，到最终将产品销售，都需要垫付大量的资金，从而导致公司本身资金极其紧张，且该公司因缺乏优质资产抵押，难从银行获得债权融资，同时公司当时估值没有明显优势，也难以进行股权融资。鉴于上述情况，金控集团在综合判断考量安凯公司的未来发展潜力和升值空间后，与安凯公司达成合作，由其向我司二级企业凯得小贷公司提供2年期的优先股权投资期权，由此，安凯公司及时获得支持资金，得以扩展业务，业务量迅速提升，2017 年实现净利润近5 000 万元，同比增长369%，公司估值增长了近3 倍。安凯公司现已启动上市计划，发展进入良性循环的快车道。

——通过完善资本市场，增强科技型企业直接融资能力。在当前金融市场化的背景下，科技创新离不开资本市场，科技金融可以发挥资本市场的纽带作用，推动社会资本和风险投资更好地进入科技创新领域。2012 年在开发区成立的广州股权交易中心，首创纯股权质押型融资产品“股融通1 号”，以挂牌企业纯股权质押为特征，无须其他方式担保，只需要单纯以其股东持有的一定比例股权作为债权担保，即可委托股权交易中心向合作银行申请贷款，切实解决了广大中小微企业融资难问题。截至目前，股权交易中心各类挂牌企业总量超过8 000 家，覆盖全省各个地市，各类会员机构超过400 家，累计实现融资交易总额接近2 000 亿元。

——通过发挥政府资金的引导作用来加速科技与金融的深度融合。以财政资金引导金融资本、民间资金共同投资科技研究开发，建立覆盖企业全生命周期的种子、天使、创投、并购引导基金，成立统筹创投基金、科技担保、科技租赁、中介服务等业务的科技金融公司，以此促进科技成果转化，提升区域科技创新能力。比如明珞项目，该公司是国内领先、华南地区规模最大、综合实力最强的汽车制造自动化装备供应商。金控集团下属企业凯得金融公司以股权投资方式投资广州明珞软控信息技术有限公司2 亿元。同时在投资后充分提供专业投资机构增值服务，并积极对接券商、银行、融资租赁公司等机构，为企业提供资本市场对接、上市有关障碍解决思路、创新中心设立等多方位的投后服务，协助其进行业务扩张和转型。

三、以科技园区运营培育科技创新企业

开发区金控集团建设和运营包括孵化器、加速器和总部经济区等在内的150万平方米园区物业，入驻企业约620家，大部分为信息技术、生物医药等高新技术企业。里面拥有不少明星企业，包括迈普生物、小鹏汽车、黑格智造、明珞装备、巨轮机器人等。

我们将金融协同元素注入园区管理，为园区内企业提供股权投资、小额贷款、融资担保、融资租赁、挂牌交易等全方位的金融服务，为不同发展阶段的科技中小企业提供丰富的融资发展渠道，形成良性循环的创新金融体系。目前，公司正加大金融板块布局，积极推进证券公司股权收购和保险公司战略增资项目，已初战告捷，通过控股或参股证券、保险牌照，打造以“证券＋保险”为核心的强金融平台，进而推动区域产融结合和经济发展。

当前，面对“一带一路”、广深科技创新走廊、粤港澳大湾区建设等一系列重大历史机遇，我们希望在金融新时代开放新格局中，通过创新金融手段促进创新和实体经济发展，助力广州开发区打造成为“企业离成功最近的地方”。

五、人才服务体系

当前，全国大城市为引才动作不断，各地竞相推出最强、最优、最具吸引力的人才政策。但通过送房子、户口和资金等手段引来人才后，怎么才能留得住呢？引才后的问题比引才本身更为重要。

广州开发区通过“美玉10条”等政策，对高层次的企业家、科技人才及企业专业人才、大学毕业生等均设置了不同的奖励，引起了较为轰动的引才效应。全区累计引进诺贝尔获得者1名、院士38名、“千人计划”专家85名，高层次人才总量居全市第一。“到黄埔去！”得到越来越多人的认同。

众多人才的聚集，为广州开发区创新发展打下了扎实的基础，但该区并没有把引才作为终点，而是把留住人才发展作为终极目标。

广州开发区专业成立了人才工作集团，在全国首创的全链条、“上管老、下管小”的人才服务模式，为人才提供生活安居、父母养老、子女优学、健康护理、出入境便捷等暖心服务，为全国人才工作实行市场化运作、实现公益性目标开辟了新路子。

人才是第一资源①
——广州开发区人才工作集团构建全链条人才服务体系

目前，各地都在制定人才政策，努力吸引人才，留住人才，掀起了新一轮的人才争夺战。新时代，人才成为最宝贵的资源。习近平总书记在参加全国“两会”广东省代表团审议时指出，发展是第一要务，人才是第一资源，创新是第一动力。推动经济转型升级、创新发展，必须充分发挥人才的引领作用，切实把人才工作摆在重要位置。

一、如何创新人才工作机制

当前，人才工作主要由机关和事业单位负责，各级党委和政府成立了人才工作领导小组、人才局、招才局、人才交流服务中心等。人才工作机关化、事业化，突出了党管人才的重要性，体现了党对人才工作的领导作用。同时，也存在很多局限和弊端，一方面，机关部门对人才工作有思路有想法，但是受编制不足等因素限制，人才部门缺乏抓手，实施力度不足，造成人才工作心有余而力不足。因此，机关部门只能抓重点、抓片段。各级党委和政府对高端人才非常重视，服务到位，但受制于人手不够、服务不足，对各级骨干人才、技能人才服务缺失。从服务链条来看，“重视人才创业、轻视人才生活”，“重视人才本人、轻视人才团队”，一方面对人才创新创业的投入比较大，创新创业服务体系完善，但对人才居住、出行、学习、交流、培训、健康、医疗保障等重视程度不足。另一方面对高端人才的照顾比较周全，政府、事业单位等行政部门定期组织座谈会、过年过节慰问、组织疗养

① 本文原载于政策研究室编写的《决策研究》第450期，作者系广州开发区人才工作集团有限公司董事长陈永品。

等活动，但是对人才团队的其他成员服务不到位，特别是骨干人才和技能人才的住房、子女入学等问题，还没有切实可行的保障措施。

人才工作机关化、事业化表现的另一方面是对人才的扶持政策落实不到位。各地虽然都出台了优惠的人才政策，送红包送大礼，但在政策落实方面往往不兑现，门槛过高，让人才看得见、摸不着。主要原因在于机关人手少，执行力不强。因此，要打破人才工作机关化、事业化的格局，探索企业化市场化路子是非常必要的。通过企业化手段来补齐机关、事业单位服务人才不足的短板，用企业化的手段来实现人才服务公益性的目的。广州开发区在 2017 年 8 月份开创全国先河，成立了人才工作集团，探索人才工作市场化企业化的路子。人才工作集团与其他城市设立的人才安居集团、人才发展集团、人力资源集团有着根本性的区别，如人才安居集团主要解决人才住房保障问题，人才发展集团主要解决人才创业问题，人力资源集团主要解决人才引进与服务问题，这些只是人才服务的一个片段，而广州开发区人才工作集团则为人才提供全链条、全覆盖服务。所谓“全链条”，就是对人才从引进到创业到居住到生活提供一条龙服务；所谓“全覆盖”，不仅服务高端人才，还服务技能人才、骨干人才。

二、首创全链条人才服务模式

人才工作是一个链条，但长期以来，很多地区顾头不顾尾、顾上不顾下。所谓“顾头不顾尾”，是指注重人才引进和创业，不注重人才的生活和居住；所谓“顾上不顾下”，是指顾顶尖人才，不注重基层人才。广州开发区人才工作集团所开创的全链条人才服务就是全方位服务，照顾各类人才，打通人才服务的各项环节，形成服务链条。主要包括以下五大板块。

第一，人才引进与服务。人才工作集团能发挥企业灵活的体制优势，面向市场、面向全球，为政府引进各类人才。在不同地方举办各类人才政策发布会、宣讲会，开设人才工作站、人才办事处，通过市场手段为人才企业招聘各类专业人才和特殊人才。组织开展人才测评、认定工作，提高政府引进人才的效率，为人才办理入户手续、企业注册登记手续、政策咨询与兑现、创业投资服务等，让人才在“引进”环节中享受优质服务。

第二，人才创业载体建设。当前，一、二线城市土地资源奇缺，房价高企，人才创业成本较高。在人才创业初期，政府一般会在孵化器、加速器为人才提供免费的创业场所，但是当人才企业成长壮大后，就无法获得新的、更大的发展空间，往往需要租赁商业场所来继续发展。但是商业楼宇价格高企，增加了企业负担，同时，大面积的装修也需巨大的成本，高成长性的人才企业急需价格优惠的办公生产场所。为此，人才工作集团通过租赁土地兴建人才产业园、租赁改造工业厂房、盘活闲置物业等手段，为高成长性的人才企业提供优惠的生产办公场所，弥补人才创新创业发展中场地需求不足的短板。

第三，人才金融服务。人才既是一种资源，也是一种资本，如何为人才定价，挖掘人才的价值，目前还需要探索。人才工作集团可以通过开设“人才银行”，为人才评估定价，实现人尽其才、才尽其用。人才在创业过程中需要大量资金支持，在创业早期，一般都由政府资金支持，同时，也会融入风险投资。当企业成长之后，融资贷款是他们的最大需求，很多人才为了加强对企业的控制力，往往不愿意使用股权投资的融资方式。当前，知识产权质押贷款、人才信用贷款等还不完善，因此，人才工作集团可以利用企业优势，搭建人才融资平台，助力人才创新创业发展。

第四，人才公寓建设运营。广州开发区建区初期，便开始关注员工的生活居住问题，相继建设了员工楼、员工公寓等配套设施，改善员工的生活环境。但总体来看，开发区对人才公寓的建设不系统、不完善，甚至是缺位，导致部分博士、硕士只能住在农民屋。近年来，政府开始重视人才公寓建设，将其视为创新创业的一种重要设施。总体来看有三种模式，一是将人才公寓作为一种公益产品，由政府出资进行建设，比如深圳市政府出资700亿元组建人才安居集团，大面积建设人才公寓；苏州工业园区通过设立事业单位公租房管理中心，将土地划拨给事业单位建设人才公寓，建成后交给国有企业管理运行。二是将人才公寓作为准公益产品，比如上海浦东以及南京市，根据人才公寓的租金来确定土地出让价格，将土地出让给国有企业，让其开发建设并运营管理，实现人才公寓建设的可持续发展。人才工作集团作为人才工作的市场化手段，可以在人才公寓建设上大显身手，大有作为，但需要政府给予政策支持，以保证其可持续发展。

第五，人才教育与培训。随着生活水平的提升以及“二孩”政策的落实，人才对教育的需求越来越大、越来越高，人才子女入学难的问题成了各开发区的一大难题。单凭开发区教育部门的行政力量，难以弥补人才子女入学的短板，此时，需要市场化的手段。但是，完全依靠民营教育机构，难以实现政府的意图。人才工作集团作为国有企业，能充分贯彻落实政府的指令，为人才子女提供良好的教育环境。此外，人才培训也是一个很大的市场，目前培训市场参差不齐，鱼目混珠，人才工作集团可以针对培训市场存在的问题，引导和引领人才培训工作，通过培训来活跃创新创业的氛围。

三、以知识提升人才服务水平

传统的人才服务相对完善，人才引进、人才招聘、人才审批、人才创业等方面的服务体系相对健全，但就目前人才创新创业的实践而言，人才不缺乏好的技术，也不缺乏好的产品，缺乏的是如何将技术优势展示，如何与资本进行对接。要挖掘产品的特点并打开市场，要求人才服务从传统的流程服务转向为人才提供思想和思路，帮助人才提升企业核心价值和产品的核心竞争力。近期，广州开发区人才工作集团开办“知识工厂”，打造高端智库、智慧黄埔讲坛以及企业家联谊会“三合一”人才服务智慧平台，为人才提供“脑黄金”。其中，为人才服务的“知识工厂”，其核心就是为人才提供有价值的高质量服务，从广州开发区的实践看，主要有以下四种形式。

一是服务人才的知识“发动机”。人才在创业过程中只会勾画技术“路线图”，不会描绘商业“施工图”，对自身优势的提炼不清晰，对技术优势的表现不生动，造成融资困难，整合市场资源难度大。因此，要设立高端智库，为人才创新创业提供思想和思路，使之成为人才收获知识的“发动机”。高端智库既可以为人才企业开展市场调查、专题研究，也能解决人才企业发展的难点和焦点问题，为人才企业提供战略发展思路。同时，还可以邀请国内外知名专家、学者为人才提供专业咨询和辅导。

二是服务人才的知识“传播机”。人才创新创业是一个开放的过程，需要不断接受新知识、新理念，确保思想不枯竭，思路不短路。因此，需要开设高端论坛、讲座，让前沿技术、市场走势、经济趋势等热点问题在开发区传播，为人才提供新知识、新技术、新理念，冲击人才的思想理念，让人才受触动，产生灵感，激发创新创业的激情和活力。通过举办高端论坛和讲座，打破开发区长期以来创新创业的沉默格局，活跃创新创业氛围，让新知识在开发区流淌。

三是服务人才的知识“交换机”。创新创业需要交流，需要碰撞，需要共享，需要合作。因此，需要组建人才联谊会、知本家联盟，让人才互相交流，共享创新成果，形成合作共赢的局面。同时，组织人才走出去，学习先进企业的管理理念和经验，激发人才创业的思路和激情，提升人才自身素质，强化人才作为企业家的社会责任。

四是服务人才的知识“加油机”。广州开发区面积较大，其一区多园的模式导致人才企业比较分散，因此，需要搭建人才服务驿站，为人才提供政策咨询、创业投资、创业辅导、商务服务、生活服务等人性化、特色化的服务，让人才感受到温馨，感受到温暖，将人才服务驿站打造成标准化、智能化的特色产品，形成可复制、可推广的服务产品。

人才服务是一项系统工程，需要不断提升和改进，一方面人才的需求不断增多、要求不断提高。另一方面，市场不断变化，服务人才的方式和手段也在不断变化。广州开发区管委会要发挥改革开放试验田的作用，在人才服务上不断改革创新，形成自身特色，为全国人才工作提供经验借鉴。

图5-3　广州开发区科技人员公寓（刘斌/摄）

六、政务支撑体系

招商是一个系统工程，不仅仅是投资促进部门一家的事。政研、规划、国土、财政、发改、经信、企业筹建、行政审批、征地拆迁等部门也是招商的主力部门。有些部门虽然看似与招商关联不大，但也会发挥关键性的作用，比如林业局涉及用地的林地问题，人社局涉及企业招工问题、口岸办涉及进出口管理问题等。

总之，招商需要各个部门主动参与，主动作为，共同构成服务支撑体系，这一体系应该涵盖招商引资的全过程，而且是没有短板的。好比经营一家饭店，招商引资部门就是公关部。客人对客房、对饭菜满不满意，能否成为我们的回头客，能否帮本区推广并带来新的客人，“公关人员”的本领固然重要，但更重要的还要依赖客房部、厨房部以至后勤采办等各个部门通力协作，共同打造一个宾至如归的环境。

广州开发区的政务支撑体系主要包括以下几个方面。

——在用地安排上，面对项目用地难的局面，区规划国土部门坚持管好土地存量，用好土地增量，加强土地收储。包括在黄埔临江一带，大力推动岸线港口功能提升和企业转型升级，收回一批用地供大型总部项目进驻；在知识城一带，推行整片规划开发，争取有成片、连片且成熟的土地供项目择选落地。同时，建立全区相关单位参与的项目用地领导小组机制，对涉及用地的项目进行共同把关。

——在项目审批方面，广州开发区成立了全省首个区级行政审批局，进行周密的审批改革，涉及企业注册登记、经营管理和建设工程领域的 17 个部门 204 个事项（396 个子项），实行“一窗式”管理，办事企业就再无“部门概念”，在一个窗口即可轻松申报各类业务。对企业报来事项办理时限进行压缩，企业投资项目从立项到动工的审批时间，从原来 110 个工作日缩短至 30 个工作日，有些甚至一天或几个小时即可完成。

例如，一年一度的京东“6·18”购物节，京东货运物流量将迎来爆发式增长。2018 年6 月1 日下午，京东华南物流中心网上申报临时占用绿地审批事项，提出需要新增设的机动车出入口满足大量货运车辆进出需求。区行政审批局与企业充分沟通了解情况后，对两个行政许可事项进行了并联审批，仅用2 个小时便完成了所有审批工作。

——在项目筹建方面，广州开发区成立了全省唯一的企业建设和服务局，推行“1 个月审批、3 个月交地、6 个月动工”的全流程帮办制度，实现项目平均投产时间提前3 个月以上。一批项目实现了年内签约、年内动工甚至年内投产。其中的奥秘在于实施信任审批，即纳入信任审批清单的企业，在进场勘探、临水临电、土方外运、土方平整、施工至验收均前置，相关资料按规定可适当后补，为企业争取动工投产的时间。

比如，针对 LG 8.5 代 OLED 面板项目成立筹建专职小组，组织召开协调会、现场会，及时化解“报批难”，促使项目提前动工；对卡斯马项目，在用地手续尚未完善时，提前指导企业完善规划设计和施工图文件，实现了“24 天审批、4 个月投产”。

又如，2017 年引进的爱丽思项目，这一项目由日本欧雅玛株式会社投资设立，主要生产收纳用品、家用电器、宠物用品等。在爱丽思广州项目的引进落户工作中，由广州开发区财政局和投资促进局组成的招商团队，充分发挥了专业招商的优势，以创投的理念将专业知识引入招商工作中，在与日本爱丽思集团的前期谈判中充分运用了财政财务、项目投资等方面的专业知识，促使该集团对广州开发区区位优势及发展环境予以了高度认同。最终该集团决定将项目全面落户广州开发区，在不要求财政补贴的情况下同步推进华南地区生产基地筹建及华南销售总部、研发中心成立等事宜，创造了近年来该区招商项目的两个最快，可谓“爱丽思速度”。一是工业项目引进及筹建的最快速度。3 个月内完成了项目洽谈到注册成立项目公司，5 个月内完成了土地招拍挂手续并取得了建设工程规划许可证，9 个月内竣工。二是产生效益的最快速度。由于爱丽思落户广州开发区时即设立销售公司，做到了在工厂未投产的情况下，当年落户，当年产生效益。

——在政策兑现方面，广州开发区在全省首创设立政策兑现窗口，是目前全国唯一能实现政策兑现限时办结率99%以上的地区。具体来说，建成了“一门式受理、限时办结”的政策兑现系统，一个部门统筹跟踪全区14个业务部门的51项政策、219项事项，限时34个工作日内完成兑现。

数据显示，2017年全区共受理兑现申请1万多件，平均每宗兑现用时不足21个工作日，最短仅为7.5个小时，较传统政策兑现模式效率提升4倍以上。

小结

习近平总书记于2017年1月22日在十八届中央政治局第三十八次集体学习时的讲话指出，要处理好政府和市场的关系，使市场在资源配置中起决定性作用和更好发挥政府作用，是推进供给侧结构性改革的重大原则。我们既要遵循市场规律、善用市场机制解决问题，又要让政府勇担责任、干好自己该干的事。

广州开发区不断深化供给侧结构性改革，以降成本、提效能、配资源等创新实践，探索出与招商密切相关的六大体系。这六大体系中，有促进企业投资落户的招商网络体系，有提升产业和企业发展水平的招商政策体系，有促进科技创新企业成长壮大的科技创新体系，有提供优质资金服务的投融资体系，有优越的人才服务及政务支撑体系。

这一系列体系的创建，目的就在于营造良好的供给制度，将优质资源向优质产业、企业、人才集中，打造企业和人才离成功最近的地方。

第六章

实战：招商 4.0 的操作步骤

一个项目落户一个地区，是不是偶然？招商有什么基本动作？如何具体有效地开展招商呢？

本章将论述企业选址的经典步骤，即从候选地筛选、项目实地考察、项目谈判，到项目实施过程。但在招商4.0模式中，经典步骤显然是不够的。本章还提出了招商4.0模式的新招商步骤，讲求从企业的需求出发，科学地配置资源，高效地落实项目。

一、招商的经典路线

从投资区位选择理论来看，招商引资就是政府引导企业选择在该地区落户。对于企业来说，就是投资地选址的问题。从投资者的角度来看，不论是工业项目、商业项目还是服务业项目，其选址过程基本一致，一般包括四个阶段：（1）企业投资地筛选阶段；（2）企业尽责调查阶段；（3）政企谈判阶段；（4）项目实施阶段。这四个阶段是一个有机整体，环环相扣，是招商引资的经典步骤。

（一）企业投资地筛选阶段

这一阶段是企业与政府初接触的阶段。

企业在这一阶段展示投资意向，往往带有不同的驱动因素。比如：寻求新的市场，寻求新的资源，寻求多样化，寻求效率最大化，创新驱动新的投资，追求政策目的，为了降低成本，追求规模经济，为了就近供货、稳定国内外客户，要解决竞争性问题等。因而，企业会从市场层面、行业层面、技术层面等各个方面来考虑投资问题。

一旦项目投资的驱动因素确定后，企业会列出长名单（通常有 8 ~ 10 个候选地），进行各种专项分析，以确保项目是可行的，且可以获得预期效益的。这种专项分析通常包括以下 10 类内容。

1. 留 / 走分析。即把目前所在地与其他候选地对照分析，论证重选投资地的必要性。个别企业还会考虑是全部迁出还是部分迁出，是在目的地设立分公司还是企业总部。

2. 市场分析。即考虑候选地的市场规模、位置、性质、特点等，判断项目投资后是否在有限的时间内开拓一个新的市场。

3. 合作伙伴分析。即考虑候选地的同类企业聚集情况，上下游企业的紧密程度，是否有利于抱团发展。

4. 股东价值分析。即分析新投资会给股东带来何种收益，以便说服股东同意新的投资计划。

5. 产业生态分析。即考虑候选地的产业创新环境，包括技术人才、创新服务环境等。这在科技型企业的投资中尤为重要。

6. 投资风险分析。即投资者为实现投资所面临的各类风险，包括市场风险、信用风险、产业风险和政治风险等。投资者往往会按投资风险来确定具体的商业模式。

7. 项目成本分析。主要包括劳动力成本、物流成本、公用设施成本、不动产购置成本、税费等。这些成本在制造业企业中尤为重要。

8. 项目条件分析。包括政策驱动条件、劳动力条件、人才条件、基础配套条件、生活配套条件、市场化条件等，还包括政务服务条件、工会组织条件等。

9. 其他因素分析。有些因素不在常规考量范围，但有时候会成为关键因素，比如企业董事长对某个城市的特殊感情（如出生地、大学就读地等）。

10. 权重分析。企业会根据各类因素，对目的地进行比较，但不同公司对不同因素的评价标准、所需条件并不一样，所占的权重也并不一样。也有一些地区具备了独一无二的条件，而这种条件恰恰是企业所需要的，那这个因素就占很大的权重。

企业根据上述分析，确定项目投资候选地短名单。短名单上一般会有3~5个候选地。企业选址过程一般由企业团队亲力亲为，也有企业会委托投资咨询公司等中介机构进行。

企业投资地筛选阶段流程如下：

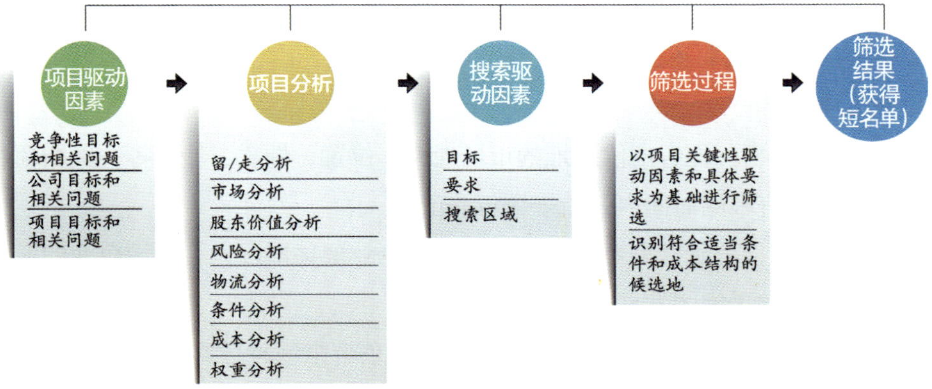

图6-1 企业投资地筛选阶段工作流程图（企业行为）

在这一阶段，政府招商团队的目标是进入企业的“短名单”，具体行为应该包括以下几方面。

1. 了解项目动因。包括了解项目是通过何种途径而来的，是否有上级部门或中介公司、相熟企业引荐；准确了解和掌握投资者的项目驱动因素和投资预期目标，并了解其投资的实质，分析其投资的核心关注点，把握招商的主动性。同时，从多个角度了解项目所处的阶段，尤其是列入企业候选名单的地区。

2. 项目分析。包括对项目投资方、投资水平、产出效益、所处行业、创新实力、产业匹配度、政策需求、落户所需条件等做分析，确定是否有招商价值。如果是投资大、品牌好、创新强的项目，则分配重点力量跟进；如果项目并不优质（如未达到准入门槛），也不必马上说“不”，而是建议项目方考虑设立企业总部、研发中心或引进合作伙伴等，对项目进行挖潜。

3. 项目服务。与投资者保持联络和沟通，做好初步的考察调研工作，充分介绍区域大环境及投资优势，并主动配合投资者完成烦琐而细致的案头筛选工作，协助投资者做好投资问卷调查工作，尤其是做好成本测算，帮助投资者获得真实有效的信息，同时借此机会了解投资者的真实意图。

这一阶段做的案头工作虽然辛苦，却能显示出招商人员的业务水平。广州开发区在引进韩国 LG 项目时，接到了韩方不同阶段的几百个问题，包括环境、政策、成本、服务、市场、通关等数十类。广州开发区组织精干人员，在短时间内详细解答并翻译为韩文，装订成册送至韩方手中。韩方认为，这代表了广州开发区的效率，第一印象非常好。

4. 开展政企互动。针对重大项目，应该果断行动，包括设立项目办公室，与企业共同成立前期团队；派遣招商团队赴项目进行实地考察，了解项目真实情况；做好与项目合作伙伴、社会中介、投资团队的沟通工作，为后期项目深入合作做好准备。

例如，广州开发区在与新加坡洽谈中新广州知识城项目时，成立了知识城项目办公室，并在全区抽调人员，与新方组成了产业、规划、建设、社会事务、商务、宣传等多个小组，开展密集的沟通合作，用不到一年的时间即签订了合作协议。

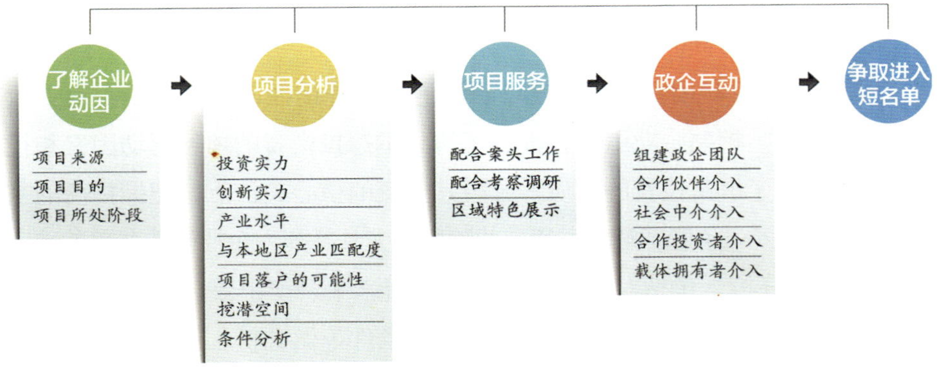

图6-2　企业投资地筛选阶段工作流程图（政府行为）

（二）项目实地考察阶段

这一阶段是企业选择投资地的第二阶段，主要是通过实地调研，深入了解某个地区的投资环境。这一阶段企业的目标是最终确定1家最佳候选地，同时设定1～2家次选地，形成最终的名单。

一般来说，企业会有以下动作：

1. 实地调查。企业会考察候选地的投资环境、商务环境、生活环境、政务环境、公用设施与基础设施等，重点考察政府所能提供的载体或用地情况。此时的考察会比较精细。

广州开发区在引进某电脑装备企业项目的过程中，曾有一个细节非常有意思——该企业董事长考察完项目用地后，驱车到附近的高速入口，停下车，查看车流量，并检查车辆经过减速带时的震感，以此判断该区的基础设施是否满足货物运输的需求。这个细节表明，企业对选址地的考察，是一项极为综合、细致的工作。

2. 高层互动。由企业主要负责人拜会政府部门主管，表达投资意向，了解政府对项目的态度；拜访负责财政、税务、审批、建设、规划用地、环保、安监等政府部门，深入了解项目运作中涉及的成本及条件。

3. 会见合作伙伴。包括会见其他投资者、供应商、商业服务商以及其他机构（如中介咨询公司）等，收集旁证，并了解项目的运作环境。

4．企业内部分析。企业选址小组会通过深入细致的数据收集及分析后，对项目选址地进行 SWOT 分析，并提交企业董事会研究，提出最终的选址地。

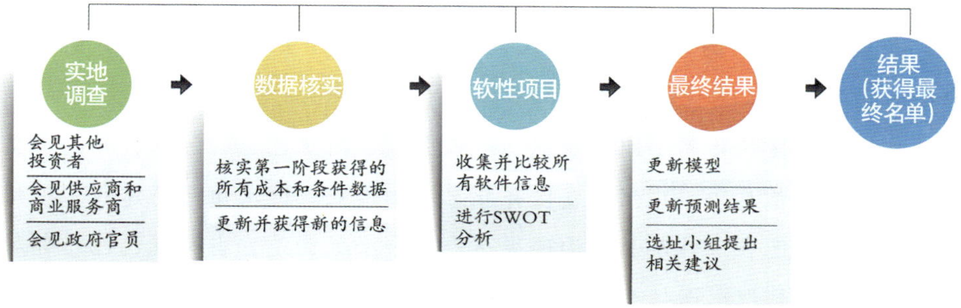

图6-3　项目实地考察阶段工作流程图（企业行为）

在这一阶段，政府招商团队的目标是进入企业的“最终名单”甚至是“最佳候选地”，具体行为应该包括以下几方面。

1．高层互动。这一阶段，官方的态度比较重要。招商人员应主动与投资者商量，建议拜访相关领导，必要时上升到区主要领导甚至市、省领导层面，通过高层出面坚定投资者合作的信心；对于重点项目，有必要请政府高层拜会企业全球总部或中国区总部，一步到位地进行高层间的“面对面”洽谈，表达希望获得投资的诚意。对于特殊行业（例如生物药的审批）还应主动沟通上级部门寻求特殊支持。

阿里巴巴华南数据中心落户广州开发区的历程，充分说明了领导的诚意对项目的重要性。

2008 年，阿里巴巴董事局主席马云造访广东，基本敲定将在广东设立阿里巴巴南方区域数据中心。消息传出，广东省各大城市乃至广州市内各区均摩拳擦掌，开足马力想争取该项目落户当地。

广州开发区亦闻风而动。当时区招商团队主动联系远在北京开会的阿里巴巴高层领导，提出希望登门拜访。也许是那段时间广东要求登门拜会的城市太多，阿里巴巴虽未拒绝广州开发区的访问，但明确表示短时间内无法安排高层领导接待。

时间就是项目，机遇稍纵即逝。当时区主要领导明确指示，不见高层见中层也行，关键是向投资者表达诚意。于是，广州开发区的招商团队于次日乘坐清晨第一班飞往杭州的班机，直奔阿里巴巴杭州总部。会见伊始，阿里巴巴只把广州开发区的拜会当成众多参观学习团之中的一个，仅安排了一个小时的情况介绍。然而，随着交流的深入，时间一点点过去，双方不知不觉谈了四个小时。

广州开发区的访问小组终于成功地吸引到了阿里巴巴的注意，并向阿里巴巴传递了一个信息——广州开发区并非只有制造业。这次访问还建立了广州开发区与阿里巴巴在工作层面的沟通渠道。一个小插曲是，当阿里巴巴总部对广州开发区能否兑现承诺稍有怀疑时，阿里巴巴一位财务总监主动表示“我们应该相信广州开发区”。原来这位财务总监以前曾在广州开发区某世界500强企业任职多年，对该区的优质服务和政府效率有切身体会，他的现身说法为广州开发区赢得项目发挥了主要作用。经过5个月的深入接触，阿里巴巴最终拍板将项目落户广州开发区。

2. 提出项目合作建议。此阶段，企业的基本想法已基本明确，并提出其希望获得的政策、用地等支持。政府可进一步了解其核心诉求，并相应提出项目落户的基本方案及商业模式，并提供基本的扶持方案。同时，就合作方案征询专家及相关部门意见。

需要注意的是，有些重大项目，不是政府给予财政扶持即可，还要综合各种资源，包括企业间的合作机会、运营成本、市场分析等各类内容，即要站在企业的角度，为企业提出可以实施的发展路线图。

这一过程中，项目落户方案的提出极为关键，这体现招商团队对项目的判断力，对行业的了解能力，体现招商人员的专业水平——如何避免企业漫天要价，也要提出让企业能满意的方案，是一门大学问。

例如，广州开发区在2017年洽谈了某制造业项目。这家企业名头很大，提出的目标也非常宏伟，让广州开发区招商人都非常兴奋。但该企业提出需要用地过千亩，这对于广州开发区来说是难以做到的。

广州开发区招商团队并没有马上跟企业说没有地，而是请企业提出详细的建设方案。方案拿到后，招商团队发现，这个项目的投资方除了该制造业的企业外，还有从事房地产建设的某企业，而且该房地产企业占大股。从建设内容来看，除了制造业外，还有各类商业楼宇、酒店等。

“这个项目需要回归到本来的面目，需要减肥！”广州开发区招商团队与投资方进行了沟通，对项目进行重新策划，要求该智能装备龙头企业作为大股东，这个项目建议内容限于建设制造产业总部、孵化、研发及生产基地，不建设其他内容。招商团队还提出可先让企业先行规划，但用地需要分步提供。项目方刚开始时比较强硬，并未同意，但协调一番后发现广州开发区招商团队的确懂项目运作，就按该区提出的方案一步一步推进了。

3. 组织合作框架。包括组织上下游企业共同参与项目，为项目寻找合适的合资合作方，沟通中介服务机构。

4. 提供资源信息。招商部门应该联同规划国土等部门，研究提出用地意向，做好用地出让的准备工作。包括提供初步的选址地块或载体，提出建设条件等，可建议企业就本区情况压缩建设用地需求。这一阶段的用地情况重要，需要考验政府的土地储备水平。一些地区提前做好“净地”储备，或有“飞机场式”的平整用地等待项目，往往事半功倍。

同时，根据企业的情况，政府也应向企业提出相应的条件，包括希望企业把核心的高技术环节放在本区，在本区设立企业总部，提高产值税收贡献等。

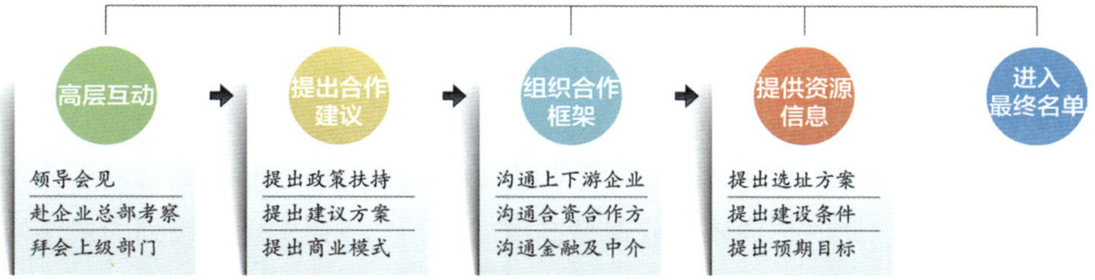

图6-4　项目实地考察阶段工作流程图（政府行为）

（三）政企谈判阶段

在本阶段，企业会主要与最佳候选地进行洽谈，重点是希望政府解决其核心的关键问题，并争取尽可能多的优惠项目激励政策，为项目运营和发展创造最佳条件。这一阶段洽谈的都是企业的重点需求或痛点问题，是最见功力的时候。如果最佳候选地难以满足企业的要求，那企业还可能会选择次选地。

企业会有以下动作：

1. 商业谈判。包括派遣律师、会计、财务人员共同参与谈判，严谨地把双方洽谈的情况予以明确。

2. 优惠政策谈判。主要争取政府给予更大的财政支持，落实政府“一企一策”的具体内容。

3. 不动产谈判。主要是商谈购买土地或楼宇情况，并明确交地、建设等时间节点。

4. 最终决策。谈判结束后，投资者将最终进行决策，并由公司总裁、首席执行官、董事长、首席运营官或者首席财务官宣布最终的项目选址结果。

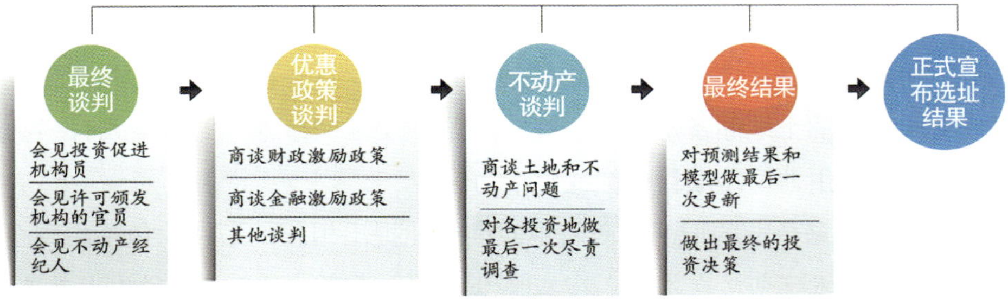

图6-5　项目谈判阶段工作流程图（企业行为）

在这一阶段，政府招商团队的目标是最终引进项目，具体行为应该包括以下几方面。

1. 敏锐把握项目动态。此时企业已确定最佳的候选地，但也会将某个地区作为次选地。此时招商团队应保持高度敏感，一旦感觉到未被列为最佳候选地，应该主动向企业进一步推送本区的落户方案，细化各类扶持条件，力图再次吸引企业关注。

2. 商务会谈。此时的会谈主要为具体合作协议的洽谈，需要引入专业律师或会计师事务所参与，对合作条款进行严格把关。

3. 政策谈判。分析项目方对项目激励政策的期望，在依法依规的前提下，适当给予项目支持，同时争取国家、省、市的专项政策支持。但应设立项目谈判的政策底线，对项目引进成本进行有效控制，避免引资成本过高。

4. 载体谈判。包括用地、楼宇等条件。政府内部各部门应围绕用地条件，提出供地的时序计划；企业筹建团队应提前介入，与企业对接，做好筹建前期服务工作，体现本地区的办事效率。

5. 最终攻坚。在谈判最后，政府与企业双方都会亮出底牌。这时需要考验政府的魄力和眼光，如果该项目确实会对本地区发展起到关键性作用，可考虑适当让利、加大筹码、特事特办，把握住“机会成本”。同时，这个阶段的企业已投入了大量人力和精力，一般不会轻言放弃，也会考虑接受政府的适当让利或折中方案。

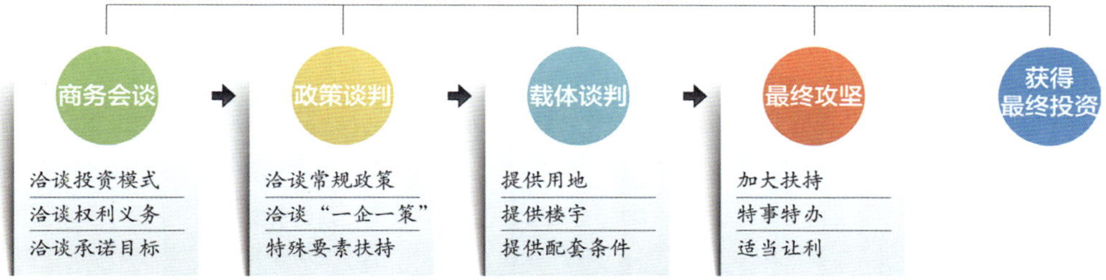

图6-6　项目决判阶段工作流程图（政府行为）

（四）项目实施阶段

在这一阶段，企业将开始项目的设计、建设、施工及试运营工作。

图6-7　项目实施阶段工作流程图（企业行为）

从招商引资的流程来看，主要工作已结束，后续事宜应由其他政府部门按职责提供后续的服务。但是，在项目运作过程中，往往会出现两种情况而导致项目没有达到招商的预期效果。一是项目没有按承诺时限入资及建设；二是政府没有按时限提供土地，导致项目建设延后，企业投资流失。

在这一阶段，招商人员应该做的事情如下：

1. 了解项目建设的需求，协调其他政府部门团队开展服务，提供企业建设所需的条件。

2. 跟进项目投资落实情况，防止减资或改变原投资计划。

3. 适当加速项目建设、投产，尽快为本区经济发展做贡献。

4. 开展以商引商，引进与项目相关的其他项目。

图6-8　项目实施阶段工作流程图（政府行为）

二、招商 4.0 的新路线

以上分析的招商经典路线，是一种按部就班的做法，常规下可以按这种路线引进项目，但对一些特殊项目可能并不奏效。现在招商，是政府和市场基于效益最大化和效率最优化形成互动的结果，因而讲究战略战术。

当前的新招商路线应该具备以下特点：（1）招商的流程应从串联到并联转变，多个流程可以相互叠加，共同发力；（2）政府不是被动接受企业诉求的一方，而是与企业有良好的互动，能主导整个招商的流程；（3）政府的行为直接影响或促进企业的决策，使企业决策便利化、行动便利化；（4）整个过程应从双方讨价还价式招商，转变为双方真正谋求共赢，形成利益共同体。

我们认为，招商 4.0 的新路线如图 6-9 所示。

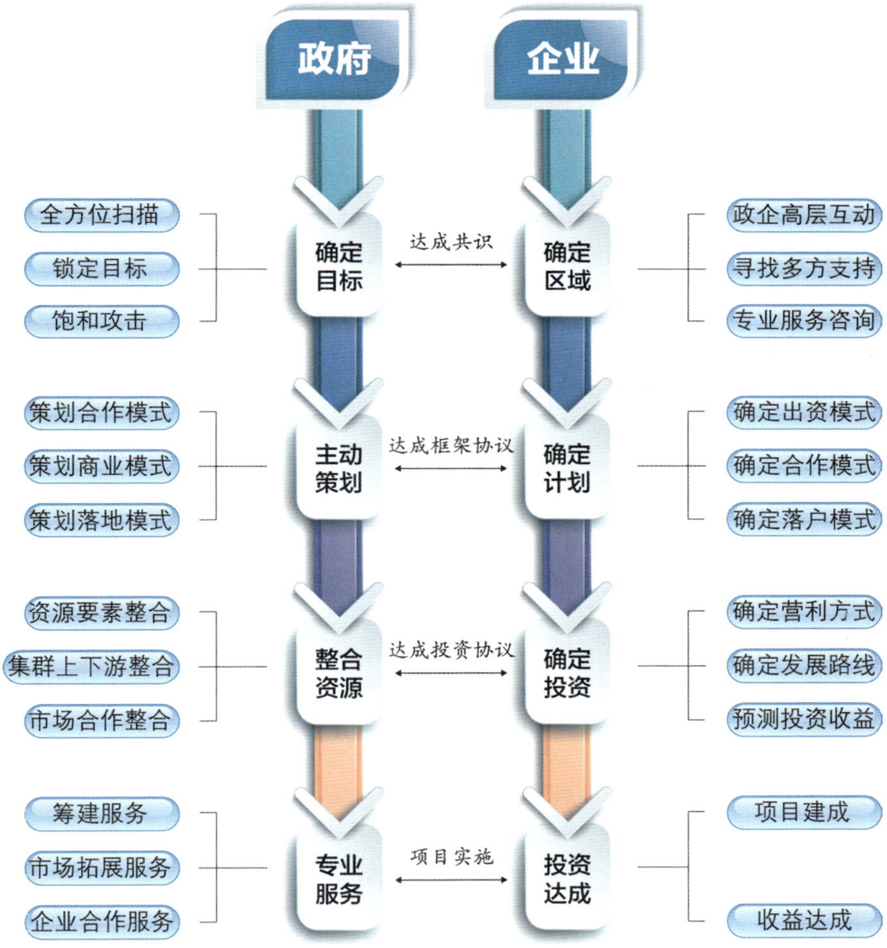

图 6-9　招商 4.0 的新路线示意图

从图 6-9 我们可以看出，政府首先主动出击，通过各大高端论坛、政企高层互动、专业咨询机构等途径，对高端项目进行全方位扫描，锁定目标，并通过多种渠道进行“饱和攻击”，抢占投资者的“心智”。

很多企业投资，刚开始时可能只是高层的一个构想，愿景非常好。但具体到在某一个小地区如何落实，企业的运作团队或许并不清楚，项目就很有可能是处于长期的空谈中。这个时候，政府招商机构就应该主动从企业角度出发，提出具体的合作模式、落地模式、商业模式等，为企业指出发展的路线图。

政府招商机构在提出的项目策划后，应主动整合资金、人才、上下游配套企业、市场合作方等资源，有针对性地为企业提供落户的一揽子方案。

需要特别指出的是，**招商 4.0 的新路线，要从企业的根本出发，从优化资源配置入手，找到企业落户的 “痛点”“难点”，形成独特的一招。一招发出，就可以把各方面都活化运转起来，真正实现双赢、多赢。**

例如，很多生物企业需要在药品审批上给予支持，很多独特行业需要国家有关部委批准，很多企业需要上市、金融牌照、现代服务业牌照等重要的政府许可性资源。承诺并主动帮助企业向上级争取支持，获得批复、许可或牌照，或许就成了招商的 “关键一招”。有些企业需要应用场景，需要产品推广市场，需要放宽市场准入；有些企业需要国有资产参与担保，以获得金融机构支持；有些生物企业药物希望纳入医保体系……满足这种需求也会成为招商的 “关键一招”。

找到了招商的 “关键一招”，等于功夫做到了90%，剩余的其他工作就简单多了。

三、招商人员的基本功

本章从企业与政府角度分析项目投资的步骤，探讨尚较粗浅。究其原因，是因为招商的变数较多，人为性因素较大，可意会难言传的奥秘很多。从上述分析，我们基本可以看出，在招商实践中，招商人员必须以具备以下这些基本功。

专业 招商人员的形象代表了区域投资环境形象，需要强化“人人都是投资环境”的思想，严要求、高标准。大到解释国家、省、市大政方针及政策，小到发邮件、打电话等，都要求招商人员专业、“走心”。

广州开发区制定了领导会见企业流程、公务用餐礼仪、公务出访流程、项目考察流程、公务坐车礼仪、搭乘电梯站位、合影站位、收发邮件规范等，事无巨细，一言一行，全都规范化管理。例如，很多新入职的招商人员喜欢用 QQ 邮箱，还取了可爱或忧伤的 QQ 名，用这样的邮箱与企业沟通就显得非常不专业，这在广州开发区是不允许的，该区要求招商人员一定要用官方的邮箱。

专业招商还表现在有专业的知识上。广州开发区要求招商人员专业周到地为企业服务，不仅是倒茶递水的简单服务，也不仅是咨客，而是对经济、企业管理、产业、法律法规、建设等均要了如指掌，能为企业出谋划策，成为行家里手。

简单来说，评判一个招商人员是否合格，可以请行业从业人员跟他聊天。比如聊芯片、摩尔定律，或者聊无人驾驶、AI、PD-1、CAR-T，又或者聊债转股。如果这个招商人员能流畅地聊上半小时，那他就合格了；如果能聊上一小时，可以说是优秀了。

周到 招商人员的服务水平代表了一个地区的政务水平，体现了招商的“软实力”，必须严格、周到。广州开发区对招商人员的要求是“一切为了企业，一切为了投资者”。不允许说“我不知道”，必须要熟悉业务，实行首问负责制；不允许说“这个不归我管”，必须实行负责制；不允许说“这事别找我”，必须主动找上门送服务；不允许说“这也不行，那也不行”，必须吃透政策，找到解决办法；不允许因自己方便造成企业办事不方便，必须特事特办，急事急办。

主导 项目选址过程其实是政企博弈的过程，这个过程中企业会提出各种的条件，甚至会有不合理的诉求。政府在这个过程中不能只当“店小二”，客人要点啥就给啥。而是要占主导地位，根据企业的需求，提出在本区可行的方案，尽可能说服企业按本区的方案实施项目。

全面 现在任何一所大学，都没有一门叫“招商”的专业。招商人员来自五湖四海、各行各业，但招商人员应该是全面的，包括知识面是全面的，不能只懂文不懂理；能力是全面的，不能只懂说不懂干；身体是全面的，不能只会坐不会跑。某科学城集团资深招商工作者形象地说，招商人员应该有鹰眼（精准的项目判断）、犬鼻（敏锐的产业嗅觉）、飞毛腿（快速的步伐）、钢铁侠（强大的体魄）。

判断 现在项目招商五花八门，招商人员不能一味地“头脑发热”，必须时刻保持清醒的头脑，提高项目判断能力。某招商工作者曾做过一个生动的类比——招商人员就像老中医，要能望闻问切，能在短时间看出这个项目的五行（金、木、水、火、土），判断这个项目究竟值不值跟进。如果能跟进，迅速攻克；如果不值得跟进，就不要浪费大家时间。这就是招商的判断力。

招商的判断力还体现在对项目真伪的甄别、风险的防范上。关于如何防止防范招商风险，有一位资深招商研究专家总结得很好——

招商引资既要解放思想，更新观念，也要高度警惕，小心谨慎，注意防范风险。

第一，防皮包公司。有些公司既没有钱也没有技术，利用我们招商引资的迫切心理，这儿骗点补助，那儿骗点优惠，赚到手后就走人，使我们竹篮打水一场空，白费精力。

第二，防泡沫性融资投资。在市场经济中，用1亿元资金办1亿元的事，过于保守；用1亿元的资金办3亿元的事，合情合理；用1亿元资金办10亿元的事，只能偶尔在特殊机遇下为之。在任何情况下，想用1亿元资金办100亿元的事，不是疯子就是阴谋。我们必须学会思考和判断，不然一不小心，就容易被套进去。

第三，防糖衣炮弹。招商过程中，彼此公开交换一点公务礼品很正常。但如果对方礼品送得很重，必然有特殊企图，我们就要当心。

第四，防故弄玄虚。一些神神秘秘的投资商，装作来头很大，但公司名头、业务领域、财务账目等什么都看不到，极可能是投机商，最好不要理他。

第五，防垃圾公司。一些企业本身坏账很多，资产负债率极高，将其引进来不但浪费我们的优惠政策资源，还可能用我们的土地抵押贷款补他的漏洞，把我们一起拉入泥潭。

第六，防空壳公司。有的公司体系混乱，名义上有几个子公司但相互交叉，一点点资产转来转去让你眼花缭乱，让你感觉好像有几千万的资产规模。我们千万不要被假象所迷惑。

第七，防狐假虎威。有的投资商总爱装出高深莫测、来头很大的假相，要么说自己是领导身边的，要么说自己有特殊背景和关系网络。大家千万不要相信这一套。

该资深招商研究专家还提出了“三不招”“五不搞”原则：不符合产业政策的不招、过剩产能和产出强度不达标的不招、环保不过关的企业不招，避免了“捡到篮子都是菜”。与此同时，不搞血拼优惠政策的“自残式”招商，不搞众筹招商，不搞 P2P 招商，不搞炒地皮，不搞炒房招商，防止招商引资的恶性竞争和乱象。

亲商　招商人员是离企业最近的一群公职人员，只要坚守“清”“亲”新型政商关系，那就可以放开手脚去招大商、招好商。对企业提出的特别想解决的问题，只要这些问题是客观的、合理的，不是非法的或者其他无理取闹的，都应该发挥政府的特有服务功能，把它给配置好。

刻苦　素质高并不能决定一切，决定一切的是工作态度。开发区招商人员能吃苦、能战斗，这在全国各地都是出了名的。开发区招商的“千军万马”，为了开发区的繁荣发展，不怕走遍“千山万水”，不惜说上“千言万语”，不惧寻找“千方百计”，不惜历经“千辛万苦”，演绎出一幕幕新版“五千五万”的故事。在早期，开发区基础条件先天不足，招商人员的心情非常迫切，还要喝上“千杯万盏”。

在每一栋开发区管委会的大楼里，最后熄灯的往往都是招商部门的工作人员。虽然已经具备了丰富的招商经验，每次面对新的项目，职业的招商人员还是会像照料“头次分娩的孕妇”一样，小心备至，精心准备。正是因为拥有了这样一支招之即来、来之能战、战之能胜的队伍，开发区才铸就了辉煌，成就了今天的专业。

在招商的博弈中，招商人员应放低姿态，保持良好心态，主动承担起“承重墙、平衡木、高低杠”的角色，尤其是提高抗压能力，敢磕敢闯敢干。要相信“没有一滴汗是白流的”，即使是看似不可能的项目，只要努力付出，往往也会出现“山重水复疑无路，柳暗花明又一村”的结果。

广州开发区引进日本加特可项目，是项目选址的一个经典例子，从某种程度上体现了招商的非常规路径，可以让大家管窥到招商的奥秘。

三年马拉松 赢得项目归①
——加特可项目落户广州开发区纪实

在投资领域，一种常见的现象是：当一个核心企业落户某地，意味着围绕该核心企业的供应商企业也相应就近落户，借此削减运营成本，抱团成长。这种现象在广州开发区内也不乏宝洁、LG项目等先例。但作为一个无论在市场关系和股权关系都与远离开发区的东风日产有着千丝万缕联系的加特可，缘何远离核心客户，最终选择落户广州开发区？耐人寻味的个中原因，或许在本文讲述完加特可项目落户历程时可以得到解答。

加特可　汽车配件领域的重量级选手

日本JATCO（音译“加特可”）株式会社，在核心汽车配件行业是一个响当当的名字，JATCO株式会社为日产公司控股的公司，是世界三大变速箱生产商之一，业内排名第二。其主要客户为：日产、三菱、富士重工、三菱扶桑卡车/客车、五十铃、铃木、BMW、Land Rover、现代、长安福特、戴姆勒－克莱斯勒、雷诺等。为开拓中国国内市场，为配套东风日产的生产，JATCO株式会社拟投资2亿美元设立变速箱生产工厂，生产新型的中型车用无级变速箱。

项目选址　一个原本没有悬念的事情

早在2003年，东风日产项目上马之后，JATCO株式会社就有意就近在东风日产工厂周边投资设立变速箱工厂。由于加特可项目初期的产品全部供应东风日产，加上JATCO株式会社为日产控股的公司，加特可项目就地取材与东风日产选址在同一个区域本是题中之义。但作为一个跨国公司，其投

① 本文原刊于广州开发区《创业导报》第130期第6版，作者为温海庭。

资项目选址方案往往不会只有一个。从投资审慎的角度出发，JATCO 株式会社还是打算考察“目标选址方案”以外的地方。

一个电话　广州开发区首次进入投资者视野

2004 年 8 月，广州建智投资顾问有限公司（以下简称“建智投资”）的招商负责人接到电话，称周六有一家日本汽配企业有意向到广州开发区考察投资环境。接到这样的电话，建智投资的负责人并不感到意外：随着三大日系汽车企业落户广州，上百家汽车配件项目也相继落户广州开发区。但让人倍感意外的是，本次前来广州开发区考察的，竟然是 JATCO 株式会社的先遣人员。

一次考察　马拉松式谈判长达三年

区招商部门和建智投资凭借多年的招商经验做出判断：该项目应该是一个十分优质的外资项目，投资额大，拥有核心技术和自主品牌，资金实力雄厚，产品 100% 内销，将产生可观的财政税收，对广州开发区意义重大。区招商部门领导及建智投资招商人员当即决定，向区管委会领导汇报项目情况，全力争取加特可项目落户广州开发区。

但是，管委会、招商部门领导和建智投资负责人也非常清楚，要吸引作为东风日产供应商的加特可项目落户开发区，在存在客户制约及股权关系等影响因素的前提下，阻力将会超出常规项目的许多倍。尽管有了比较充分的思想准备，但谁也没有想到，自初次考察开始，广州开发区政府及建智投资招商人员与加特可投资方展开一场长达 3 年的马拉松式的谈判，3 年间双方展开数十个来回的沟通洽谈。其中项目引进过程的艰难，从以下部分的重要接待安排中可见一斑。

1. 2004 年 8 月初次接触，开发区国际化的园区环境给投资者留下了深刻的印象。2004 年 8 月，开发区管委会、招商部门领导及建智投资招商人员接待了加特可先遣人员一行。JATCO 方面讲述了其在华的投资计划及用地需求；广州开发区则就投资者关心的备选地块、税收政策、土地价格、人力资源、水电供应等方面进行了解答。这次接触起到了非常重要的作用，开发区第一次向加特可项目人员展示了国际化的园区环境，加特可先遣人员参观后印象深刻，借此迎来了投资方高层人员的考察。

2. 2004年10月第二次接触，开发区国际化的软环境触动了投资者的投资欲望。JATCO株式会社是一家非常国际化的公司，因此对于高效和规范的政府服务格外看重。在初次接触的基础上，加特可投资方高层决定亲自率队来开发区考察。当时的管委会领导、招商部门领导和建智投资的负责人接待了投资方高层。开发区政府就开发区能为加特可项目提供的政策和服务进行了详细的介绍，这次介绍触动了加特可投资方的高层人员。开发区政府官员国际化的思维方式、高效的服务、规范的管理以及国际语言的运用能力给投资方留下了深刻的印象，在开发区，他们看到了其他地方政府所没有的国际化的软环境。

3. 2005年2月，管委会领导亲自率队上门招商。在加特可项目考察暂时未有进一步下文的时候，开发区领导组织小分队赴日本，拜访了投资方JATCO株式会社。这次拜访对该项目落户该区起了积极的推动作用。

4. 2006年9月会晤，开发区向投资者提出了量身定制的投资建议。2006年下半年，国家土地政策及税收政策正酝酿剧烈调整，其中的土地出让方式及出让价格，以及两税合并等重大调整将给投资项目带来巨大影响。对于政策的调整，开发区管委会、招商部门领导和建智投资招商人员已经在研究对策。当投资者在会议上提出政策方面的忧虑时，区领导根据新的投资政策，结合开发区的实际情况向投资者提出了切合实际的投资建议，让加特可项目负责人看到了开发区政府及建智投资负责任的态度和专业高效的快速反应能力。这给投资者注入了一剂强心针。

5. 2006年11月，开发区迎来了投资者的决定性考察。2006年11月，投资方日产总部派相关的建筑核算工程人员对候选地现场考察。开发区对提交给投资者的项目用地承诺了通水、通电、通排污等“七通一平”，良好的地块条件向投资者传递了开发区对致力于削减投资者成本，向投资者负责的信息，对最终赢得投资者的认可起到了重要作用。

6. 2007年1月，投资方对各地投资政策进行了最终比较。2007年年初，加特可项目人员有意将各地所能提供的优惠政策进行最终比较，并以此作为投资决定的参考。根据项目的实际情况，区管委会、招商部门领导，建智投资负责人对所能给予的政策进行了全面的比较和梳理，通过充分的研讨给出了建议的政策方案。这份方案，相比其他区域，当时开发区给出的政策并不是最优惠的，但却是符合实际的。或许正是这种务实的态度，给投资者增加了不少投资的安全感。

落户开发区 让业内人士跌破了眼镜

经过了历时近三年及数十次来回的沟通谈判，JATCO株式会社最终决定项目落户广州开发区。2007年4月13日，投资额约2亿美元的加特可（广州）自动变速箱有限公司宣告成立，这是JATCO株式会社继墨西哥之后在海外设立的第二个生产基地。消息传出，毫无心理预期的变速箱业内人士跌破了眼镜。他们始终认为，无论在“血缘关系”“饭碗关系”乃至“最终政策”层面上，加特可项目都有充分的理由不选择广州开发区。

偶然与必然 开发区有独特的优势

回顾加特可项目的投资历程，自2003年投资方开始选址，广州开发区就不是业内人士及投资者最为看好的地方。同时，远离核心客户东风日产意味着存在增加营运成本及削弱对客户响应能力的风险，再加上关联股东方面因素的影响，加特可项目落户广州开发区有着太多的偶然性。

但在笔者看来，在众多偶然因素的包围下，加特可项目仍然选择广州开发区，这里面蕴藏着必然，因为广州开发区拥有以下独特的优势：

良好的硬件环境。广州开发区自1984年成立以来，始终坚持规划先行，对四个国家级开发区进行了超前而合理的规划开发，这使得开发区在整体布局上美观规范。同时，区政府始终保持对基础设施建设的巨额投入，所有土地均平整完毕再行交付。这些基础设施如路网、码头等在满足区域负荷的同时也削减了投资者的成本，同时辅以规范的管理，使得开发区成为最为规范的国家级开发区之一。可以说，国际化的硬件环境是重视企业档次形象的加特可项目落户广州开发区的重要原因之一。

国际化的软环境。加特可是一家非常国际化并且规范的公司，对政府服务及区域的规范性有着非常高的要求。在项目落户谈判过程之中，广州开发区政府官员及建智投资解读企业的能力、国际化的服务理念、专业务实的投资服务，以及出色的国际语言能力给投资者留下了深刻的印象。可以说，开发区拥有的这些独特的软环境是很多地方政府所不具备的。这些看不见摸不着的软环境，却在项目谈判过程中给投资者带来信任感和安全感。这也是开发区在众多不利条件下，最终获得加特可项目青睐的一个核心因素。

坚忍不拔的工作精神。开发区人自始至终都将招商引资视为区域发展的生命线。加特可项目的落户历时接近三年，来回数十次沟通谈判，用建智投资一位跟进项目接待的司机的话来说“为了这个项目，腿都快跑断了”。其实，无论是区管委会领导前往日本上门招商，还是区招商部门和建智投资对加特可项目历时三年的跟进，这都彰显了开发区人坚忍不拔的招商精神。这种招商精神，为开发区的经济发展做出不可估量的贡献。这种精神在过去为我们所重视，同时也必将为开发区人所继承并发扬光大。

小结

博弈的本义是：下棋。引申义是：在一定条件下，遵守一定的规则，一个或几个拥有绝对理性思维的人或团队，从各自允许选择的行为或策略进行选择并加以实施，并从中各自取得相应结果或收益的过程。（约翰·纳什《博弈论》）

中国最早的博弈论论著《孙子兵法》的“谋攻篇”有言：知己知彼，百战不殆；不知彼而知己，一胜一负；不知彼，不知己，每战必殆。

现在招商，不仅是一种“你增我减”“你少我多”的零和博弈，而是政府和市场基于效益最大化和效率最优化的良性博弈（非零和博弈）。

本章论述招商的经典步骤和招商 4.0 模式的新路线，核心观点是要从企业的本性出发，从优化资源配置入手，为企业提供合适的方案。某科学城集团资深招商工作者对这个过程做了一个生动的比喻——这个过程就像拧魔方，把各种资源要素聚集、对碰、磨合和调整，总能拧到最佳的一面。

本章还详细阐述了招商人员要具备的基本招商的实战战略战术。其实归根结底是“精准”，包括精准定位自我、精准确定招商目标、精准制订招商策略、精准提供服务。只有做到“精准招商”，才能在新时代新形势、新环境中有新作为。

第七章

展望：招商 4.0 的改革方向

招商 4.0 是近年由广州开发区率先提出的理念，是面对新形势、新机遇、新挑战的一种战略选择，已在一些招商项目中成功运用，但尚未形成扎实的理论体系，仍需在具体的招商实战中不断求索。

作为全书的终结篇，本章提出，下一步建议广州开发区按照国家的部署，以“开放”“创新”“人才”“产业”“环境”作为五大改革方向，进一步深化提升招商 4.0 模式。

一、拓展开放领域

习近平总书记在博鳌亚洲论坛2018 年年会上，发表题为《开放共创繁荣　创新引领未来》的主旨演讲，指出“改革开放这场中国的第二次革命，不仅深刻改变了中国，也深刻影响了世界”，中国将实施新一轮改革开放的重大举措，包括大幅度放宽市场准入、创造更有吸引力的投资环境、加强知识产权保护、主动扩大进口。

2018 年6 月10 日，国务院印发《关于积极有效利用外资推动经济高质量发展若干措施的通知》，提出了一系列大幅度放宽市场准入的措施，包括：修订出台全国和自由贸易试验区外商投资准入特别管理措施（负面清单），与国际通行规则对接，全面提升开放水平，以开放促改革、促发展、促创新。负面清单之外的领域，各地区各部门不得专门针对外商投资准入进行限制；放宽外资金融机构设立限制，扩大外资金融机构在华业务范围，拓宽中外金融市场合作领域；取消或放宽交通运输、商贸物流、专业服务等领域外资准入限制。加大自由贸易试验区范围内电信、文化、旅游等领域对外开放压力测试力度；取消或放宽种业等农业领域，煤炭、非金属矿等采矿业领域，汽车、船舶、飞机等制造业领域外资准入限制。

扩大对外开放是中国对外经济的主旋律。我国制造业领域的开放水平现在已很高，下一步将重点实施服务业的对外开放。广州开发区作为广州对外开放的窗口，应当在对外开放上有新作为。当前，中新广州知识城已上升为国家战略，成为中国和新加坡双边合作的项目，应该积极向国家相关部委争取，将其打造成为我国实施新一轮对外开放战略的“服务业的开放创新区”。

（一）在产业方面，争取开放特殊领域

知识城应对标国家级自由贸易区，结合《外商投资产业指导目录》，争取设定更加宽松的鼓励类、允许类外资目录，重点推进民航（民航服务）、电信、新能源汽车、金融（外资银行、证券公司、基金、期货、人寿保险等）、

教育（国际化学校）、医院（营利性医疗机构）等服务业领域放开，进一步放宽外资股比限制，并赋予知识城国家、省级外资审批权限。

例如，教育服务，当前的限制主要是不允许外资独资办学。教育产业是知识经济的重要组成部分，也是知识城发展的重点产业之一，建议向国家争取允许外国教育机构在知识城独资举办教育机构，提供教育服务。

又如，生物医药产业已成为知识城发展的重点，建议向国家有关部委争取，向知识城授予国家一级的药品（药械）GMP 审批权限。同时，生物医药企业的许多生物材料（活细胞或生物制品）需要依靠进口，中间需要通过检验检疫部门和海关的检测、监管。如果检测时间较长，温度、湿度等外环境不适

图7-1　中新广州知识城（曾铠钢 / 摄）

知识城自 2010 年启动建设以来，已累计注册企业 1 000 多家，包括 GE、百济神州、粤芯、京东、阿里云、分众传媒等。这张照片展示的是知识城南起步区凤凰湖一带。围绕凤凰湖，已布局了腾飞科技园、国家知识产权局专利审查协作广东中心、清华珠三角研究院、中国联通互联网应用创新基地、中国电信创新孵化园南方基地、京信通信 5G 产业园等项目。这里是广州开发区当前及未来发展的核心区。

宜，会极易使其失效。结合生物医药企业实际需求情况，争取在知识城开设生物医药原料进口绿色通道，加快生物材料进口时效。

另外，目前国家对医疗器械实行产品生产、注册“同一主体”制度。但是，很多生物医药项目有研发和生产代工（CDMO）需求，为缩减医疗器械产品注册证申办时间，吸引国外先进医械技术到国内转化，建议向国家食品药品监督管理局争取，参照上海自贸区试点模式，争取允许医疗器械产品注册（上市）和医疗器械生产许可（生产）主体分离，即符合条件的医疗器械注册申请人可以单独申请医疗器械注册证，委托给有资质和生产能力的生产企业生产。

（二）在人才方面，争取为外国高端人才开通绿色通道

发展知识经济最重要的生产要素是人力资本，因此知识城在人员流动政策方面应该有所突破，如出入境和居留限制、专业资格认证、雇员国籍要求等。

例如，在法律服务方面，外国律师事务所只能以代表处形式开展业务，而且国外律师不得从事内地法律业务，所有代表在华居留时间每年不得少于6 个月，代表处不得雇佣中国国家注册律师。考虑到知识城发展知识经济需要大力加强知识产权保护和运用，建议向国家争取，允许在知识城设立的外国律师事务所代表处可以从事中国知识产权方面的法律业务，其代表在华无居留时间限制，允许聘用中国律师且无数量限制，允许与中国律师事务所联营，允许在知识城设立的国内律师事务所聘用外国律师。

又如，在医疗领域，根据我国入世承诺以及现行的《中外合资、合作医疗机构管理暂行办法》，目前的限制主要是不允许外资独资设立医院和诊所，合资、合作医疗机构有最低投资额（2 000 万元人民币）和股权比例（外方不超过70%）要求，规定多数医生和医务人员应具有中国国籍，外国医生在中国提供短期医疗服务期限不超过一年等。为发展知识城的生物及医疗产业，建议向国家有关部委争取允许外国服务提供者在知识城设立独资医院和诊所，取消中外合资、合作医疗机构最低投资额、股权比例要求以及医生和医务人员的国籍要求，允许持有本国颁发的专业证书的外国医生在中新知识城内提供短期医疗服务的期限为三年。

（三）在对外合作方面，须重视开放式招商

兼并、收购是现在企业发展的一种趋势。广州开发区内就有部分企业被国外企业并购，也有区内的企业并购其他国家的企业。这也应该是一种招商的新方式。

对现有的国有、民有企业资产，转让部分或全部股权，引入战略投资者，是国内外流行的发展方式。对在本地发展不好的企业，可以通过引进国内外企业直接收购兼并，一方面盘活了企业，另一方面还引进了新的资本。这种“一

举两得”的招商方式应强化运用。

对在外地或国外发展困难的企业，如果对该企业的行业特征、核心技术、市场前景、财务状况都有实质性的了解的情况下，方向看清楚了，也可以通过本地企业直接买断对方的控股权，整体搬到本地来生产。知识城作为国际企业合作的平台，应该鼓励企业加大力度“走出去”，收购兼并具有自主知识产权的境外企业。

另外，需要进一步关注企业的动向，引进一批融资租赁、借壳上市、海外上市企业回归等类型的大项目，拓展产业招商的领域。

二、创新驱动发展

2018 年 5 月 28 日，习近平总书记在中国科学院第十九次院士大会、中国工程院第十四次院士大会上做重要讲话，指出“关键核心技术是要不来、买不来、讨不来的。只有把关键核心技术掌握在自己手中，才能从根本上保障国家经济安全、国防安全和其他安全。要增强‘四个自信’，以关键共性技术、前沿引领技术、现代工程技术、颠覆性技术创新为突破口，敢于走前人没走过的路，努力实现关键核心技术自主可控，把创新主动权、发展主动权牢牢掌握在自己手中”。

从创新发展的层面来看招商行动，其实是拼未来。不招商，无未来。今天引进的招商项目，大多数是为了未来三年乃至十年打基础的。具体到广州开发区，应牢牢把握建设珠江三角洲国家自主创新示范区的核心机遇，引进创新型项目，走创新发展之路。

（一）牢牢抓重大、抓尖端、抓基础

重点引进国家级的实验室、科研机构，对企业重大原创性成果、底层基础

技术、基础工艺能力进行重点提升，突破工业母机、高端芯片、基础软硬件、开发平台、基本算法、基础元器件、基础材料等瓶颈问题。通过聚集基础性前沿项目，成为全省乃至全国的创新策源地。

（二）强化三类科技项目招商

（1）成长性，即增长潜力大，能产生裂变效应的项目，主要是一些处于细分行业的"小巨人"型企业；（2）战略性，主要为国家、省、市重点布局的研发中心、两院院士、学科专家、国家"千人计划"人才及其创业团队的产业化项目；（3）创新性，主要为能引领产业潮流之先的新项目、新商业模式、新消费模式类项目。通过密集的科技创新项目的引进和培育，实现区域创新体系由量的积累向质的飞跃、点的突破向系统能力提升。

（三）提升科技政策扶持效力

当前，广州开发区对科技企业的扶持已经很多，出台有产业规划、政策、实施意见、行动计划，设立了产业发展基金、专项资金等。但由于体制机制的原因，过于倾向确定性，战略考量不足。例如，不少产业的行动计划只管三年，而且计划是在第一年制定，等正式出台后只剩下两年多时间，完成计划任务和预期目标，以及计划到期后政策如何跟进往往缺乏评估和保障。在确定性的框架内，内部资源的配置不能容纳失败也是重要原因。比如产业专项资金的使用，基本上是采取"专家分配 + 绩效评估"的方式，并且要求在规定时间内完成和达到目标。由于创新效果的不确定性，最终导致政策效力难以发挥。

因而，下一步应该制定与战略性新兴产业发展周期相适应的稳定政策，并完善政策的评估机制。简单来说，就是要求政府对科技企业的扶持应该是雪中送炭，而且是持续有效的。这就需要政策制定者有风投的意识。

三、强化产业质量

广州开发区经过30 多年的发展，引进6 万多家企业，形成了扎实的产业基础。但也要看到，目前的产业优势还是基于10 年前确定的化工、食品、信息产业等领域，而且这些领域的优势有下降的趋势，龙头企业的效益也不比当年。与之相对的是，新的产业优势还没有确立，开发区的产业发展面临比较严重的可持续问题。在新旧动能转换的过程中，建议广州开发区应积极提升产业发展的质量。

（一）锲而不舍引进重大产业集群

一个地方要形成国际化主打产品的核心竞争力，就要在全产业链上下功夫，以垂直整合的方式，把研发、材料与零部件制造、物流、仓储、结算、销售等高端环节与整机组装制造集于一地，占据“微笑曲线”全产业链，形成整个产业的“大厦”。

建议在全区的产业基础上，瞄准重大跨国企业，选取2~3 个产业链条长、价值空间大的行业进行深入研究，深刻分析产业成长路线、产业核心节点、产业战略布局，找准每个节点的龙头企业，分析其落户广州开发区的可行性，为其制定量身定做的产业政策措施，同时引进产业链上下游企业。

从目前国内一线城市的产业布局来看，IT 项目的引进已迈向产业顶端，目前主要集中新型显示、芯片等绝对高技术项目的争夺上；BT 项目（生物医药经济）的争夺正如火如荼地进行，外资药企加速涌入，国内创新企业争相产业化；而 ET（能源经济）作为未来的产业，仍处于蓝海，可能会成为下一轮招商的重点，应该及早谋划，引进产业集群。

同时，对于日化、食品等经济效益好、产业生命周期长的行业，不能放弃，也要积极引进重大项目。相应地，应做好重大项目地块的储备工作，为大项目落户做好前瞻性准备。

（二）提升集约节约用地水平

过去，开发区用地在一定程度上存在“摊大饼”的问题，一个厂区即占用地较大的用地，而且过于追求“花园式”工厂，容积率偏低，用地并不充分。在当前用地紧缺的情况下，广州开发区需要走集约化之路。

例如，在工业项目方面，应向 LG8.5 代线面板项目的厂房看齐，建设高层的、大规模的工业厂房，或向 GE 科技园看齐，按照国际先进理念建设厂房，并集约利用资源；在总部经济楼宇建设方面，应向新加坡滨海湾、上海陆家嘴看齐，放开容积率限制，向高空发展；在服务业发展空间方面，应向苏州工业园区看齐，精细化规划，精明发展，合理利用地铁、主干道沿线及地下空间，营造“沿途有吃有喝有玩，零星空间大创意”的氛围。

（三）从市场层面调整产业政策

当前政府出台的政策很大程度依赖于财政。财政支持无非就是减收或增补，这种办法确实有效。但也要看到，真正维持企业生命的是市场需求。有强大的市场需求，企业才能真正强大。

因此，政策层面应该从“创造需求”出发，出台“需求化政策”或以需求层面实施“一企一策”。比如，利用政府采购政策，在广州开发区通过首购、订购、实施首台（套）重大技术装备实验和示范项目、纳入医保等措施，推广应用自主创新产品，支持企业自主创新。又如，搭建线上线下平台，打造广州开发区的“广交会”，大力推广区内品牌产品和服务，对重大交易活动给予扶持。再如，发挥政府对高技术产业化的引导、示范效应，对创新产品消费实施补贴，包括针对消费者的税收优惠、财政补贴和针对企业发放创新券等直接措施，通过降低使用或购买创新产品的价格，刺激企业或个人的直接需求。

四、实施精准引才

人才是第一资源，这已是当前政企界的一大共识。据不完全统计，近两年，全国已有超过50个城市发布了超过历史力度的“人才新政”。广州开发区成立了人才工作集团，出台了人才政策，已形成了较为完整的顶层设计，目前关键在于抓好目标的落实。建议下一步广州开发区从以下三个方面落实好引才行动。

（一）扎实实施战略科学家“领衔计划”

战略科学家的创新能力和影响力是巨大的。当前，广州开发区引进了王晓东、施一公、裴钢等战略科学家主导或参与的项目，在生物医药界已有较大的影响。下一步，应该瞄准IAB、NEM、区块链、工业互联网等高端产业核心技术原创研究、交叉研究，引进在全国乃至全球占有一席之地，具有较强资源整合和处置能力，能够代表全区参与国际科技合作、大幅提升本区科技创新显示度和科技产业发展水平的战略科学家。

（二）提高引进高校毕业生的精准度

广州高校林立，并不缺乏普通毕业生，但缺乏与产业密切匹配的专业毕业生。广州开发区在引进百济神州、GE科技园等项目过程中，企业方就提出需要定向培育制药类毕业生。为此，广州开发区与中山大学等高校合作，专门开辟制药类专业，为企业输送对口的人才，这一模式直接促进了项目的落户。

建议广州开发区梳理紧缺人才目录，有针对性地面向特色院校招聘人才，做到精准引才。例如，在新一代信息技术产业，重点关注芯片设计制造类院校及毕业生；在人工智能类产业，重点关注精算师、数据分析行业类院校及毕业生；在生物制药类产业，重点关注生物制药、化学创新药、医疗器械、第三方检测类院校及毕业生。

（三）降低人才项目产业化成本

乔布斯在硅谷的车库中创立了苹果公司，这就是硅谷“车库”的魅力。当然，并不是有“车库”就会诞生科技人才和企业，而是低成本的载体更利于人才产业化。广州开发区在早年大规模建设孵化器，随后又建设了加速器，并对重点人才项目提供进行减租、免租等优惠，扶持了一批企业成长。当前，广州开发区建设的孵化器、加速器已不足，需要再建设一批新型创新平台（例如中试基地），或统筹调动市场化物业，低成本地提供给人才项目使用。

人才项目孵化毕业后需要产业化，需要土地供应。但目前全区的土地供应非常紧张，零星地面向人才项目出让土地的模式已不可行。建议梳理一批工业用地，由国有企业代建适合人才项目产业化的工业厂房，建成后以适当价格出租给人才项目使用。

五、优化营商环境

习近平总书记在2017年7月17日主持召开中央财经领导小组第十六次会议上，提出要改善投资和市场环境，加快对外开放步伐，降低市场运行成本，营造稳定公平透明、可预期的营商环境，加快建设开放型经济新体制，推动我国经济持续健康发展。

当前，各地都提出改善营商环境，通常的做法是加快审批速度、优化政府服务，包括实行“限时批”“秒批”等。这无疑是正确的。但是，以下三个方面或许会比“快”更重要，应成为下一步营造营商环境的工作重点。

（一）创造稳定、可预期的环境

“可预期”就是让企业在一个地区达到发展的目标。一个真正想要发展的企业，其决定落户之地肯定不是随意的。广州开发区经过30多年的发展，企业来去很多，但始终有一些跨国企业扎根在这里，有一批从幼苗成长为大树的民营企业留在这里，很大的程度在于广州开发区的政策扶持相当稳定，即使推出新的扶持政策，也会相应地照顾老企业；同时，以企业为核心，开展一系列扶企、暖企行业。即使企业暂时性地遇到一些困难，也一如既往地、积极地提供投资促进服务和解决方案。这是开发区的传统，应该坚持并发扬光大。

（二）持续降低运营成本

习近平总书记指出，“要大刀阔斧降低成本，使优质企业增强竞争力”。一个好的投资环境，应该具有相对低的税费成本、低融资成本、低土地房产、低公共资源成本以及水电气劳动力等要素成本、低制度性管理成本。广州开发区要打造相对的 “成本洼地”，就要想方设法提供 “五低成本”。

例如，在税费成本方面。李克强总理在2018 年天津夏季达沃斯论坛开幕致辞中表示，中国政府正在研究明显降低企业税费负担的政策，对在中国注册的中外企业都一视同仁。这对于招商引资工作极为利好。应对企业广泛宣传国家对中小企业、高新技术企业的各类税费政策；对不该由企业承担的各类收费坚决砍掉；应落实放开电力、天然气、热力等领域竞争性环节价格政策，引导企业与供应方通过协商、交易平台竞争等方式确定价格，降低企业要素成本。

在融资成本方面，既要用好国企资本，又要充分发挥社会基金的作用，通过灵活的金融手段，支持实体经济和高科技企业发展。

在目前的金融体系中，虽有一些担保公司存在，但这些公司以收益最大化为主要目标，其担保费率一般中小企业无法承受。建议将一些有收益、非公共福利性质的国有资产纳入担保体系，同时吸纳一定的民间资本进入开发区，以提升担保机构的担保实力。将这类担保机构的经营目标定义为保本微利，功能定义为向属地纳税大户、行业龙头企业、具有较好成长性的中小企业以及招商引资优势项目提供融资担保服务。

在土地房产成本方面，广东省规定符合省确定的优先发展产业且用地集约的项目，可按不低于所在地土地等别相对应的工业用地价标准的70% 执行，这一条政策建议坚决落实；坚决防止中介或类中介“炒厂房”的行为，保持厂房租赁市场的稳定，并通过国企力量回收一定量的旧厂房，为招引大项目储备产业空间；另外，坚决落实“房住不炒”的指导政策，稳定本区房地产市场。

在公共资源成本方面，要下大力气建设智慧物流、大数据中心、共享实验室等公共配套，供企业使用，减轻由企业自建配套带来的成本压力；对无人驾驶汽车、新能源汽车等需要应用场景的行业，需要提前建设相应的设施。

在要素成本方面，保持充足的产业工人，通过政企合作机制，协助企业招聘优秀人才，并探索降低职工社会保险费率的可能性，降低企业的用人成本。

（三）激发和保护企业家精神

企业家是经济活动的重要主体。政府应依法平等保护企业家合法权益，稳定社会预期，使企业家安心经营、放心投资、专心创业。

具体应该包括：健全容错机制和帮扶机制，完善支持企业家专注品质、创新发展的政策体系，通过政策措施对初创期的科技企业给予支持，对再次创业的企业家也要给予一定帮扶，营造鼓励创新、宽容失败的政策环境和社会氛围；实施最严格的知识产权保护制度，完善知识产权代理、运营、鉴定、维权援助等服务体系，探索建立知识产权惩罚性赔偿制度，着力解决实践中存在的侵权成本低、企业家维权成本高的问题；全面推进营商法治化建设，创新商事纠纷解决方式，依法打击破坏市场秩序、不正当竞争等违法行为，积极引导企业家在经营活动中遵纪守法、诚实守信、公平竞争、恪尽责任，弘扬优秀企业家精神。

小结

本章提出了招商 4.0 的五大改革方向，即拓展开放领域、创新驱动发展、强化产业质量、实施精准引才、优化营商环境。这归结起来就是，在新时代，政府招商机构要思考应该为企业投资创造怎样的环境?

由诺贝尔经济学奖得主乔治·阿克洛夫及伯特·席勒撰写的《动物精神》一书，可以为这一问题提供新的视角。

两位诺贝尔奖获得者在《动物精神》一书中认为，古典经济学理论认为，自由市场本质上是完美而稳定的，即便有政府干预，也只需要很少的一点儿。但是，这一设想并未考虑到人们会受非经济动机的驱使，而且没有考虑到人们的非理性程度或被误导的程度。概而言之，它忽略了动物精神。作者将信心、公平感、腐败和欺诈、货币幻觉等心理因素，置于宏观经济学的前沿和核心，试图建构一套“动物精神”理论，来解释宏观经济现象和经济的真实运行原理。

《动物精神》一书的结论很明确，在这样一个充满了动物精神的不靠谱的世界里，政府角色就是应该设定条件，制定游戏规则，使用动物精神更好地创造性发挥作用。

借鉴《动物精神》的观点，政府要营造营商环境，就要实行包容审慎监管，对新业态新模式只要不违反法律法规，不触及安全底线，不损害公众利益，就本着鼓励创新原则，为其成长留下足够空间。要制定规则，明确各种市场主体的行为的“红线”，禁止市场主体违规；在“红线”之内的各种市场主体行为不禁止。

具体到政府的招商引资工作，应充分引导企业在相对宽松的规则下，发挥企业创造性，鼓励创新企业“蜂巢式”生长甚至野蛮生长，激发创新源泉，让更多未来的人才、企业、产业落地转化，打造大型企业顶天立地、科技型企业铺天盖地的创新生态体系，形成宽容式、开放型的招商文化。

参 考 文 献

1. 习近平谈治国理政：第一卷［M］. 北京：外文出版社，2014.
2. 习近平谈治国理政：第二卷［M］. 北京：外文出版社，2017.
3. 熊彼特. 经济发展理论［M］. 孔伟艳，朱攀峰，娄季芳，译. 北京：北京出版社，2008.
4. 弗里曼，卢桑. 光阴似箭：从工业革命到信息革命［M］. 沈宏亮，译. 北京：中国人民大学出版社，2007.
5. 弗里曼，苏特. 工业创新经济学［M］. 华宏勋，华宏慈，等译. 北京：北京大学出版社，2004.
6. 陈德铭，马秀红，李志群. 开发区大有希望［M］. 北京：中国财政经济出版社，2011.
7. 林毅夫. 繁荣的求索：发展中经济如何崛起［M］. 张建华，译. 北京：北京大学出版社，2012.
8. 广州市萝岗区政协“广州经济技术开发区专辑”编委会. 开拓者的记忆：第二辑［M］. 北京：中国文艺出版社，2010.
9. 广州市萝岗区政协“广州经济技术开发区专辑”编委会. 开拓者的记忆：第三辑［M］. 北京：中国文艺出版社，2010.
10. 克里斯滕森，安东尼，罗恩. 远见：用变革理论预测产业未来［M］. 王强，译. 北京：商务印书馆，2012.
11. 弗里德曼. 世界又热又平又挤［M］. 王玮沁，等译. 长沙：湖南科学技术出版社，2009.
12. 弗里德曼. 谢谢你迟到［M］. 符荆捷，朱映臻，崔艺，译. 长沙：湖南科学技术出版社，2018.

13. 波特. 国家竞争优势［M］. 李明轩，邱如美，译. 北京：华夏出版社，2002.
14. 凯利. 必然［M］. 周峰，董理，金阳，译. 北京：电子工业出版社，2016.
15. 凯利. 失控：机器、社会与经济的新生物学［M］. 东西文库，译. 北京：新星出版社，2010.
16. 马化腾. 互联网 +：国家战略行动路线图［M］. 北京：中信出版集团，2015.
17. 江南春. 抢占心智：产品与品牌快速崛起的引爆打法［M］. 北京：中信出版集团，2018.
18. 沈奎. 创新引擎：第二代开发区的新图景［M］. 广州：广东人民出版社，2011.
19. 李金亮，沈奎. 创新与政府［M］. 广州：广东经济出版社，2010.
20. 张小济，隆国强. 外商投资与自主创新：政策与案例［M］. 北京：对外经济贸易大学出版社，2011.
21. 迟福林. 动力变革：推动高质量发展的历史跨越［M］. 北京：中国工人出版社，2018.
22. 阿克洛夫，席勒 . 动物精神［M］. 黄志强，等译. 北京：中信出版集团，2016.
23. 徐黎明. 基于政府招商引资的项目选址过程研究［D］. 成都：电子科技大学，2009.
24. 潘同人. 嵌入关系：中国招商引资中的政府与市场［M］. 上海：上海人民出版社，2017.
25. 广州经济经济技术开发区党委、管委会办公室. 1985—1997 广州经济技术开发区党委、管委会工作报告汇编［G］.

后　　记

2018 年年初的区第一届党代会工作报告中提出了招商 4.0 的理念。什么是招商 4.0，怎样践行招商 4.0，成为广州开发区招商人共同思考的命题。

2018 年春节假期后的第一周，我们向陈小华同志汇报工作，提出广州开发区招商机构在 20 世纪 90 年代编写了全国开发区中首本招商引资工具书——《招商引资实务》，引起商务部及社会各界的重视，争相阅读。在现阶段，也应该有一本书，把广州开发区招商 4.0 的思路、历程、构想讲清楚，既作为招商工作的沉淀，也作为当前招商工作的指引。陈小华同志认为此事非常重要，要扎实做好。于是，我们集思广益，编写了这本名为《招商 4.0：新时代区域招商的战略思维》的书。

本书编写汇聚了广州开发区投资促进局、相关招商部门及各大招商公司的智慧。由洪谦同志作为总指导，邵静波、林兴良、黄伟坚、熊寡、王薇、黄华丰等同志共同筹划。具体由我作为主编。我于 2008 年进入广州开发区工作至今，在宣传、政研、知识城、招商等线口工作过，主要从事项目统筹协调、文稿综合工作，有一定的工作积累。刚开始接受这项任务时，我既兴奋又忐忑。兴奋在于这是一件对广州开发区招商引资承前启后的事，意义非凡；忐忑在于自身水平有限，对广州开发区辉煌的招商事业难以有较深的认识，唯有以虔诚之心尽力做好。

经过 6 个多月的加班加点的奋战，本书即将顺利付梓。下面简单介绍一下本书的三个主要特点。

1. 有一定的思想性。本书自始至终贯穿了“扩大对外开放”“高质量发展”“人才是第一资源”等新时代、新思想、新要求，同时深入梳理了广州开发区招商发展的历程，可从中管窥中国 40 年改革开发的风云历程。本书还对招商

4.0 的概念、思维、政府角色定位、产业选择等提出了创造性见解。

2. 有一定的创新性。关于区域招商的书籍，在当前出版市场上其实并不多见，很多书籍仅把招商作为经济发展的一部分，对招商具体操作的探索极少，而本书对招商的理论及体系运作都有详细的阐述。在招商理论方面，本书摒弃了“掉书袋”式的理论陈列，专门选择了对外开放理论、营商环境、创新发展、产业集群等当下热门的理论，阐述其对招商的启示；在产业选择上，本书针对当下热门的新一代信息技术（含芯片、平板显示）、人工智能、生物医药等产业进行详细的分析，剖析了广州开发区的招商策略；在体系梳理上，本书梳理了招商涉及的六大体系，其中包括了很多国内其他招商机构想要了解的社会化招商体系。

3. 有一定的实践性。招商是一门实操性极强的“显学”，长篇累牍地谈理论未免有纸上谈兵之嫌。本书注重实践性，梳理了宝洁、LG 显示、捷普、GE、百济神州、迈普、卡斯马、LG 化学等20 多家企业进驻广州开发区的经历。这些项目，大多数是近两年进驻广州开发区的，是广州开发区招商引资最鲜活、最新颖的成果，相信会对具体招商引资操作有所启发。本书还专门列出一章，从投资者投资及政府招商的步骤着手，分析招商的具体操作流程。

总的来说，本书既有较开阔的视野，又深入区域招商的毛细血管中，对招商引资工作实践有借鉴意义。

本书在编写过程中，得到了社会各界人士的大力支持。

本书的理论部分，吸收了广州开发区政策研究室沈奎、陈永品、李耀尧等同志主持的关于创新理论、绿色增长、创新城区的研究成果；产业部分，吸收了原发展改革局周成就同志牵头联合北京市长城企业战略研究所等单位对全区产业的研究成果。以上研究成果构成了本书的基本理论框架。

本书的案例部分，采用或转载了陈永品、余柱柏、陈仪德、温海庭、刘叶、严亦斌、杜静宜、梁静华、简若云、李凌、肖由笛、叶仕栋、宗元元等同志撰写的招商案例或工作心得。唐静如同志协助本书书名翻译。恒运集团的吴琼琼、人才工作集团的刘嘉文同志细致地协助本书的编审工作。宣传部唐妍、黄于穗、郭哲涵等同志积极提供配图。本书采用了曾铠钢、刘斌、钟小坚、陈加林、贾自豪、李剑锋、李建斌、笑飞雪等同志拍摄的照片，为本书增色添彩（另有部分图片未找到作者，请与我联系）。区科技创新局、生物岛管委会、人才工作集团、联冠公司等单位提供了素材；区委宣传部、政策研究室、财政局、文化广电新闻出版局、法制办等提出了修改意见。南方日报社记者陈思勤，广州日报社记者何瑞琪及广州黄埔发布，创业导报社诸位编辑、记者关于广州开发区的深度报道，以及“招商引资参考”“招商观察（101）”等微信公众号的文章，对本书编写大有助益。在此借本书的出版，表达对大家的感谢之情。

在本书编写过程中，我们查阅了众多历史资料，越发感觉到，在广州开发区的发展史中，招商是关键的一环。一代一代招商人，发扬广州开发区“敢为人先、务实进取”的创业精神，演绎了一个又一个项目落户的精彩故事，为今天的产业大区、创新强区固本强基。招商人奋勇在前，奉献良多，而本书只是把他们的行动、思想、成果总结出来而已。在写作过程中，我们大量引进了广州开发区的工作报告、当事人回忆录等各类文稿，在此深表感谢！

在本书付梓前，按照陈小华同志的批示精神，我们征求了陈永品、李耀尧、吕金荣、高树东、隋影、洪汉松、陈福华、严亦斌、智羽、周成就、杨学平、徐特辉、刘叶、顾子平、郭恩民、胡建成、黎亚平、吕继光、张万国、梁江浩、魏沛城、赵士英、彭月梅等同志的意见。这批同志在政策研究、招商领域工作过十余年甚至二十余年，经验非常丰富。书稿送出后，有的同志亲自与我们当面沟通，激情澎湃地讲述招商的体会与实践经历；有的同志利用周末时间，一字一句地修订，提出了具体细致的修改意见；有的同志反馈了长长的书面意见，或通过电话沟通长达半小时；有的同志对招商 1.0 到招商 4.0 的概念、演进做了详细论证，其务实求真的工作态度让人感动；有的同志提出，本书出版后应该针对全区招商人员做轮训，切实提高招商人员的思维和实践水平……这批“老开发人”本着对广州开发区招商事业的初心，对本书提出了真知灼见，是本书得以完成的关键一环，在此深表感谢！

本书引用了部分企业家、科学家对广州开发区公开报道的评价，在此也一并表示感谢。正是有众多企业家选择广州开发区，讲好落户广州开发区的故事，才有了写本书的基础。本书还借鉴了第十二届全国人大财经委员会副主任委员黄奇帆等研究者的招商研究成果，在此致敬。

招商是一门极大的学问。诚然，我们在理论和实践两方面都还十分粗浅，存在很多不足。比如，关于对招商的理论、招商 4.0 内涵的探索还不够深入，对于战略性新兴产业的招商策略仍不够多，对接新时代高质量发展要求的战略思路仍不够开拓，等等。另外，本书是自己人写自己事，虽然尽量客观，但难免有自夸之处；本书与我个人的工作经历、认知深浅有关，难免失之偏颇甚至出现错漏。本书的出版，就是为了反思自我，求教方家，衷心希望广大读者提出宝贵意见。

黄嘉庆

2018 年 11 月

（作者系广州开发区投资促进局干部）